# 玩转人际关系心理学

桑楚 编著

**图书在版编目（CIP）数据**

玩转人际关系心理学 / 桑楚编著 . — 杭州 : 浙江工商大学出版社 , 2018.9

ISBN 978-7-5178-2301-8

Ⅰ . ①玩… Ⅱ . ①桑… Ⅲ . ①人际关系学—社会心理学 Ⅳ . ① C912.1

中国版本图书馆 CIP 数据核字（2017）第 180020 号

**玩转人际关系心理学**

桑楚 编著

**责任编辑** 刘淑娟 白小平

**封面设计** 思梵星尚

**责任印制** 包建辉

**出版发行** 浙江工商大学出版社

（杭州市教工路 198 号 邮政编码 310012）

（E-mail: zjgsupress@163.com）

（网址：http: //www.zjgsupress.com）

电话：0571–88904980，88831806（传真）

**排　　版** 北京东方视点数据技术有限公司

**印　　刷** 三河市兴博印务有限公司

**开　　本** 710mm × 1000mm 1/16

**印　　张** 18

**字　　数** 272 千

**版 印 次** 2018 年 9 月第 1 版 2018 年 9 月第 1 次印刷

**书　　号** ISBN 978-7-5178-2301-8

**定　　价** 52.00 元



浙江工商大学出版社营销部邮购电话 0571–88904970

# 前 言

任何人都无法孤单地活在世上，在信息如潮奔涌、圈子越来越重要的现代社会更是如此。每一个人生活的幸福、工作的成功都离不开与他人的交往。但是为什么有些人在人际交往中会如鱼得水、左右逢源，而有些人却举步维艰、进退维谷呢？其实很简单，人生中的各种问题，都与心理学有着千丝万缕的联系，一旦掌握了相关的心理学知识，工作和生活中的许多难题就能迎刃而解。

社会就是一个庞大的关系网，有没有处理人与人之间的关系往往是事情成败的关键。在现实生活中，我们每个人都无法回避与人交往，如果不懂得人际交往心理学，工作、生活可能处处出错，甚至得不到别人的尊重。有了良好的人际关系，就会更容易成功。看看古今中外的那些成功者我们就会发现，各个领域中的卓越者并不是那些满腹经纶却不通世故的人，而是善于见微知著、揣摩人心，并灵活运用各种方法达成自己目的的人。

在与人的交往中，如果一味想着自己舒服，慢慢地你便会走向孤独；若是只想着让别人舒服，总有一天你会心力交瘁；若是双方都不舒服，将会波及更多的人。唯有在你和对方都舒服之间找到一个平衡点，才是最好的人际关系。然而，在人际交往的过程中，我们难免会碰到这样那样的问题，比如：如何塑造良好的第一印象？怎样才能克服人际交往的心理障碍？有哪些必要的人际交往技巧需要及时掌握？人际交往有哪些禁忌？如果不能很好地解决这些问题，就会影响人际交往的成效，影响人际关系的建立与发展，甚至影响事业的成功。

针对这些人际交往中经常碰到的问题，我们编写了这部《玩转人际关系心理学》。全书共分为“人性丛林生存心理策略”“把握分寸心理学”“方与圆的心理经营课”“借力成事心理学”“驾驭心理学”“影响力心理学”“说话办事心理学”“玩转应酬心理学”“情感经营心理学”“职场心理学”等10个篇章，分别从人际、商场、职场、爱情、婚姻、家庭等与人们生活息息相关的方面讲述了人际交往的心理学知识和技巧，深入挖掘人性背后的心理秘密，巧妙揭示人们内心深处的行为动机，以期帮助读者迅速提高说话办事的能力，掌控人际交往主动权，避免挫折和损失，一步一步地落实自己的人生计划，获得事业的成功和生活的幸福。在解读各种人际关系现象背后的深层心理原因的同时，书中还提供了一些能使你成为职场上、商场上、亲友圈中有分量、受欢迎、能呼风唤雨的人的方法，进而使你成为人际关系的大赢家。

为什么你真心地为他人好，对方却不领情？为什么明明自己没有坏心眼，却总是不经意间就得罪人？为什么总有那么一些人不喜欢你？为什么看似朋友很多，但知心的没有几个？要怎样才能让人喜欢你，乐意跟你交朋友？要怎样才能让人信服你、支持你，在你有困难的时候帮助你？要怎样才能让人接受你的要求，按照你的意愿行动？要怎样才能让自己更具魅力？要怎样才能更有效地与别人沟通？这本《玩转人际关系心理学》会告诉你怎样面对社会上的善良与正直、邪恶与丑陋，怎样让别人敬你、爱你、想你、用你；它将帮助你改善人际关系，增加吸引力，获得大家的好感，使你的工作一帆风顺，使你的生活多姿多彩，直至到达成功的顶峰。

千人千面，每一面孔后面都有一颗搏动的心。与人交往面对的是一张张面孔，应对的却是一颗颗奥妙的心灵。只有采取恰当的人际交往心理策略，走入他人的内心深处，把握心理脉搏，洞悉人心的奥妙变化，才能赢得人心！

编者

2018年8月

# 目　录

## 第一篇　我不是教你耍花招——人性丛林生存心理策略

## 第二篇　把攻心谋略发挥得恰到好处——把握分寸心理学



## 第三篇　方圆运用之妙，在乎一心——方与圆的心理经营课

## 第五篇 懂点诱惑的“麻醉控”——驾驭心理学

## 第六篇 影响有影响力的人——影响力心理学



## 第七篇 好口才需要练习——说话办事心理学

## 第八篇　社交场也是大舞台——玩转应酬心理学

## 第九篇 情更深，意更浓——情感经营心理学

## 第十篇　办公室的相处之道——职场心理学

第一篇

# 我不是教你耍花招

## ——人性丛林生存心理策略

# 第一章

# 知晓方圆、掌握分寸的方圆心理学

## 心方人圆方能纵横于世

### 实用精要

不管是处世为人，还是人际交往，都需要讲求方圆之道，这样不仅能使自己的内心坦荡豁达，也能让他人心中圆满从而达到人际顺畅。

### 深度透析

方中有圆，圆中有方，是为人的因果定律，又是大自然的法则。在这里，圆，象征着运转不息、周而复始的天体；方，象征着广大旷远、宽厚沉稳的地象。

晚清重臣张之洞就是一位善用方圆之道处世交际的人。

张之洞少年时很聪慧，身形似猿，传说为将军山灵猿转世；榜中探花，历任湖北、四川学政，山西巡抚，两广、湖广、两江总督，官至体仁阁大学士、军机大臣。

张之洞可算是一位性格刚烈、铁骨铮铮的人，然而他办事十分圆融。在就任山西巡抚时，当时泰裕票号的孔老板表示要送一万两银子给他。张之洞婉言谢绝了孔老板的好意。当他考察了当地的情况之后，发现山西受罂粟的荼毒很是严重，于是决心铲除山西的罂粟，让百姓重新种植庄稼。而改种庄稼需要一笔费用，但山西连年干旱、歉收，加上贪官污吏的中饱私囊，拿不出救济款发放给老百姓。这时，他第一个想到的就是孔老板。

他想，如果说服孔老板把银子捐出来，为山西的百姓做善事，以银子换美名，他或许会同意。经过商谈，孔老板表示愿意捐出五万两银子，但必须满

足他的两个条件：一是让张之洞为他的票号题写一块“天下第一诚信票号”的匾，二是要捐个候补道台的官衔。

刚开始张之洞觉得孔老板的这两个条件都不能答应，因为自己对他的票号一无所知，又怎么能说它是“天下第一诚信票号”呢？第二，他认为捐官是一桩扰乱吏治的大坏事。可是不答应孔老板，又到哪里去弄五万两银子呢？

经过反复思考，张之洞决定采用折中迂回的手段，答应为孔老板的票号题“天下第一诚信”的匾，这六个字意味着：天下第一等重要的美德就是诚信二字，并不一定是说他们泰裕票号的诚信就是天下第一。

至于孔老板的第二个要求，张之洞最后给自己找了一个台阶：一来，捐官的风气由来已久，不足为怪；二来，即使孔老板做了道台也不过是得了个空名而已。再者按朝廷规定，捐四万两银子便可得候补道台。于是，张之洞以这种退让的方式为山西百姓募来了五万两银子。

《易经》中反复强调“天圆地方”，众人为天，天圆就是处世要圆融，要有智慧；心田为地，地方就是心地方正，要有操守。

## 柔绵里面藏钢针，收效往往更显著

### 实用精要

先说软的，可以在强敌面前取得进一步论辩的机会；再说硬的，就可以显示一些威胁的力量。软的为绵，硬的为针，是为绵里藏针。

### 深度透析

春秋时期的晋灵公奢侈腐化。某年下令兴建一座九层高的楼台，群臣劝说阻拦。他火了，干脆又下了一道命令：敢劝阻建九层台者斩首。这样一来，便没人敢说话了。

有一个叫荀息的大臣很讨灵公喜欢。他告诉灵公他能把九个棋子摞起来，上面还能再摞九个鸡蛋。灵公听了，觉得这事儿挺新鲜，立即要荀息露一手让他开开眼界。荀息也不推辞，就把九个棋子摞在一起，接着又小心翼翼地把鸡蛋往棋子上摞，放第一个，第二个……

荀息自己紧张得满头大汗、战战兢兢，看的人也大气不敢出一口。如果荀息不能把鸡蛋摞好，就犯了欺君大罪，是会被杀头的。

这时，灵公也憋不住了，大叫："危险！"荀息却从容不迫地说："这算什么危险，还有比这更危险的事哩！"灵公也被勾起了好奇心："还有什么比这更危险？"

荀息便掂掂手中的鸡蛋，慢吞吞地说："建九层台就比这危险百倍。如此之高台三年难成，三年中要征用全国民工，使男不能耕，女不能织，老百姓没有收成，国家也穷困了。而国家穷困了，别国便会趁机打进来，大王您也就完了。你说这不比往棋子上摞鸡蛋更危险吗？"

灵公吓得出了一身冷汗，立即下令停工。

荀息让晋灵公看了场不成功的杂技表演，更让晋灵公受了一次形象生动的批评。正在气头上的人，是难以与他正面争辩的，何况他还有无上的权威支持。然而，"绵里藏针法"每每在这样的关键时刻，能起到逆转乾坤的作用。

庄重显力量，风趣显风度。在论辩中做到既庄重又风趣，可以叫对方无力招架，自叹弗如。庄重为绵，风趣为针，是为绵里藏针。

一般来说，绵里藏针，话里藏话，总体上有一个基本功能，那就是：能委婉含蓄地表达自己，话要说得很艺术，让听话之人心领神会，明白你话中的锋芒所在。

所以，在日常的交际、辩论中，如果不方便直接使用刚的策略，不妨将刚置于柔中，采用绵里藏针的策略，往往收效更显著。

## 刚柔并济，方能贤亲佞畏

### 实用精要

刚柔相济是一种顺畅处世的管理方法，也是一种处理人际关系、拿捏人际心理的方圆之道。它可使激烈的争论停下来，也可以改善气氛，增进感情；可以使贤人亲近，使佞人畏惧。

## 深度透析

在我国古代，极具智谋的军师诸葛亮，就深谙刚柔并济的成功之道。

公元214年，刘备夺取四川后，诸葛亮在协助刘备治理四川时，立法“颇尚严峻，人多怨叹者”，当地官员法正提醒诸葛亮，对于初平定的地区，大乱之后应“缓刑弛禁以慰其望”。诸葛亮认为自己的做法并没有错，他对法正说：四川的情况，与一般不同。自从刘焉、刘璋父子守蜀以来，“有累世之恩，文法羁縻，互相奉承，德政不举，威刑不肃。蜀土人士，专权自恣，君臣之道，渐以陵替”。现在如果我用在他们心目中已失去价值的官位来拉拢他们，以他们已经熟视无睹的“恩义”来使他们心怀感激，是不会有实际效果的。所以，我只能用严法来使他们知道礼义之恩、加爵之荣，“荣恩并济，上下有节，为治之要”。

这正如曾国藩所指出的：人不可无刚，无刚则不能自立，不能自立也就不能自强，不能自强也就不能成就一番功业。刚就是使一个人站立起来的东西。刚是一种威仪，一种自信，一种力量，一种不可侵犯的气概。由于有了刚，那些先贤才能独立不惧、坚韧不拔。刚就是一个人的骨头。人也不可无柔，无柔则不亲和，失和就会陷入孤立、四面楚歌。柔就是使人站立长久的东西。柔是一种魅力，一种收敛。总之，只有刚柔并济才可左右逢源。

# 好事做尽，人缘也到头

## 实用精要

如果你总是在帮别人，使人感到无法回报或没有机会回报的时候，愧疚感就会让受惠的一方选择疏远。因而，留有余地，好事不应一次做尽，这也是平衡人际关系的重要准则。

## 深度透析

小惠有位很要好的朋友小莉。小莉的家庭生活并不幸福，她在家经常与婆婆产生摩擦，从而导致了与丈夫的关系也不和谐，夫妻俩经常吵架。每次听小莉声泪俱下地控诉完婆婆与丈夫的不是之后，感觉到小莉那份难受时，小惠的心中也一样难受万分，却没有办法来解决。眼看自己帮不了好朋友的忙，小惠也闷闷不乐，心情差到极点。

小惠也曾在心里一遍遍劝诫自己：小莉有困难她自己会解决的，自己没必要也跟着痛苦不堪。然而，一遇到小莉有什么事，小惠却又烦躁不安。

这种过度为他人操心和受他人影响的心理情绪，在心理学上称为“心理卷入程度过高”。心理卷入程度过高是指个人在心理上与环境信息的关联程度过高。例如，在人际交往中，有人会过分地关心朋友的事情，朋友遇到困难了，他比朋友还忧心忡忡；朋友办事出现失误，他比朋友还内疚和自责。

心理卷入程度过高的人，很容易受到外界环境的影响，总是把自己和周围的环境联系在一起，导致情绪波动大，行为控制不当，进而出现心理问题或人际关系障碍。

心理卷入程度过高，主要是因为当事人不自信，比如特别在乎别人的议论，担心遭到别人的否定和排斥等。此外，由于个体心理独立性发展不完善，个人的状况和心理状态易受环境和他人的影响。再者是因为缺乏必需的社会知觉和人际交往技巧，不会恰当地判断事件与自己的关联程度，以及自己的行为可能给对方造成的影响。

解决心理卷入程度过高的问题，一是要信任别人，相信别人能为自己的事负责，能解决好自己的问题，不要越俎代庖，负自己不该负的责任。二是加强自信和独立性，有自我价值观与生活支撑点。只有消除在心理上对他人的依赖，才能驾驭自己的生活和情感。

许多初涉社交圈中的人常犯的一个错误就是“好事一次做尽”，以为自己全心全意为对方做事会使关系融洽、密切，事实上并非如此。因为人不能一味接受别人的付出，否则心理会感到不平衡。“滴水之恩，涌泉相报”，这也是为了使关系平衡的一种做法。

“过度投资”，不给对方喘息的机会，会让对方的心灵窒息。留有余地，彼此才能自由畅快地呼吸。如果你想帮助别人，而且想和别人维持长久的关系，那么不妨适当地给别人一个机会，让别人有所回报，不至于因为内心的压力而疏远了你。

# 不争才是上争，共生才能安生

## 实用精要

要想在人际场中做到灵活应对、游刃有余而无忧无患，就必须与世无争、与世共生。因为不与人争才能无忧，与人共生才能得到安生。

## 深度透析

在风景如画的美国加利福尼亚，年轻的海洋生物学家布兰姆做了一个十分重要的观察实验。一天，他潜入深水后，看到了一个奇异的场面：一条银灰色大鱼离开鱼群，向一条金黄色的小鱼快速游去。布兰姆以为，这条小鱼在劫难逃了。然而，大鱼并未恶狠狠地向小鱼扑去，而是停在小鱼面前，平静地张开了鱼鳍，一动也不动。那小鱼见了，便毫不犹豫地迎上前去，紧贴着大鱼的身体，用尖嘴东啄啄西啄啄，好像在吮吸什么似的。最后，它竟将半截身子钻入大鱼的鳃盖中。几分钟以后，它们分手了，小鱼潜入海草丛中，那大鱼轻松地追赶自己的同伴去了。

此后数月，布兰姆进行了一系列的跟踪观察研究，他多次见到这种情景。看来，现象并非偶然。经过一番仔细观察，布兰姆认为，小鱼是“水晶宫”里的“大夫”，它是在为大鱼治病。

布兰姆把这条鱼“大夫”捉住，剖开它的胃，发现里面装满了各种寄生虫、小鱼以及腐蚀的鱼虫。为大鱼清除伤口的坏死组织，啄掉鱼鳞、鱼鳍和鱼鳃上的寄生虫，这些脏东西又成了鱼“大夫”的美味佳肴。这种合作对双方都很有好处，生物学上将这种现象称为“共生”。

在这个例子中，我们看到了生物之间彼此依靠、共栖共生的生存事实，特别是鱼“大夫”与其他鱼类之间那种温情脉脉的共存关系，不由得让人感到一丝温馨。与鱼相比，人类的种种行径却显得非常丑恶，为了一时的名利争得你死我活。合作是维持秩序、克服混乱的重要法则，一旦要各自居功、互不相让，这个法则必然遭到破坏，世间的秩序将无从谈起。

老子说：“只有无争，才能无忧。”利人就会得人，利物就会得物，利天下就能得天下。从来没有听说过独恃私利的人能得大利的。所以善利万民的人，如同水滋润万物而与万物无争，不求所得。所以不争之争，才是上争的策略。

“处处绿杨堪系马，家家有路到长安”，事事斤斤计较、患得患失，事事强出头，只会让自己活得更累。当你同别人争名夺利时，你也成了别人的眼中钉、肉中刺。

# 虚与委蛇，在形势不利时全身而退

## 实用精要

智者曾告诉人们：跟君子相处平平淡淡，跟小人相处应该保持一定的距离，跟坏人相处应该见机行事，想得越周到越好。其实，这句话的精髓即是告诉我们，做人一定要懂得虚与委蛇的圆熟之道。

## 深度透析

东晋明帝时，中书令温峤备受大将军王敦的妒忌。王敦请明帝任温峤为左司马，归王敦管理，准备等待时机将温峤除掉。

温峤为人机智，洞悉王敦所为，便假装殷勤恭敬，综理王敦府事，并时常在王敦面前献计，借此迎合王敦，使他对自己产生好感。

除此之外，温峤还有意识地结交王敦唯一的亲信钱凤，并经常对钱凤说：“钱凤先生才华能力过人，经纶满腹，当世无双。”钱凤听了这赞扬心里十分受用，和温峤的交情日渐加深。透过这一层关系，王敦对温峤戒心渐渐解除，甚至引为心腹。

不久，丹阳尹辞官出缺，温峤便对王敦进言：“丹阳之地，对京都犹如人之咽喉，必须有才识相当的人去担任才行，如果所用非人，恐怕难以胜任，请您三思而行。”

王敦深以为然，就请他谈自己的意见。温峤诚恳答道：“我认为没有人能比钱凤先生更合适的了。”王敦又以同样的问题问钱凤，因为温峤推荐了钱凤，碍于面子，钱凤便说：“我看还是派温峤去最适宜。”

这正是温峤暗中打的小算盘，果然如愿。王敦便推荐温峤任丹阳尹，并派他就近暗察朝廷中的动静，随时报告。

温峤接到派令后，马上就做了一个小动作。原来，他担心自己一旦离开，钱凤会立刻在王敦面前进谗言而让王敦召回自己。于是，他在王敦为他饯别的宴会上假装喝醉了酒，歪歪倒倒地向在座同僚敬酒。敬到钱凤时，钱凤未及起身，温峤便以笏（朝板）击钱凤束发的巾坠，不高兴地说："你钱凤算什么东西，我好意敬酒你却不敢饮。"

王敦以为温峤真的喝醉了，还为此劝两人不要误会。温峤去时，突然跪地向王敦叩别，眼泪汪汪。出了王敦府门又回去三次，好像十分不舍离去的样子，弄得王敦十分感动。

温峤刚上任，钱凤真的晋见王敦说："温峤为皇上所宠，与朝廷关系密切，何况又是皇上的舅舅庚亮的至交，实在是不能信任的。"

王敦以为钱凤是因宴会上受了温峤的羞辱而恶意中伤，便生气斥责道："温峤那天是喝醉了，对你是有点过分，但你不能因这点小事就来报复嘛！"

钱凤深自羞惭，怏怏退出。

温峤终于摆脱王敦的控制，回到建康，将王敦图谋叛逆的事报告了明帝，又和大臣庚亮共同计划征讨王敦。消息传到武昌王敦将军府，王敦勃然大怒："我居然被这小子骗了。"然而，毕竟无可奈何，鞭长莫及，更无法挽救失败的命运了。

温峤在处理与王敦、钱凤等人的关系中，运用一整套娴熟的处世技巧，不但保护了自己，而且在时机成熟时，对敌人又主动出击，绝不手软。

做人固然需要正直，但是如果不知变通，就有可能碰钉子，甚至会遭不测。人的工作环境，有时候是无法选择的，在危险或尴尬的环境中工作，头脑一定要灵活，遇事该方则方，不该方时就要圆熟一些，尤其在遇到将要对己不利的形势时，应将刚直不阿和委曲求全结合起来，可随机应变，先保护自己以屈求伸。

# 等距离交往才能在夹缝中生存

## 实用精要

所谓"等距离交往"，就是指无论在工作上或生活上，你与所有的人都大致保持相同的距离，大都处于关系均衡的状态。因为你处在夹缝中得罪不起人，不采取这种方圆策略，你就将面临危险。

## 深度透析

清代掌故遗闻的汇编《清稗类钞》中记载了这样一个故事：

清朝末年，陈树屏做江夏知县的时候，张之洞在湖北做督抚。张之洞与湖北巡抚谭继洵（“戊戌六君子”之一谭嗣同的父亲）关系不太融洽，多有矛盾。

有一天，张之洞和谭继洵等人在长江边上的黄鹤楼举行公宴，当地大小官员都在座。后来，有人谈到了江面宽窄问题，谭继洵说是五里三分，曾经在某本书中亲眼见过。张之洞沉思了一会，故意说是七里三分，自己也曾经在另外一本书中见过这种记载。

二人相持不下，于是张之洞派人把当地江夏县衙县令招来断定裁决。知县陈树屏听来人说明情况，急忙整理衣冠飞骑前往黄鹤楼。他刚刚进门，还没来得及开口，张、谭二人同声问道：“你管理江夏县事，汉水在你的管辖境内，知道江面是七里三分，还是五里三分吗？”

陈树屏对两人的过节已有所耳闻，听到他们这样问，当然知道他们这是借题发挥。但是，张、谭二人他谁都得罪不起，所以肯定任何一人都会使自己陷入困境。他灵机一动，从容不迫地拱拱手，言语平和地说：“江面水涨就宽到七里三分，而水落时便是五里三分。张制军是指涨水而言，而中丞大人是指水落而言。两位大人都没有说错，这有何可怀疑的呢？”张、谭二人本来就是信口胡说，听了陈树屏这个有趣的圆场，抚掌大笑，一场僵局就此化解。

与之类似，我们有时也会无端地被卷入对立的两派之间，而两边又都得罪不起。于是，这时候就得用点博弈的智慧：在博弈中能否获胜，不单纯取决于彼此的实力，更重要的是取决于博弈方实力对比所形成的关系。也就是说，等距离交往，谁也不得罪。这是夹缝中求生存的高招。

也许你会认为，这种等距离交往，谁也不得罪的策略是一种墙头草的行径，直起腰杆儿做人应敢于挺身入局，表明自己的立场。其实，等距离策略不过是一种博弈手段，其目的是在冲突的最初阶段更好地保护自己，并且在将来挺身入局的时候能够占据更为有利的地位。所以，它不是墙头草的行径，而是一种智慧的选择。

# 第二章

# 外拙内精、大智若愚的糊涂心理学

## 顺势装糊涂，谬释其意解责难

### 实用精要

有些时候，我们面对谬论，面对强辩，假装愚蠢，故作糊涂，恰好可以暴露对方缺点，然后攻其不备，出奇制胜。

### 深度透析

美国第九任总统威廉·哈里逊小时候家里很穷，他沉默寡言，人们甚至认为他是个傻孩子，他家乡的人常常拿他开玩笑。比如拿一枚五分的硬币和一枚一角的银币放在他面前，然后告诉他只准拿其中的一枚。每次，哈里逊都是拿那枚五分的，而不拿一角的。

一次，一位妇女问他："孩子，你难道真的不知道哪个更值钱吗？"

哈里逊回答说："当然知道，夫人。可要是我拿了一枚一角的银币，他们就再不会把硬币摆在我面前，那么我就连五分也拿不到。"

看得出来，哈里逊表面"傻"，装作不知道一角比五分多，可他的"傻"里面蕴涵着智慧，从而使自己总能拿到钱。

大智若愚运用在语言诘难中，是指对对方的谬论假装不明白，故作曲解，谬释其意。

在某机场售票厅里，旅客们正在排队买票。突然，一位绅士粗暴地挤到售票窗口指责售票员工作效率太慢，当人们要他排队时，他又嚷道："你们叫什么？不知道我是谁？"

对此，售票员平静地向旅客说："各位，这位绅士有些健忘，已经不知道自己是谁了，不然，我想他不会做出有失身份的举动的。谁能帮助他回忆一下，他是谁呢？"

售票员的话引来了阵阵笑声，绅士羞得满脸通红，悻悻地走了。

售票员面对绅士的粗野，假装不知，顺势糊涂，实则机智幽默、大智若愚。

大智若愚是曲线思维的结果，即采用拐弯抹角的进攻方式，因此，运用此法可以产生强大的嘲讽和幽默效果，是论辩家常用的雄辩技巧。

有一次，一个银行家揶揄地问大仲马："听说你有四分之一的黑人血统，是吗？"

"我想是这样。"大仲马说。

"那令尊呢？"

"半黑。"

"令祖呢？"

"全黑。"

"请问，令尊祖呢？"

"人猿。"大仲马一本正经地说。

"阁下可是开玩笑？这怎么可能？"

"真的，是人猿，"大仲马怡然地说，"我的家族从人猿开始，而你的家族到人猿为止。"

这里，大仲马开始用"假痴"佯装自己的真实目的，麻痹银行家，然后反守为攻，突然出击，使对方猝然不防，陷于窘境。

现实交际中，懂得顺势装糊涂，可以轻松麻痹对方，从而让对方陷入被动境地。然后再采取反攻举措，便可以轻松制胜了。

# 处世还需“和稀泥”，既得人心又成事

## 实用精要

所谓“和稀泥”，就是遇到难题，包括进谏、争执及纠纷等，不在是非对错上纠结，而是不断调和、折中，“抹平”才算和谐，“搞定”才算稳定。

## 深度透析

人们都会觉得“和稀泥”多少有些贬义，但综观当今那些为人处世的高手，几乎都懂得“和稀泥”的艺术。他们尽量不去招惹强势者，或者在强势者之间周旋，察言观色，见人说人话，见鬼说鬼话。这种看似有些狡猾的生存方式，其实是聪明人办事成功的基本功。

汉元帝刘奭登基之后，采用了贤者王吉和贡禹。当时朝廷内的最大问题是外戚和宦官专政，但是当汉元帝问起贡禹对国家大事有什么意见时，贡禹却对皇帝说，请他注意节俭，因为勤俭才能治国。汉元帝天性就吝啬得很，一听贡禹这么说，正合他意，而又能显现他的功德，立刻将很多节俭措施付诸行动。

不料，贡禹这一提议非但没有得到后世政治家司马光的赞扬，反而遭到了他的严肃批评。司马光在《资治通鉴》中说：“忠臣侍候君主，要拣皇帝最严重的错误、最难改正的毛病，第一时间提出来，督促他改正，其他小毛病就顺便改正了。汉元帝刚登基，有心向上，恰如一张白纸，他虚心向贡禹请教，贡禹就应该抓住机遇，先指出最急的问题，后说那些不着边的事。汉元帝的最大问题是什么呢？‘优游不断，谗佞用权。’可贡禹只字不提，而是喋喋不休地讲勤俭。汉元帝天性爱节约，贡禹却说个没完没了，是何居心？如果贡禹不知道国家的问题，怎么能被称为贤良？如果他看出来又不肯说，反而顾左右而言他，罪可就大了！”

皇帝刚刚登基，表现虚心纳谏，大部分都是装装样子，表面功夫，贡禹懂得察言观色，使他深得皇帝之心，如此才能保证他的将来。但司马光对此不以为然，认为为人臣子，就要努力帮助皇帝整顿朝廷。他本人也是这么做的，面对宋朝内部的新旧党问题、治国问题，他不断地在皇帝面前表现自己的强势，丝毫不理会君王的心情。

结局怎样呢？“伴君如伴虎”，天威难测，当时的皇帝可能无法动摇司马光的权臣地位，但司马光最后不也是急流勇退、郁郁而终了吗？他的话皇帝又听进去几句呢？

虽说贡禹这种只求自保，顺着上司说话的做法不值得提倡，不过在当时是不得已而为之，因为元帝不是一个能纳谏的人。如果我们在工作中，尤其是面临职场生存的问题时，上司是一个能够纳谏的人，可以委婉地说出自己的建议，并不时地察言观色，适时递上一些恭维话，把内心硬邦邦的建议用“和稀泥”的方式进行表达，这才是现代人的进谏方法。

其实，不仅仅是在职场，在任何存在人际交流的社交环境中，“和稀泥”都是一门有必要掌握的艺术。

## 静中韬光养晦，退中方求全身

### 实用精要

人世间的许多危险，都不露痕迹地潜藏在看似波澜不惊的环境中。具有大智慧的人深谙避祸之道，即于静中韬光养晦。

### 深度透析

唐朝大将郭子仪戎马一生，屡建奇功，可谓是功高盖主。他的王府建在首都长安的亲仁里。汾阳王府自落成后，每天都是府门大开，任凭人们自由进出，郭子仪却不允许其府中的人对此加以干涉。有一天，郭子仪帐下的一名将官要调到外地任职，来王府辞行。他知道郭子仪府中百无禁忌，就径直走进了内宅。恰巧看见郭子仪的夫人和他的爱女正在梳妆打扮，而王爷郭子仪正在一旁侍奉她们，她们一会儿要王爷递毛巾，一会儿要他去端水，使唤王爷就好像奴仆一样。这位将官当时不敢讥笑郭子仪，回家后，他禁不住讲给他的家人听，于是一传十，十传百，没几天，整个京城的人都把这件事当成笑话来谈论。郭子仪听了倒没有什么，他的几个儿子听了却觉得太丢父亲的面子，于是决定劝说父亲。

他们相约一齐来找父亲，要他下令，像别的王府一样关起大门，不让闲杂人等出入。但郭子仪对他的儿子们语重心长地说："我敞开府门，任人进出，不是为了追求浮名虚誉，而是为了自保，为了保全我们全家人的性命。"

几个儿子感到十分惊讶，忙问其中的道理。

郭子仪叹了一口气，说道："你们光看到郭家显赫的声势，而没有看到这声势有丧失的危险。我爵封汾阳王，往前走，再没有更大的富贵可求了。月盈而蚀，盛极而衰，这是必然的道理。所以人们常说要急流勇退。可是眼下朝廷尚要用我，怎肯让我归隐？再说，即使归隐，也找不到一块能够容纳我郭府一千余口人的隐居地呀。可以说，我现在是进不得也退不得。在这种情况下，如果我们紧闭大门，不与外面来往，只要有一个人与我郭家结下仇怨，诬陷我们对朝廷怀有二心，就必然会有喜欢落井下石、嫉贤妒能的小人从中添油加醋，制造冤案，那时，我们郭家的九族老小都会死无葬身之地的。"几个儿子听了之后方才明白老父亲的一番苦心。

郭子仪以不世之功，"权倾天下而朝不忌，功盖一代而主不疑"，于建元二年（781）六月十日，以 85 岁的高龄辞世。

郭子仪能够一生常荣而不衰，是因为他懂得于最盛日掩藏自己锋芒的道理。正所谓："小隐隐于野，中隐隐于市，大隐隐于朝。"能够在危险的环境中伏藏，以谦卑的姿态做一名朝中的隐者，既得上级欢心，又能建自己的功业，还能保全自己及家人。如此才是最高明的隐者之道。

在我们的一生中，也许不会如郭子仪那样成就惊天伟业，但是也会遭遇各种各样的境遇，如何于变幻繁复的环境中保全自己，真的需要高人一筹的智慧。郭子仪的立身之道给我们展现了韬晦智慧的精妙，值得我们去领悟、去思考。

# 倚弱卖弱，用“不争”来换取别人的信任

## 实用精要

正如“倚老卖老”一样，“倚弱卖弱”也是一种让对手无处下手的策略。夫唯不争，故天下莫能与之争。

## 深度透析

道光皇帝老迈之后，欲立皇子，奕询年龄最长，但各方面都不如奕䜣，于是一直拿不定主意。这天风和日丽，道光要带领六个皇子去南苑打猎，意在考验皇子们的文才武略和应变能力，以便确立皇储。奕询和奕䜣都摩拳擦掌欲一较高下。

四皇子奕询的老师杜受田足智多谋，他在四皇子身上下的功夫很大，希望他能登上皇位，自己也跟着沾光。可他也掂量过，奕询与其他皇子比较起来，除了排行第四占了个有利的条件之外，其他方面都平常，甚至略逊一筹，如若稍一让步，这皇位定然被六皇子夺去，为此急得他直打转。

安德海看出了门道，上前问道：“您老人家满脸愁容，定有为难之事，莫不是为明日南苑采猎之事？”杜受田心想，这孩子能看出我的心事，看来是个有心计的人，随口道：“说下去！”安德海道：“我曾听人讲过，三国时曹操的长子曹丕和三儿子曹植也有相似之处，不过奴才记不太清了。”

杜受田顿时眼前一亮，知道该怎么做了。杜受田吩咐奕询：你到时候就如此这般……

次日，道光带领六个皇子来到南苑，传旨开始围猎。诸位皇子各显身手，六皇子奕䜣，几乎箭无虚发，满载而归，而四皇子奕询却是两手空空，一无所获。道光帝不由得龙颜大怒，大声呵斥。奕询不慌不忙地奏道：“儿臣以为，目前春回大地，万物萌生，禽兽正是繁衍之期，儿臣不忍杀生害命，恐违上天好生之德，是以空手而回，望父皇恕罪。”

道光听罢，心想这倒是我没有想到的，倘若让他继位，必能以仁慈治天下，不禁转怒为喜，当下夸奖了四皇子的仁慈之心。又过了几年，道光帝忧虑

成疾，自知不久于人世，急唤诸皇子到御榻前答辩。消息传开，四皇子和他的老师杜受田都知道这是最关键的一次较量了，能否登基就在此一举。

安德海又献上一计说：“万岁爷病重，到御榻前之后什么也不用说，只说愿父皇早日康复就行，剩下的就是流泪，却不要哭出声来。”二人一听大喜。次日，六位皇子被召至龙床前。果然，道光提出一些安邦治国的题目让诸皇子回答，六皇子答得头头是道，道光甚为满意，却发现四皇子一言不发。道光一问，他头一扭，泪如雨下说：“父皇病重，龙体欠安，儿臣日夜祈祷，唯愿父皇早日康复。此乃国家之幸、万民之福。此时儿臣方寸已乱，无法思及这些。倘父皇遇有不测，儿臣情愿伴驾而行，以永侍身旁。”说完泪水涟涟，越擦越多。

道光听了心中深受感动，心想此真孝子仁君，于是决定立四子奕訢为太子，这就是后来的咸丰皇帝。

可见，“不争”也是一种资本，用“不争”来换取别人的信任和感动，这怕是自以为是的“聪明人”难以做到的。所以，在人际场中切忌为了竞争而太过表现自己，有时候示弱也是一种能力。

# 遇事模糊表态才能成就不败人生

## 实用精要

做人最怕人戳脊梁骨，说话表态最好不要遗人话柄。把糊涂当作一种境界，不败的人生从谨言慎行做起。

## 深度透析

某校某班在一次高考中，数学和外语成绩突出，名列前茅。校长在评功总结会上这样说：“数学考得好，是老师教得好；外语考得好，是学生基础好。”

在座的老师听罢议论纷纷，都认为校长的说法有失公正。有位姓刘的老师起身反驳：“同一个班，师生条件基本相同。相同的条件产生了相同的结果，原是很自然的事，却得到不公平的待遇，实在令人费解。原有的基础与其后的提高，有相互联系，不能设想学生某一学科基础差而能提高得快，也不能设想学生某一学科基础好而不需要良好的教学就能提高。校长对待教师的劳动不一视同仁，将不利于团结，不能调动广大教师的积极性。”

刘老师的这一席话说到大家心里去了，可刘老师毕竟挑战了校长的尊严，大家都很担心，会场一时陷入了沉默，这时校长笑了起来，他说：“大家都看到了吧，刘老师能言善辩，真是好口才。很好，很好！言者无罪，闻者足戒。”

老师们看校长没有恼怒，都松了一口气，会场的尴尬气氛缓解了。

尽管别人猜不透校长说这话的真实意思，却不得不佩服他的应变能力。他为自己铺了台阶，而且下得又快又好。听了校长对刘老师质问的回答后，没有人再就此问题对校长进行反驳了。

遇到别人的质疑或者追问时，模糊表态是一种很有效的策略。轻轻一闪，就会把对方千斤的力量化于无形，同时还为自己争取到思考对策的宝贵时间。另外，模糊表态的姿态会给对方制造一种高深莫测的感觉，使其不会对自己的行为产生怀疑。

有些时候，“明白直露”的说话方式不是伤人就是害己，然而默不作声又不免让人认为是想做老好人。倘若迫于情势，你不能不有所表态的话，最好还是“模糊表态”。例如，你可以说：“这件事比较棘手，让我看看再说。”这样，就给自己以后的表态留下了回旋的余地。

# 第三章

# 洞悉人性、智取胜利的布局心理学

## 以诈降之策扰乱对方心智

### 实用精要

俗话说：“耳听为虚，眼见为实。”可是眼睛真的有那么可靠吗？在如今的社会中，我们获得信息的渠道是多种多样的，而且绝大多数都是通过自己的眼睛看到的，但是又有多少是真实的呢？我们被信息包围，也被信息迷惑，可是我们始终无法摆脱它，因为我们需要根据信息做出判断和选择。这一点在局道中显得尤为重要。

### 深度透析

建文二年（1400），“靖难之役”已经进入了第二年。与朱棣对抗的大将军李景隆本是个纨绔子弟，对于带兵打仗可以说是一窍不通，他所率的军队节节败退。幸亏坚守济南的是忠臣铁铉，才遏制了朱棣的进攻，使得战局出现了暂时的转折。

朱棣本想乘胜追击，一举攻下济南，没想到三个月过去了，还是久攻不下，这让朱棣大为恼火。再这样拖延下去，自己的后勤补给就会出现问题了。此时，有个谋臣向他献计，准备积水灌城。朱棣听了，眼睛一亮，但转念一想后，说：“真要放水灌城，未免太过残忍。不如我们先放出去消息，给他们一个期限，或许可以避免生灵涂炭。”

第二天，济南城中的百姓都收到了城外传来的消息，知道燕王朱棣要他们投降，否则便会放水灌城。城中一时间人心惶惶，就连守军也乱作了一团。为了安抚军心和民心，拯救济南的百姓，铁铉决定将计就计，诱杀朱棣。

计议已定，铁铉命人暗中在城门上置千斤闸，又让守城的士兵昼夜啼哭：

"济南城快被淹了，我们就要死了！"不久，又下令撤掉了城楼上防守的武器，选了一个城中百姓的代表作为使者，到燕王朱棣的大营去请降，希望朱棣可以先让军队撤退到十里之外，然后再单骑入城，到时他们一定俯首称臣。

燕王朱棣不知是计，对手主动要投降让朱棣大喜过望，竟然信以为真了。于是，他即刻下令军士将营地后移十里，自己骑着骏马，只带了几名护卫，便跨过护城河，径直准备进城接受投降。

见他前来，守城的明军打开城门，都聚集在城墙上向下张望。燕王朱棣刚进城门，士兵们便高喊："千岁到！"

预先置于门拱上的千斤闸应声落下。幸亏朱棣命大，最后死里逃生，铁铉的"诈降计"功败垂成。但最后，两军又回到了最初的对峙阶段。此后，铁铉常常派人不分昼夜地骚扰偷袭燕军。朱棣见自己的军队死伤无数，又担心明军会绕到背后收复德州，切断自己的粮草供应，只好撤兵，先回北平，再作打算。铁铉等立即乘胜追击，收复了德州等失地。

李景隆率十余万大军败于燕王朱棣之手，铁铉却凭着济南这一座孤城获得了胜利，这不得不归功于他的"诈降计"。铁铉的"诈降计"和三国时期诸葛孔明的"空城计"有异曲同工之妙。"空城计"是制造一种假象，让司马懿误以为城中有埋伏，而避不入城；"诈降计"也是制造一种假象，不过目的却是将朱棣引入城中。老奸巨猾的朱棣也差点栽在了铁铉的手中，看来铁铉的这个"绝处逢生"之局还真是高明。

"事贵应机，兵不厌诈。"无论是在棋局中，还是在人生中，总是有很多真假难辨的情形，让人眼花缭乱、不知所措。如果我们有"火眼金睛"，可以辨识信息的真伪，我们就会省去很多的麻烦，远离很多的错误。

## 适时低头，才能留得青山有柴烧

### 实用精要

当你处于弱势地位的时候，不要为了所谓的荣誉而争斗，而要适时选择投降。投降会给你时间，以东山再起，卷土重来；投降会给你时间，让征服你的

人感到烦恼，让他们受到来自你的刺激；投降会给你时间，去等待征服者的力量逐渐消失。

## 深度透析

春秋时期最后一个霸主——越王勾践，是一位著名的政治家和军事家。

勾践刚刚即位的时候，吴王阖闾趁越国政局不稳之际兴兵伐越，勾践起兵抵抗，打败吴军，阖闾受箭伤死于回国途中。其子夫差即位后，时时不忘杀父之仇，用了两年多的时间练兵。

勾践听说吴王夫差日夜练兵，打算抢先讨伐吴国。谋臣范蠡劝他不要仓促行事，勾践不听，率军攻吴。吴王亲率精兵反击，越军大败。勾践带着剩下的5000人逃至会稽山，被吴军包围。勾践非常后悔，这时范蠡为他出了个主意，让大夫文种贿赂伯嚭，向夫差请求称臣纳贡，暂时投降。夫差答应了勾践的请求，但要勾践夫妇到吴国为他服役。

勾践抵达吴都，夫差有意羞辱他，但勾践忍辱负重，小心伺候，百依百顺，胜过夫差手下的仆役。三年过去了，由于勾践尽心服侍，再加上伯嚭不断在夫差耳边为他求情，夫差认为勾践已真心臣服，决定放他们回国。

勾践回到越国后，为了激励自己不忘报仇雪耻，卧薪尝胆。采取一系列政策，使越国迅速恢复生机，国力日渐强盛。同时，勾践又采取许多办法麻痹吴国，造成吴国内耗。

吴国日渐衰败，勾践认为时机已经成熟，于是趁夫差率精锐部队北上黄池（今河南封丘县西）会盟的机会，率5万大军攻打吴国，吴军大败，太子阵亡。这时，夫差打败齐国，正约晋、卫、鲁等国在黄池会盟，当上了霸主。接到消息，夫差十分懊丧，只好派伯嚭向越求和。勾践和范蠡认为吴国还有实力，一时消灭不了，答应讲和，退兵回国。

不久勾践乘吴国大旱、国内动荡的机会，再次攻吴。吴王夫差被越军长期围困，力不能支，派使节袒衣膝行向勾践求和，但遭到拒绝，吴王夫差见大势已去，自刎而死。

在战场上，为了打胜仗，往往要先避敌锋芒，退避三舍。有的时候，暂时的投降也是一种麻痹敌人的有效策略，在敌人放松警惕的时候赢得一个保存实力、积蓄力量的机会，这是一种生存智慧，也是一种战场艺术。暂时的投降让勾践扭转劣势，并最终击溃吴国；我们为人处世也一样，成功的人生时时离不开适时的“投降”。

初涉人世时，人们大都不谙世事，只会冲撞，不懂投降，结果往往碰壁，吃了不少苦头。然而，大多数人在碰壁后，“吃一堑，长一智”，慢慢学会了暂时投降，暂时低头，暂时认输，结果却踏上了通畅的人生之路。但是，也有一些人总也不懂投降，结果处处荆棘，四面楚歌，甚至身败名裂，抱恨终生。

大凡不会投降的人，都以为激流勇进才是英雄，而向人低头则是“窝囊废”。其实，在不丧失原则的前提下，暂时向对方认输，比硬着头皮坚持作战，把自己送上死路要高明得多。古人云：“能屈能伸者，大丈夫也。”

## 声东击西，让对手难辨真伪

### 实用精要

声东击西，即打即离，制造假象，引诱对方做出错误判断，然后乘机歼敌的策略，在古今中外的战争中，是颇受欢迎的一种制敌策略。为了使敌方的指挥发生混乱，本不打算进攻甲地，却佯装进攻；本来决定进攻乙地，却不显出任何进攻的迹象。似可为而不为，似不可为而为之，敌方无法推知对方意图，被假象迷惑，做出错误决断。

### 深度透析

东汉时期，班超出使西域，目的是团结西域诸国共同对抗匈奴。为了使西域诸国便于共同对抗匈奴，必须先打通南北通道。地处大漠西缘的莎车国煽动周边小国归附匈奴，反对汉朝。班超决定首先平定莎车。莎车国王北向龟兹求援，龟兹王亲率五万人马，援救莎车。班超联合于阗等国，兵力只有二万五千人，敌众我寡，难以力克，必须智取。班超遂定下声东击西之计，迷惑敌人。他派人在军中散布对班超的不满言论，制造打不赢龟兹就撤退的假象，并且特意让莎车俘虏听得一清二楚。

这天黄昏，班超命于阗大军向东撤退，自己率部向西撤退，表面上显得慌乱，故意放俘虏趁机脱逃。俘虏逃回莎车营中，立即报告汉军慌忙撤退的消息。龟兹王大喜，误认班超惧怕自己而慌忙逃窜，决定趁此机会追杀班超。他立刻下令兵分两路，追击逃敌。他亲自率一万精兵向西追杀班超。班超胸有成竹，趁夜幕笼罩大漠，撤退仅十里地，部队就地隐蔽。龟兹王求胜心切，率领追兵从班超隐蔽处飞驰而过，班超立即集合部队，事先准备好的东路于阗人马迅速回师杀向莎车。班超的部队如从天而降，莎车猝不及防，迅速瓦解。莎车王惊魂未定，逃走不及，只得请降。龟兹王气势汹汹，追赶一夜，未见班超部队踪影，又听得莎车已被平定、人马伤亡的报告，知大势已去，只有收拾残部，悻悻返回龟兹。

兵者讲究“实则虚之，虚则实之”，看似打此处，吸引敌人的全部注意力，其实真正要攻打的却是彼处，趁敌人不备而入，出奇制胜，便是兵之道。声东击西之术不单在行军之中有用，生活处事，职场商战，一样是不可多得的对策。

很多精明的成功者都善于运用声东击西之策，转移别人的注意力，让对手难辨真伪，这样，便为自己赢得最好机遇，无往不利。

## 瞒天过海，利用麻痹心理击败对手

### 实用精要

故作姿态，用习惯去麻痹对方，是很好的斗智不斗力的行为，通常能取得很好的效果，提高收益。

### 深度透析

很多人都上过网购的当，一件衣服穿在模特身上，拍出来的照片那么美，而实物拿到手里就完全不是那回事了。回头跟店主理论吧，对方又总强调是电脑显示器的问题，自己只能干吃哑巴亏。虽然这个道理非常简单，但很多人仍然一次又一次地被那些漂亮的网络图片所吸引，每次也都痛痛快快地掏钱，上当也就不只一次了。

为什么会这样？很显然，因为人已经习惯了网络商家的某种行为，而恰恰是这种习惯性，让人产生了麻痹心理。

研究表明，一些习惯性的行为会使大部分人都清楚这个道理，却不会运用这种方法来为自己在一些情况中获得利益，其实它是一种最简单的“瞒天过海”行为。

公元583年，陈叔宝当上了陈朝皇帝，整日吃喝玩乐，不理朝政，奸臣当道，民不聊生。

当时隋文帝统一了北方，国力强盛，斗志正旺。他分析局势，深知陈朝国力空虚，不堪一击，便派兵南下，打算一举消灭陈朝。可是，一条长江成天堑，如何才能安然渡江进攻呢？

臣子高颎遂向文帝献了一条计策。隋文帝听了大喜，立刻下令大军一齐进攻，首先切断了陈朝驻守长江上游和中下游部队的联系，使他们不能相互照应。与此同时，隋朝大将贺若弼率大队人马向陈朝国都建康进军。兵马来到长江北岸驻扎下来，帐篷林立，军旗飘扬，一副紧张备战的模样。

陈朝将领见这种阵势，以为隋军即将渡江攻城，顿时紧张起来，召集全部人马，准备与隋军决一死战。谁知剑拔弩张地等了几天，隋军不但没有渡江进攻，反而撤了回去，渡口只留了一些小船。陈朝将士以为隋军水上兵力不足，不敢轻易进攻，松了口气。哪知道隋军又集结江北，安营扎寨，陈军慌忙再度备战。如此反复折腾几次，陈军人困马乏，加之粮草又被隋军的探子烧毁，陈军更是人心惶惶、心灵疲惫，最后干脆对隋军的行为不理不睬，只当隋军没事瞎折腾。就在陈军最懈怠的一刻，隋军突然渡过浩浩长江，发动全面进攻，一时间金鼓齐鸣，陈军兵败如山倒。

高颎一招“瞒天过海”，小小计策，令敌方麻痹大意，最后不费吹灰之力赢得了战争的全面胜利，谁人能说他不高明？

在古今中外战争史上，施展瞒天过海之计，出其不意取胜的战例不胜枚举。通常，人们防备周全的时候，就很难麻痹大意；可一旦习以为常，警惕心就完全失去，让自己暴露在危机当中，此时使用瞒天过海之计是再好不过了。

# 制造别无他选的困境，让对方别无选择地顺从

## 实用精要

掌握制造别无他选的困境的攻心战术，给人提供有且只有的两个选择，而且其中的一个选择必然好于另一个，再没有其他什么选择的余地，于是就可以达到普遍认同，而最终选择其中好的一个。

## 深度透析

在生活中，我们往往会遇到谈判、竞选等场合，这种场合下，当然是需要做出选择，谁都想让对方选择和自己合作，谁都想要群众选举自己担当职务，如果不懂得采取一定的心理战术，则可能会遭受失败。

古代罗马的政治家布鲁斯特在杀害恺撒之后有一场演说："你们是希望让恺撒死，而你们大家过自由的日子，还是希望让恺撒活着，而你们都沦为奴隶终至死亡？你们所要选择的是什么？"

布鲁斯特给当时长老院的长老们这样两个选择，再没有其他可以选择的方法，迫使他们从"自由"或"死亡"之中进行选择。很显然，自由比死亡看上去是更有好处、更有意义的。所以，最后的结局可想而知，长老院最终选择了自由，而布鲁斯特也因此获得了胜利。

在现实生活中，我们时常会面临着一些选择，很难下定决心，但是如果犹豫不决，就可能失去机会，在左右摇摆中浪费时光，此时就要善于把自己引到别无他选的境地，这样做选择就会容易一些。比如，当面对着是否该换工作而无法下决心时，就可以说："你是要换个工作，开拓新的人生呢，还是要继续在这里虚度余生？"在这两个选项中，自然很容易做出选择。

设置的两个选择没有优劣之分，还是会让人无法做出决定，虽说"鱼和熊掌不可兼得"，却很难让人取舍，因此，我们还要强调两个选择中哪个更优，哪个更劣，有着这样的一个对比，就更容易让人做出选择了。

虽然运用这种方法也常会发生许多障碍，但对于处于迷惑不决中的人们，则可以迫使其朝着自己所期望的方向去选择。例如，当你要说服正在选择就业单位的毕业生时，可以说："与其勉强地进入一家好的单位，却因为能力不够而被漠视，进而遭受打击，产生挫败感，还不如进入一家自己能胜任的单位，找回信心，发挥出自己的优势，并且得到有效的提高。"像这种诱导方式，则可以帮助对方消除疑虑和犹豫，尽快地做出选择。

第二篇

# 把攻心谋略发挥得恰到好处

## ——把握分寸心理学

# 第一章

# 善解人意、婉转拒绝的婉言心理学

## 委婉地拒绝，给被拒绝的人留面子

### 实用精要

自尊之心，人皆有之。因此在拒绝别人时，要顾及对方的尊严。人们一旦投入社交，无论他的地位、职务多高，成就多大，无一例外地关心外界对自己的评价。由于来自外界评价的性质、强度和方式不同，人们会做出不同的反应，并对交际过程及其结果产生积极或消极的影响。

### 深度透析

尊之则悦，不尊则哀。也就是说，当得到肯定的评价时，人们的自尊心理得到满足，便会产生一种成功的情绪体验，表现出欢愉乐观和兴奋激动的心情，进而“投桃报李”，对满足自己自尊欲望的人产生好感和亲近力，采取积极的合作态度，交际随之向成功的方向发展。反之，当人们不受尊重、受到不公正的评价时，便会产生失落、不满和愤怒情绪，进而出现对抗姿态，使交际陷入危机。

顾及对方的尊严是拒绝别人时必不可少的注意事项，有这样一个例子：

某校在评定职称时，由于高级职称的名额有限，一位年龄较大的教师未能评上。他听说了这一消息后就向一位负责职称评定的副校长打听情况。副校长考虑到工作迟早要做，便和这位老教师促膝交谈。

校长：哟，老 ×，什么风把你给吹来了。

老师：校长，我想知道这次评高级职称我有希望吗?

校长：老×，先喝杯茶，抽支烟。我们慢慢聊。最近身体怎么样？

老师：身体还说得过去。

校长：老教师可是我们学校的宝贵财富，年轻教师还要靠你们传帮带呢！

老师：作为一名老教师，我会尽力的。可这次评定职称，你看我能否……

校长：不管这次评上评不上，我们都要依靠像你这样的老教师。你经验丰富，教学也比较得法，学生反应也挺好。我想，对于一名教师来说，这一点，比什么都重要，你说呢？

老师：是啊！

校长：这次评职称是第一次进行，历史遗留的问题较多，可僧多粥少，有些教师这次暂时还很难如愿，要等到下一次。这只是个时间问题。相信大家一定能够谅解。但不管怎样，我们会尊重并公正地评价每一位教师，尤其是你们这些辛辛苦苦工作几十年的老教师。

老教师在告辞时，心里感觉热乎乎的，他知道自己这次评上高级职称的希望不大，但由于自身得到了别人的尊重，成绩受到了别人的肯定，他能接受那样的结果。用他对校长的话讲："只要能得到一个公正的评价，即使评不上我也不会有情绪的，请放心。"

这位校长可谓是顾及别人尊严的典范，如果一开始他就给这位老教师泼一桶冷水，那么后果就不堪设想了。

在社交场合，无论是举止或是言语都应尊重他人，即使在拒绝别人的时候也要顾及对方的尊严。也只有这样，才能赢得别人的尊重。

## 先承后转式拒绝，让对方在宽慰中接受拒绝

### 实用精要

我们经常会遇到这样的情况，对方提出的要求并不是不合理，但因条件的限制无法予以满足。在这种情况下，拒绝的言辞可采用"先承后转"的形式，使其精神上得到一些宽慰，以减少因遭拒绝而产生的不愉快。

## 深度透析

李刚和王静是大学同学，李刚这几年做生意虽说挣了些钱，但也有不少的外债。两人毕业后一直没有来往。一天，王静突然向李刚提出借钱的请求，李刚很犯难，借吧，怕担风险；不借吧，同学一场，又不好张口。思忖再三，最后李刚说："你在困难时找到我，是信任我、瞧得起我，但不巧的是我刚刚买了房子，手头一时没有积蓄，你先等几天，等我过几天账结回来，一定借给你。"

有的时候对方可能会很急于事成而相求，但是你确实又没有时间，没有办法帮助他的时候，一定要考虑到对方的实际情况和他当时的心情，一定要避免使对方恼羞成怒，以免造成误会。

拒绝还可以从感情上先表示同情，然后再表明无能为力。

黄女士在民航售票处担任售票工作，由于经济的发展，乘坐飞机的旅客与日俱增，黄女士时常要拒绝很多旅客的订票要求，黄女士每每总是带着非常同情的心情对旅客说："我知道你们非常需要坐飞机，从感情上说我也十分愿意为你们效劳，使你们如愿以偿，但票已订完了，实在无能为力。欢迎你们下次再来乘坐我们的飞机。"黄女士的一番话，叫旅客再也提不出意见来。

先扬后抑这种方法也可以说成是一种"先承后转"的方法，这也是一种力求避免正面表述，而采用间接拒绝他人的方法。先用肯定的口气去赞赏别人的一些想法和要求，然后再来表达你需要拒绝的原因，这样你就不会直接地去伤害对方的感情和积极性了，而且还能够使对方更容易接受你，同时也为自己留下一条退路。

一般来说，你还可以采用下面一些话来表达你的意见："这真的是一个好主意，只可惜由于……我们不能马上采用它，等情况好了再说吧！""这个主意太好了，但是如果只从眼下的这些条件来看，我们必须要放弃它，我想我们以后肯定是能够用到它的。""我知道你是一个体谅朋友的人，你如果对我不十分信任，认为我没有能力做好这件事，那么你是不会找我的，但是我实在忙不过来了，下次如果有什么事情我一定会尽我的全力来支持你。"……

# 带着友善表情拒绝不伤和气

## 实用精要

当遇到别人不合理的请求时，你千万不要因为不能说“不”而轻易地答应任何事情，而应该视自己能力所及的范围，不要明明做不到却不说，结果既造成了对方的困扰，又失去了别人对你的信任。

## 深度透析

业务员的销售技巧里有这么一招：从一开始就让顾客回答“是”，在回答几个肯定的问题之后，你再提出购买要求就比较容易成功。同理，当你一开始对自己说“我做不到”，或“我不行”的时候，自己就陷入了否定自我的危机，然后就会因拒绝任何的挑战而失去信心。

三十出头就当上了福克斯电影公司董事长的雪莉·茜，是好莱坞第一位主持一家大制片公司的女士。为什么她有如此能耐呢？主要原因是她言出必践，办事果断，经常是在握手言谈之间就拍板定案了。

好莱坞经理人欧文·保罗·拉札谈到雪莉时，认为与她一起工作过的人，都非常地敬佩她。欧文表示，每当她请雪莉看一个电影脚本时，她总是马上就看，很快就给答复。而好莱坞有很多人，给他看个脚本就不这样了，若是他不喜欢的话，根本就不回话，而让你傻等。

一般人十之八九都是以沉默来回答，但是雪莉看了给她送去的脚本，都会有一个明确的回答，即使是她说“不”的时候，也还是把你当成朋友来对待。这么多年以来，好莱坞作家最喜欢的人就是她。

拒绝别人不是一件什么罪大恶极的事情，也不要把说“不”当成是要与人决裂。是否把“不”说出口，应该是在衡量了自己的能力之后做出的明确回应。虽然说“不”难免会让对方生气，但与其答应了对方却做不到，还不如表明自己拒绝的原因，相信对方也会体谅你的立场。

不过，当你拒绝对方的请求时，切记不要咬牙切齿、绷着一张脸，而应该带着友善的表情来说“不”，才不会伤了彼此的和气。除了对别人说“不”，对自己也要勇敢地说“不”。

美国电话及电报公司的创办者塞奥德·维尔，他经历过无数次失败之后，才学会了说“不”。

年轻时的他，无论做什么事都缺乏计划，一事无成地虚晃日子，连他的父母也对他感到失望，而他自己也陷入了绝望之中。

20岁那年，他离家独自谋生时，给自己写了一封信：“夜晚迟迟不睡，而撞球或者喝酒，这些事是年轻人不该做的，所以我决定戒除。但是对这决定我应该说什么呢？是不是还照旧说‘只这一次，下不为例’呢？还是‘从此绝不’呢？以前已经反复过好几次了。”

维尔最大的野心是买皮毛衣及玛瑙戒指，虽然在当时不能说是太大的奢望，但对他来说是很难的。于是他无时不克制自己，以求事事三思而后行。这种坚决的克制态度，使得他由默默无闻的员工调升到铁路公司的总经理。

他向别人说“不”的同时，也要向自己说“不”，尤其是创立电话电报这样巨大组织的时候，他时时刻刻在说“不”。正因为这样，他才能避免因一时冲动的手段而误了大事。

说“不”没什么开不了口的，只要站得住立场和对自己有益，就请勇敢地向别人和自己说“不”吧。

## 逐客讲艺术，客人自退出

### 实用精要

运用高超的语言技巧，把“逐客令”说得美妙动听，做到两全其美；既不挫伤好话者的自尊心，又使其变得知趣。

### 深度透析

有朋来访，促膝长谈，交流思想，增进友情，是生活中的一大乐事，也是人生道路上的一大益事。宋朝著名词人张孝祥在跟友人夜谈后，忍不住发出了“谁知对床语，胜读十年书”的感叹。然而，现实中也会有与此截然相反的情形。下班后吃过饭，你希望静下心来读点书或做点事，那些不请自来的“好聊”分子又要扰得你心烦意乱了。他唠唠叨叨，没完没了，一再重复你毫无兴趣的话题，还越说越来劲。你勉强敷衍，焦急万分，极想对其下逐客令但又怕伤了感情，故而难以启齿。

但是，你“舍命陪君子”，就将一事无成，因为你最宝贵的时间，正在白白地被别人占有着。

那要怎样对付这种说起来没完没了的常客呢？要将“逐客令”下得有人情味，可以参考以下方法：

**以婉代直**

用婉言柔语来提醒、暗示滔滔不绝的客人：主人并没有多余的时间跟他闲聊胡扯。与冷酷无情的逐客令相比，这种方法容易被对方接受。

**以写代说**

有些“嘴贫”的人对婉转的逐客令可能会意识不到。对这种人，可以用张贴字幅的方法代替语言，让人一看就明白。

有一位著名的科学家，在自家客厅里的墙上贴上了“闲谈不得超过三分钟”的字幅，以提醒来客：主人正在争分夺秒搞科研，请闲聊者自重。看到这张字幅，纯属“闲谈”的人，谁还会好意思喋喋不休地说下去呢？

在这里，因为字幅是写给所有来客看的，并非针对某一位，所以不会令某位来客有多少难堪。

**以热代冷**

用热情的语言、周到的招待代替冷若冰霜的表情，使好闲聊者在“非常热情”的主人面前感到今后不好意思多登门。爱闲聊者一到，你就笑脸相迎，沏好香茗一杯，捧出瓜子、糖果、水果，很有可能把他吓得下次不敢贸然再来。你要用接待贵宾的高规格，他一般也不敢老是以“贵客”自居。

过分热情的实质无异于冷待，这就是生活辩证法。但以热代冷，既不失礼貌，又能达到“逐客”的目的，效果之佳，不言自明。

**以攻代守**

用主动出击的姿态堵住好闲聊者登门来访之路。先了解对方一般每天几点到你家，然后你不妨在他来访前的一刻钟先“杀”到他家去。于是，你由主人变成了客人，他则由客人变成了主人。你从而掌握交谈时间的主动权，想何时回家，都由你自己安排了。你杀上门去的次数一多，他就会让你给粘在自己家里，原先每晚必上你家的习惯很快会改变。一段时间后，他很可能不再“重蹈覆辙”。以攻代守，先发制人，是一种特殊形式的逐客令。

**以疏代堵**

闲聊者用无聊的嚼舌消磨时间，原因是他们既无大志又无高雅的兴趣爱好。如果改用疏导之法，使他有计划要完成，有感兴趣的事可做，他就无暇光顾你家了。显然，以疏代堵能从根本上解除闲聊者上门干扰之苦。一旦有了兴趣爱好，你请他来做客也不一定能请到呢！

# 用对方的话来拒绝他

## 实用精要

拒绝不一定非要表明自己的意思，许多时候，利用对方的话来拒绝他，是更聪明的选择。只要合理地从对方的话语里引出一个合乎逻辑的相同问题，就能让对方哑巴吃黄连——有苦说不出。

## 深度透析

小李从旅游局一个朋友那里借了一架照相机，他一边走一边摆弄着，这时刚好小赵迎面走来了。他也知道小赵有个毛病：见了熟人有好玩的东西，非得借去玩几天不可。这次看见了他手中的照相机又非借不可了。尽管小李百般说明情况，小赵依然不肯放过。小李灵机一动，故作姿态地说：“好吧，我可以借给你，不过我要你不要借给别人，你做得到吗？”小赵一听，正合自己的意思，他连忙说：“当然，当然。我一定做到的。”“绝不失信？”小李还追问一句。小赵表态：“绝不失信！失信还能叫做人？”小李斩钉截铁地说：“我也不能失信，因为我也答应过别人，这个照相机绝不外借。”听到这，小赵也目瞪口呆了，这件事也只有这样算了。

有一大部分人会产生这样的想法，难道我们在现实生活中都非要拒绝别人不可吗？我们在拒绝他人时都要采用这些委婉的方法吗？其实这个问题问得恰到好处。

在现实生活中，关于拒绝他人，我们还要注意以下问题：

第一，在日常生活中，我们就应该真诚地对待朋友和同学，积极地帮助他们。每个人都应该明白一个简单的道理“平时帮人，拒人才不难”，这种方法主要应用于那些的确违背我们意愿的事情。

第二，如果是由于自己能力或客观原因，我们应该坦诚相对，说明自己的实际情况，同时，要积极帮对方想办法。

第三，对于某些情况，直接说“不”的效果更好，特别是对于那些违法乱纪的事情，应持坚决的态度来拒绝。对于那些可能引起误解的事情，也应该明确自己的态度，否则会“当断不断，反受其乱”。此外，由于拒绝不明可能会影响对方，也影响事情发展方向，也应该直截了当地拒绝它。

第四，即使我们掌握了一些比较好的方法，在一般的拒绝中，我们也应该语气委婉，最好还能面带微笑，这样既能达到自己拒绝他人的目的，又能消除由于拒绝给对方带来的不快。

# 礼貌说拒绝，亲密总无间

## 实用精要

在面对亲密之人的无理请求时，拒绝要讲求策略，同时要不失礼节，这样才能维护彼此之间的感情。

## 深度透析

与人相处，人们经常会遇到这样的情况，即面对爱人、亲人、好友等亲密之人的请求。许多时候，我们并不愿意答应这些请求，却又不好意思说“不”，就会使自己陷入十分为难的境地。如果违心地答应下来，是为自己添烦恼；如果假装答应却不做，又失信于人。

一般来说，尽可能地帮助自己的亲密之人，这是人之常情。但是，面对亲密之人的不当要求，我们一定要坚持自己的原则。特别是当他们的要求有违国家法律法规、有违社会公共道德或有违家庭伦理时，我们更应坚守自己的原则立场，毫不留情地予以拒绝，还应帮助对方改变那些错误思想和行为。

拒绝亲密之人的不当要求是一门学问，是一项应变的艺术。要想在拒绝时既消除自己的尴尬，又不让对方无台阶可下，这就需要掌握一些巧妙的拒绝方法。

**巧用反弹**

别人以什么样的理由向你提出要求，你就用什么样的理由拒绝，这就是巧用反弹的方法。

**敷衍拒绝**

敷衍式的拒绝是最常用的一种拒绝方法，敷衍是在不便明言回绝的情况下，含糊回绝请托人。拒绝亲密之人的不当要求也可采用这一方法。运用这种方法时，也需对方有比较强的领悟能力，否则难以见效。具体采用这种方法时，我们可以运用推托其辞、答非所问、含糊拒绝等具体方式。

**巧妙转移**

面对别人的要求，你不好正面拒绝时，可以采取迂回的战术，转移话题也好，另有理由也好，主要是善于利用语气的转折——绝不会答应，但也不致撕破脸。比如，先向对方表示同情，或给予赞美，然后再提出理由，加以拒绝。由于先前对方在心理上已因为你的同情而对你产生好感，所以对于你的拒绝也能以“可以谅解”的态度接受。

总之，面对亲密之人提出的不当要求时，切忌直接拒绝，尽量使用间接拒绝的方法。从对方的立场出发，阐明自己的观点，就会使对方自然而然地接受了。

此外，拒绝别人时，也要有礼貌。任何人都不愿被拒绝，因为被别人拒绝，会使人感到失望和痛苦。当对方向自己提出不合理要求时，你可能感到气愤，甚至根本无法忍受，但你也要沉住气，千万不可大发雷霆、出言不逊、恶语伤人。在拒绝对方时，更要表现出你的歉意，多给对方以安慰，多说几句“对不起”“请原谅”“不好意思”“您别生气”之类的话。由于你十分有礼貌，即使对方想无理取闹，也说不出什么，这样别人也会觉得你是一个彬彬有礼的人而愿意与你亲近。

# 第二章

# 诱使他人吐露心声的倾听心理学

## 尽量引导对方多说

### 实用精要

成功的人大多是社交专家，然而出色的社交专家并不是我们所认为的口若悬河。真正懂交往之道的都是运用语言的大师，他们深谙人们的心理，了解人人都有表现欲，于是让对方多开口成了一条金科玉律。

### 深度透析

著名的成功学大师卡耐基先生曾说："最出色的沟通艺术，是会听而不是会讲。"

有一天，有个小国的人到大国来朝贺，他向皇帝进贡了三个一模一样的小金人，小金人金光灿灿，把皇帝的大殿映照得金碧辉煌。这下可把皇帝给高兴坏了。

但这小国的人却故意刁难，还带来一道很奇怪的题目：这三个小金人哪个最有价值？皇帝把珠宝匠请了过来，可无论是做检查，称重量，看做工，都是一模一样的，没有区别的东西又怎么能判断出价值的高下呢？皇帝又问了很多大臣和民间的智者，大家都不知道这个问题怎么回答，皇帝束手无策了。

怎么办？使者还等着回去汇报呢！泱泱大国，不会连这个小事都解决不了吧？

终于，有一位退位的老大臣站了出来，说他有办法。

皇帝将使者请到大殿，老臣胸有成竹地拿着三根稻草，插入三个小金人的耳朵里。第一个小金人耳朵里的稻草从另一边耳朵出来了，第二个小金人耳朵里的稻草从嘴巴里出来了，而第三个小金人，稻草从耳朵里进去后掉进了肚子，什么动静也没有。老臣说："第三个小金人最有价值！"使者默默无语，大臣答对了。

实际上，所有人在心底都重视自己，喜欢谈论自己以及自己所关心的事，没有人愿意听你唠唠叨叨地在那儿自吹自擂！

谈论自己太多，而让别人说得太少，是许多人人际关系不够好、人际网络不够宽的重要原因。如果一个人说得太多，别人说话的时间就少了，你就无法知道什么对他是重要的，赢得他人好感的办法是什么。只有自己少说、引人多说，才能激发别人与你互动的兴趣，才能与之建立良好的关系。

如何引别人多说呢？"设问"是一大秘诀。

设问，即使原本没有疑问而自提自问，是明知故问。设问用得好，能引人注意，诱人思考，把谈话内容变得更加吸引人。

联邦自动售货机制造公司的业务部要求所有的推销员去从事业务时，都带上一块两英尺宽三英尺长的厚纸板，纸上写着："要是我可以告诉您如何让这块地方每年收入 300 美元，你会感兴趣的，对吗？"当推销员与顾客见面时，就打开纸板铺在柜台或者合适的地方，引起顾客的注意与兴趣，引导顾客去思考，从而转入正题。这个方法让该公司的产品市场不断扩大。

"设问"是沟通过程中一大利器，是接近那些难以接近的人的最好办法。如果你想在你的生活与工作中与需要建立关系但又很难相处的人交往，你可巧妙地设问，让他们多多谈论自己。要知道，人们在谈论自己的时候，总是高兴的、投入的，只要他们高兴了，便容易与你形成互动。

## 从倾听中抓住最有用的信息

### 实用精要

倾听的作用不只是在于表示对对方的尊重，而且在于能抓住对方主要想表达的信息，以给对方最准确、最喜欢的回应。

## 深度透析

在人与人之间的交流中，“听”是如此自然，以至于人们常常不把它作为一个话题来研究。有效倾听似乎理所当然，虽然日常生活中有很多事例可以证明并不容易做到这一点，但人们并没有意识到需要学习有效倾听的方法，以致人们对倾听的作用有所漠视。

人际沟通学认为倾听和听见并不是一回事。因为听到只是你的听觉系统接收到了声音。很多人都能听见声音，但他们根本不能“倾听”，也就是听到并理解。比如，当你看书的时候，周围会有各种声音，你的听觉系统会接收到声音，但你未必会注意到这些。有时人们听到声音，并且“看起来”是在倾听，而实际上他们只是对内在的声音感兴趣，这种现象就是“假听”。

当然，倾听的第一步就是听见——听觉器官接收声音，然后人们注意这些声音并将声音组织为有意义的形式，也就是开始理解。

我们并不经常理解注意到的声音，比如人们听到自己不了解的语言，就不能理解语言的含义。不过人们普遍认为只要听到了声音也就理解了声音，这就是我们要谈到的第二个误解。

有的人认为注意声音自然就会理解声音。不过，想想你在听到电影中的外语对话时，你就会明白，听到并不意味着理解。你可以关注所有的声音，但并不一定理解。“理解”就是将声音重组为有意义的模式。

交谈须彻底明白对方想表达的信息，才能顺利进行。应在坦诚交谈并表示了解后，才陈述自己的意见。倘若不遵守这个原则，可能会造成各说各话的情形，以至于话不投机，影响人际关系。

然而，我们常因热衷于谈话而忽略了这个原则。虽然完全没有恶意要抢先，却会发生打断对方讲话的情形。比方说，对方正在提问题时，你打岔说：“是啊，我也正想提这点呢。”或者对方反问之际，你连忙矢口否认：“不！不！”

像这样的谈话方式，不仅容易引起对方不满，更重要的是，你根本没有掌握最主要的信息。正确的方法是等候对方说完，再正式提出自己的意见。在表达本人看法前，必须用心体会言谈之间的真实含义。

在工作上普遍受人欢迎的人，多是了解倾听技巧的人。

# 在改变他人想法前先做一个好的倾听者

## 实用精要

戴尔·卡耐基说过:"要说服一个人的时候，不能将他视为理性的动物，而应该将他视为感情的动物，他是充满偏见与先入之见而与人处事的。"因此，要改变他人的想法，就要做一个倾听者，让对方畅所欲言，然后再做有针对性的说服。

## 深度透析

现实生活中，有时我们认为合理的事物，在对方的深层心理中却不认为如此。如果不先突破这层障碍，就无法进行说服工作。

有两位奔波在商业大潮中推销床的推销员，其中A推销员是属于能说能干型的，而B推销员则是少言寡语型的。然而，B有时会以让A吃惊的方法成功地进行推销。例如有一次，任何推销员都无法说服的某肥料公司的老板，B竟然让他一下子买了六张床。他到底是用什么方法说服这位老板的呢?

原来，这位老板患有严重的耳病，一般推销员发现他听力有困难之后，便放弃了。但是看上去少言寡语的B却不一样，他放弃了口头交谈而改用笔谈。笔谈虽需要耐性和时间，却说服这位老板一次买了六张床。

B以外的其他推销员可能都有"既然是聋子，说了也没用"这种先入之见。而从心理学的观点来看，这位耳聋的老板也会有"要警惕健康人，尤其是推销员……"这种意识。因为耳聋，平日可能会有"我是个聋子，别人不会理我"，或"别人可能会利用我的缺陷来欺骗我"等猜测。也就是说，从心理学的观点来看，很多推销员没有消除这位肥料商人的先入之见和偏见，也没有想到消除的办法。但是，B推销员在发现对方是耳病患者之后，没有采取通常的推销办法，反而积极地采取了笔谈的特殊方式，这不仅解决了向对方推销产品的问题，而且还消除了对方可能持有的偏见或猜测之心。这种办法对于说服那些有先入之见或偏见的人是很有效果的。

与此相关，要说服持有先入之见的对方的第二个重要问题，就是要像B推销员那样采取特殊的、对方喜爱的交流方式或者在轻松的气氛中让对方畅所欲言。

我们往往会以适合自己的方式说服对方，但对于已经有先入之见的人来说，这种交谈方式的效果就不明显。不仅如此，反而会使对方的态度变得生硬。这时应该放弃这种通常的说服方式，只有了解了对方的心理，才有可能消除他的先入之见，使他接受你的说服。

人们往往是通过自己的体验或周围的环境来判断事物的好与坏、是与非的。因此，即使指出他的不对之处也很难消除他的先入之见。这些先入之见和偏见与有科学根据的判断不同，它们在形成过程中常会加入自己的主观认识，因此，在理论上多半靠不住，这也就使得这些观念可以动摇。

正如我们在前面所叙述的那样，先入之见或偏见是由每个人狭隘的个人经验所产生的，因此，如果能巧妙地让对方感觉到这一点，让他认识到“原来还有这样的人”“原来还可以这样认为”等，让他具有宽广的视野，那么，就可以说说服工作已经成功了一半。因此，必须让对方说出先入之见，并对此进行客观的认识。

一位经验丰富的记者曾说过，采访的成功秘诀是“自己尽量少开口”。的确，对于初次见面的人，尤其是你不知道对方有什么样的先入之见和偏见，万一说得不当，将会一无所获。对有偏见的人进行采访的技巧是让对方说出先入之见的内容。可是说服工作和采访又有不同之处，如果只让对方说出心里话，并不等于说服。你必须不动声色地让他认识到自己的先入之见为什么是错的、错在何处，要让对方对其先入之见有客观认识，最根本的事情是：要让对方畅所欲言。

# 好的倾听就是一种说服

## 实用精要

在适当的时候，让我们的嘴巴休息一下吧，多听听他人的话。当我们满足了对方被尊重的感觉时，我们也会因此而获益。

## 深度透析

在人际交往中，尽可能少说而多听。在我们身边，经常会有这样的人，他们喜欢多说话，总是喜欢显示自己怎么样，好像他博古通今似的。这样的人，以为别人会很服他们，其实，只要是有点社会阅历的人，都会不以为然。更聪明的人，或者说智慧的人，往往会根据自己的经验，知道自己要是多说，必然会说得越多错得也就越多，所以不到需要时，总是少说或者不说。当然，到了说比不说更有效时，一定会选择说。

"雄辩是银，倾听是金。"在销售中，这句话就更有用处了。若是在给顾客下订单时，对方出现了短暂沉默，你千万不要以为自己有义务去说些什么。相反，你要给顾客足够的时间去思考和做决定。千万不要自作主张，打断他们的思路，否则，你会后悔的。

日本金牌保险推销大师原一平曾有这样的推销经历：

他去访问一位出租车司机，那位司机坚决认为原一平绝对没有机会去向他推销人寿保险。当时，这位司机肯会见原一平，是因为原一平家里有一台放映机，它可以放彩色有声影片，而这是那位司机没有见过的。

原一平放了一部介绍人寿保险的影片，并在结尾处提了一个结束性的问题："它将为你及你的家人带来些什么呢？"放完影片，大家都静悄悄地坐在原地。三分钟后，那位司机经过心中的一番激烈交战，主动问原一平："现在还能参加这种保险吗？"

最后，他签了一份高额的人寿保险契约。

在从事销售时，有的推销员脑子里会有这样一种错误想法，他们以为沉默意味着缺陷。可是，恰当的长时间的沉默不但是允许的，而且也是受顾客欢迎的。因为这可以给他们一种放松的感觉，不至于因为有人催促而做出草率的决定。

当顾客说"我考虑一下"时，我们一定要给予他充足的时间去思考，因为这总好过于："你先回去吧，我想考虑好了再打电话给你。"别忘了，顾客保持沉默时，就是在为你考虑了。

如果你先开口的话，那么你就面临失去交易的危险。因此，在顾客开口决定之前，务必保持沉默，除非你想丢掉生意。

# 恰到好处的沉默胜于雄辩

## 实用精要

在生活、工作中，有些时候确实是沉默胜于雄辩。与得体的语言一样，恰到好处的沉默也是一种语言艺术，运用好了常会收到“此时无声胜有声”的效果。

## 深度透析

在人际交往中，恰到好处的沉默往往能收到比较好的沟通效果。比如，亲人依依惜别，知己久别重逢，在这种悲欢离合、百感交集的时刻，他们往往不是万语千言，互诉衷肠，而是“默默无语两眼泪”，似乎只有沉默才能表达出他们当时的百转柔肠。再有，热恋中的情人，花前月下，相依相偎，深情缱绻，彼此却默默无语，只能听到恋人的心跳，此刻是两颗心儿在互诉衷情，任何甜言蜜语的表白只能是多余的和蹩脚的。

日本海军偷袭珍珠港得手后，尽管美军损失惨重，太平洋舰队几乎全军覆没，但是在一些美国议员之中，还有为数不少的议员反对美国向日本宣战。

当时罗斯福已经将局势分析得十分明朗，他明白如果不趁日军立足未稳时发动战争，将来会变得异常艰巨。同时，他也明白那些持反对态度的人的想法。美国一旦参战，国内经济必受影响，同时战争的胜负很难预料。如果战事对美国不利，到时如何收场？

罗斯福明白这些人的忧虑，但他以政治家的眼光觉察出这些担忧是毫无必要的，所以他决定：美国必须参战。

在一次会议上，当大家为战还是不战而争论不休时，罗斯福突然要站起来，因为他双腿残疾，所以平常总以车代步。当他挣扎着要从车上站起来时，两名白宫的侍从慌忙上前想帮他一把，但让人意想不到的是罗斯福愤怒地将他们推开。

于是，在众人惊讶的目光中，罗斯福摇摇晃晃地挣扎着从椅子上缓缓地站了起来。然后他满脸痛苦却倔强地坚持站着，默默地看着周围的人，一言不发。

全国的电视观众都看到这一画面，他们感动了，是呀，有什么困难是不能克服的？于是，国会很快做出决议：对日宣战。

有些人说话态度很积极，但发表意见时不免有些偏颇，令人难以接受，若直截了当地驳回，又易挫伤其积极性，循循诱导又费时，精力也不允许，最好的办法便是毫无表情地缄默。

沉默是金并不是说人应该闭口不言，而是要言默得当，当说则说，不当说则三缄其口。懂得说话艺术的人非常明了这一点，真正做到了言默自在心头。这是因为他们掌握以下三条原则：

第一，该说的对象便说，不该说的对象则不说。如有需要求人之事，遇到肯热心帮忙的人则说，否则便不能说；有些事遇到有性格沉稳之人可以说，遇上是非多的人则不能说；对于性格腼腆的人不要乱开玩笑；对于有生理缺陷的人不要涉及相关的话题；对于妒忌心强的人不要谈论自己和别人的成就；对于异性不要有容易引起误会的措辞。

第二，该说的事情便说，不该说的事情则不说。可以谈众所周知之事，不能谈别人的隐私；背后可以谈别人的优点，不可谈别人的过错；可以谈既成的事实，不可空谈今后的打算；可以谈对方感兴趣的事，不可谈对方忌讳的事。

第三，该说的时候便说，不该说的时候则不说。在对方心情舒畅时可以谈求助之事，在对方心烦意乱时则不谈；在对方情绪低落时可以谈令对方振作之事，遇对方兴致很高时不可谈令对方扫兴之事；在对方喜庆的日子不谈不吉利之事，在对方哀伤的时候不谈惹人欢笑之事。

## 适时附和更容易讨人欢心

### 实用精要

行动胜于语言。身体的每一部分都可以显示出激情、赞美的信息，可增强（减弱）或拒绝信息的传递。精于倾听的人，是不会做一部没有生气的录音机的，他会以一种积极投入的状态，向说话者传递“你的话我很喜欢听”的信息。

## 深度透析

不是每个听力正常的人都会听。

这里所说的听是倾听，是对说者表现出了极大的注意的听。有人做过这样一个实验，来证明听者的态度对说者有着极大的影响。

首先，让学生表现出一副心不在焉的样子时，结果上课的教授照本宣科，不看学生，无强调，无手势；然后让学生积极投入——倾听，并且开始使用一些身体语言，比如适当的身体动作和眼睛的接触。结果教授的声调开始出现变化，并加入了必要的手势，课堂气氛生动起来。

可以看出，当学生表现出一副心不在焉的样子，教授因得不到必要的反应而变得满不在乎起来。当学生改变态度，用心去倾听时，其实是从一个侧面告诉教授：你的课讲得好，我们愿意听。这就是无声的赞美，并且起到了积极的效果。

从上面的例子也可以看出，倾听时加入适当的身体语言，是非常有必要的。

俗语说，“眼睛是心灵的窗户”。适当的眼神交流可以增强听的效果。这种眼神是专注的，而不是游移不定的；是真诚的，而不是虚伪的。

另外，倾听者还可以做一些“小动作”。身体向对方稍微前倾，表示你对说者的尊敬；正向对方而坐，表明“我们是平等的”，这可使职位低者感到亲切，使职位高者感到轻松。自然坐立，手脚不要交叉，否则会让对方认为你傲慢无礼。

倾听时应和说话人保持一定的距离，恰当的距离给人以安全感，使说话者觉得自然。动作跟进要合适，太多或太少的动作都会让说者分心，让他认为你厌烦了。正确的动作应该是跟说话者保持同步，这样，说话者一定会把你当作“知心爱人”。

倾听并不意味着默默不语，除了做一些必要的“小动作”外，还得动一动自己的嘴。恰当的附和不但表示了你对说者观点的赞赏，而且还对他暗含鼓励之意。

当你对他的话表示赞同时，你可以说：

“你说得太好了！”

“非常正确！”

“这确实让人生气！”

这些简洁的附和为说话者想释放的情感找到了载体，表明了你对他的理解和支持。

同时，听者还可以用一些简短的语句将说者想传达的中心话题归纳一下，能够使说者的思想得以凸显和升华，同时也能提高听者的位置。

学会倾听其实是赞美艺术的第一步。我们要赞美别人，首先得有赞美的依据。那些没有根据的子虚乌有的赞美只能引起对方的反感。听就是我们获取赞美所需依据的必要手段。

入神地倾听本身就是一种赞美。它能使我们更好地理解别人，有助于克服彼此间判断上的倾向性，有利于改善交往关系。在入神地倾听别人谈话时，你已经把你的心呈现给对方，让对方感受到了你的真诚。

入神地倾听并在适当时间附和有利于对方更好地表达自己的思想和情感。在对方明白我们的倾听是对他的尊重以后，他同样会认真地听我们说活，这样我们的赞美才能产生良好的效果。

# 第三章

# 把握尺度、拿捏分寸的人性心理学

## 让一步海阔天空，争一步穷途末路

### 实用精要

人与人之间需要相互帮助和忍让，缺少这两样便什么事也干不了。不要斤斤计较、小题大做，在给对方设一道墙的时候，其实也把自己堵在了墙外。

### 深度透析

两个人在一架独木桥中间相遇了，桥很窄，只能容一个人通过。两人都想着让对方给自己让路。

一个说:“我有急事，你让我先过。”

另一个人说:“我们谁也不愿让，那就同时侧身过桥。”

两人一想也对，就侧过身子脸贴脸地过桥。

这时一个人暗暗推了另一个人一把，另一个在挣扎中抓住了他，两人同时掉进了水里。

墨子说:“恋人者，人必从恋之；害人者，人必从害之。”构建平和的心境，争一步不如让一步，这也是自己得到方便的根源。

做人是一生的学问，凡是在争来争去中度过时光的人，都算不上真正懂得做人底线的智者。与之相反，“求让”则是保证能够安心做事的重要的做人底线。

“争”与“让”的区别在于:“争”在于不失分寸，“让”在于敢舍一切。如果用“争”的方法，你绝不会得到满意的结果；但用“让”的方法，收获会比预期的高出许多。

承认自己有错让你有些难堪，心中总有些勉强，但这样做可以把事情办得更加顺利，成功的希望更大，带来的结果可以冲淡你认错的沮丧情绪。况且大多数情况下，只有你先承认自己错了，别人才可能宽容大度，认为他有错。这就像拳头出击一样，伸着的拳头要再打人，必须要先收回来方有可能。

遇到争论时，首先做出让步，这是有礼貌的表示，而不是伤面子的行为。如果执意争吵，只会给双方都造成伤害。因此，快速、真诚地让步，承认自己的错误，你与对方的距离拉近了，在他觉得你真诚的情形下，他也会真诚地待你了。

当你对的时候，你就要试着温和地、有技巧地使对方同意你的看法；而当你错了，就要迅速而真诚地认错。人们最容易被“让”所打动，最容易被“争”所激怒。“让”与“争”的选择，常为智者所把握，成为他们行之有效的做人方式。

# 得理也要让三分

## 实用精要

在这个世界上，没有完全绝对的事情，而是像一枚硬币一样具有两面性。这就告诫我们做人做事都不要太绝对，要给自己和他人留有余地。

## 深度透析

在一个春天的早晨，房太太发现有三个小偷，她毫不犹豫地拨通了报警电话。就在小偷被押上警车的一瞬间，房太太发现他们都还是孩子，最小的仅 14 岁！他们本应该被判半年监禁，房太太认为不该将他们关进监狱，便向法官求情：“法官大人，我请求您，让他们为我做半年的劳动作为对他们的惩罚吧。”

经过房太太的再三请求，法官终于答应了她。房太太把他们领到了自己家里，像对待自己的孩子一样热情地对待他们，和他们一起劳动，一起生

活，还给他们讲做人的道理。半年后，三个孩子不仅学会了各种技能，而且个个身强体壮，他们已不愿离开房太太了。房太太说：“你们应该有更大的作为，而不是待在这儿，记住，孩子们，任何时候都要靠自己的智慧和双手吃饭。”

许多年后，三个孩子一个成了一家工厂的主人，一个成了一家大公司的主管，而另一个则成了大学教授。每年的春天，他们都会从不同的地方赶来，与房太太相聚在一起。

房太太就是“得理让三分”的典范。

“得理不让人，无理占三分。”这是普通人常犯的毛病。其实，世界上的理怎么可能都让某一个人占尽了？所谓“有理”“得理”在很多情况下也只是相对而言的。凡事皆有一个度，过了这个度就会走向反面，“得理不让人”就有可能变主动为被动。反过来说，如果能得理且让人，就更能体现出一个人的气量与水平。给对手或敌人一个台阶下，往往能赢得对方的真心尊重。

得理让人，多发生于竞争情境，由于让人行为出现而使矛盾化解，争斗平息，对手变手足，仇人变兄弟。因此，让人是避免斗争的极好方法，对个体也具有一定价值。它具体表现在：

第一，得理不让人，让对方走投无路，有可能激起对方“求生”的意志，而既然是“求生”，就有可能是“不择手段”，这将对你自己造成伤害，好比把老鼠关在房间内，不让其逃出，老鼠为了求生，会咬坏你家中的器物。放它一条生路，它“逃命”要紧，便不会对你的利益造成破坏。

第二，对方“无理”，自知理亏，你在“理”字已明之下，放他一条生路，他会心存感激，来日自当图报。就算不会如此，也不太可能再度与你为敌。这就是人性。

第三，得理不让人，伤了对方，有时也连带伤了他的家人，甚至毁了对方，这有失厚道。得理让人，也是一种积蓄。

第四，人海茫茫，却常“后会有期”。你今天得理不让人，哪知他日你们二人不会狭路相逢？到时若他势旺你势弱，你就有可能吃亏！“得理让人”，这也是为自己留条后路。

人情翻覆似波澜。今天的朋友，明天也许会成为对手；今天的对手，明天也可能成为朋友。世事如崎岖道路，困难重重，因此走不过的地方不妨退一步，让对方先过，就是宽阔的道路也要给别人三分便利。这样做，既是为他人着想，又能为自己留条后路。

## 关键时刻也要当仁不让

### 实用精要

“谦让”并不是一味讲退让、忍让，在道德信条中，“谦让”是指在名利、权位上的让，谓之“君子不争”。而在原则问题上，在展露自己才华的场所，高明的人又很推崇“当仁不让”。

### 深度透析

古代推崇的竞争是雍容大度、自信自强、公平的竞争，在该争的时候，是不必谦让的。孔子还对他的学生说过，“当仁，不让于师”。虽说礼尚辞让，但在为仁这样的事上，则要勇往当之，无所辞让，即使在老师面前也一样。

晋人王述被调任尚书令，朝廷的任命一到，王述就即刻赴任。王述的儿子得知后，对父亲说：“您应该谦让一下，把职位让给杜许吧。”王述反问儿子：“你说我能胜任这个职务吗？”儿子回答：“您非常合适，但是能谦让一下总还是好些吧，至少在礼俗上也应该谦让一下呀！”王述摇着头，不无感慨地说：“你既然认为我能够胜任尚书令一职，为什么又要我谦让呢？别人都说你将来会胜过我，我看你到底还是不如我啊！”王述本是个“安贫守约，不求闻达，品性沉静”的人，但在国家需要自己承担重任时，却勇当不让，这并不是追逐名利，而是一种责任感和自信的表现，因而在历史上一直被人们所称道。

职场中，每个人都在为自己的利益考虑，都在追求晋升以获得更多的利益，所以在关键时候还要有“心计”地主动请缨、当仁不让。

张文在厂里一干就是四年，自认工作态度还行，也没有犯过任何过错，可是老板却对此视若无睹。她觉得自身价值得不到提升，心有不甘却不敢当面跟老板提。虽然，她曾多次在工作总结会上暗示过老板，但老板对此却无动于衷。最后，她还是鼓足勇气，向老板提出了加薪要求。没想到的是，老板在观察她几周后终于给她加薪了。

属于自己的权益，还得靠自己主动争取。不光自己的权益，有些晋升机会也是可以靠自己争取来的。当你能正确地估计自己的分量时，不妨主动请缨，采取“当仁不让”的积极争取策略。

比如说，当你了解到某一职位或更高职位出现空缺而自己完全有能力胜任这一职位时，保持沉默，绝非良策，而是要学会争取，主动出击，把自己的想法或请求告诉上级，这样往往能让你如愿以偿，而过分地谦让只会堵死你的晋升之路。

在一家财务公司工作两年后，王萍获悉自己将接任客户服务经理。然而，她没有得到该职位最有技术含量的工作——为新客户设计培训教学材料。这一工作由她的新上司负责。

但新上司没时间自己动手设计，王萍于是毛遂自荐。她对新上司说：“我富有创意，又有设计和写作经验，你就等着瞧吧！”不到三个月，王萍顺利完成了任务。

当仁不让，得到你所得到的东西，这本是理所当然的事情，过分地谦让反而让你显得虚伪。

# 晓之以理，诱之以利

## 实用精要

从某种意义上说，人是追逐利益的动物，但又受理性的约束，晓之以理、诱之以利，双管齐下，是战胜人性、办成大事的高招。

## 深度透析

战国时，秦国的文信侯吕不韦打算进攻赵国，希望借此扩大河间一带的土地，于是让蔡泽出使燕国。过了三年，燕国把太子丹送到秦国做人质，吕不韦就请张唐去帮助燕国，打算跟燕国一起攻打赵国，以开辟河间的土地。张唐推辞说："到燕国去，一定要经过赵国，赵国人如果抓住我，可以得到百里的封地呢。"吕不韦将他打发走后，心里感到很不愉快。少庶子甘罗对吕不韦说："君侯为什么这么不高兴呢？"吕不韦说："我派蔡泽到燕国去了三年，燕太子丹就来我国做人质了，今天我亲自请张唐去燕国完成共同伐赵的使命，他却不肯去。"甘罗说："我能让他去。"吕不韦呵斥他走开，说道："我亲自请他去，他尚且不肯，你怎么请得动他呢？"甘罗说："项橐才 7 岁就做了孔子的老师，我现在已经 12 岁了，您应当让我试试看，何必呵斥我呢？"

于是，甘罗就去见张唐，问道："您的功劳跟武安君白起相比，谁的功劳更大呢？"张唐说："武安君打了数不清的胜仗，攻陷了数不清的城池，我的功劳当然比不上武安君。"甘罗又问："您真的觉得自己的功劳比不上武安君吗？"张唐说："真的觉得。"甘罗问："应侯范雎在秦国受重用时，他的权力跟文信侯相比，哪个更大呢？"张唐说："应侯比不上文信侯。"甘罗问："您真知道应侯的权力比不上文信侯吗？"张唐说："我真的知道。"甘罗说："当年应侯要去攻打赵国，武安君有意为难，就被绞死在离咸阳城七里的地方。如今文信侯亲自请您去出使燕国，而您竟不愿意，我真不知道您会死在哪里。"张唐说："那就听你的吧，我去！"于是，张唐准备好了车马和礼物，并且定下了出发的日期。甘罗对文信侯说："借给我五辆车子，让我替张唐去通报赵国，见一下赵王。"

甘罗去见赵王，赵王亲自到郊外迎接他。甘罗问赵王："听到太子丹去秦国做人质的事了吗？"赵王说："听到了。"甘罗说："燕太子丹到秦国做人质，说明燕国不欺骗秦国。张唐出使燕国，说明秦国不欺骗燕国。秦、燕两国互不欺骗，如果合力攻赵，赵国就危险啦！燕、秦两国之所以表示互不欺骗，没有别的原因，就是为了攻打赵国，以此来扩大秦国的领地。今天大王给我五座城池以扩大河间之地，秦国则送回燕太子，再跟强大的赵国一起去攻打弱小的

燕国。”

赵王听了这一番话，立刻割让五座城池给秦国。秦国则放回了燕太子。赵国攻打燕国，占领了上谷的三十六县，把其中十分之一的土地转送给了秦国。

正所谓有志不在年高，甘罗12岁出使赵国并获得巨大成功的事在中国历史上是十分著名的。但他无论是说服张唐还是说服赵王，所用的谋略无非是讲清利害关系。可见，只要运用得当，“晓之以理，诱之以利”永远是处理人际关系的一招妙棋。

# 不在失意的人面前谈论你的得意

## 实用精要

聪明的人会将自己的得意放在心里，而不是放在嘴上，更不会把它当作炫耀的资本。

## 深度透析

当你和朋友交谈时，最好多谈他关心和得意的事，这样可以赢得对方的好感和认同，从而加深你们之间的感情。

有一个人在刚调到市人事局的那段日子里，几乎在同事中连一个朋友也没有，他自己也搞不清是什么原因。

原来，这个人认为自己正春风得意，对自己的机遇和才能满意得不得了，几乎每天都使劲向同事们炫耀他在工作中的成绩，炫耀每天有多少人找他请求帮忙……同事们听了之后不仅没有人分享他的“得意”，而且还极不高兴。

后来，还是他当了多年领导的老父亲一语点破，他才意识到自己的症结到底在哪里。以后，每当与同事闲聊的时候，他总是让对方把自己的得意炫耀出来，与其分享，久而久之，同事都成了他的好朋友。

生活中，与人相处，一定要谨记——不要在失意者面前谈论你的得意。

诚然，人在得意之时难免有张扬的欲望，但是谈论你的得意时，要注意场合和对象。你可以在演说的公开场合谈，对你的员工谈，享受他们投给你的钦羡目光，也可以对你的家人谈，让他们以你为荣，但就是不要对失意的人谈。因为失意的人最脆弱，也最敏感，你的谈论在他听来都充满了讽刺与嘲讽的味道，让失意的人感受到你“看不起”他。当然有些人不在乎，你说你的，他听他的，但这么心宽的人不太多。因此，你所谈论的得意，对大部分失意的人是一种伤害。

一般来说，失意的人较少具有攻击性，郁郁寡欢是最普遍的心态，但别以为他们只是如此。听你谈论了你的得意后，他们普遍会有一种心理——怀恨。这是一种转移到心底深处的对你的反击，你说得唾沫横飞，不知不觉已在失意者心中埋下一颗炸弹。

失意者对你的怀恨不会立即显现出来，因为他无力显现，但他会通过各种方式来泄恨，例如说你坏话、扯你后腿、故意与你为敌，而最明显的则是疏远你，避免和你碰面，于是你不知不觉就失去了一个朋友。

随意自夸是不善做人者的通病，为此常会败事。只有改变这一点，不被人讨厌，才有可能真正被人接纳，找到成事的“切入点”。

## 万事皆有度，过犹不及

### 实用精要

任何事情都要讲究一个“度”，无论交际对方是何类人，一定要记住“过犹不及”。至于如何能做到中庸，实在是一门博大精深的学问。

### 深度透析

古人云：“恩不可过，过施则不继，不继则怨生；情不可密，密交则难久，中断则有疏薄之嫌。”意思是施恩不可以过分，因为过分的施舍是不能永远持续下去的，一旦中断施舍就会有怨恨产生；交情不可以过于密切，因为密切的交往是很难保持永久不变的，一旦中断，就让人有了疏远冷淡的嫌疑。

有一回，孔子带领弟子们在鲁桓公的庙堂里参观，看到一个特别容易倾

斜翻倒的器物。孔子围着它转了好几圈，左看看，右看看，还用手摸摸、转动转动，却始终拿不准它究竟是干什么用的。于是，就问守庙的人："这是什么器物？"

守庙的人回答说："这大概是放在座位右边的器物。"

孔子恍然大悟，说："我听说过这种器物。它什么也不装时就倾斜，装物适中就端端正正，装满了就翻倒。君王把它当作自己最好的警戒物，所以总放在座位旁边。"

孔子忙回头对弟子说："把水倒进去，试验一下。"

子路忙去取了水，慢慢地往里倒。刚倒一点儿水，它还是倾斜的；倒了适量的水，它就正立；装满水，松开手后，它又翻了，多余的水都洒了出来。孔子慨叹说："哎呀！我明白了，哪有装满了却不倒的东西呢！"

子路走上前去，说："请问先生，有保持满而不倒的办法吗？"

孔子不慌不忙地说："聪明睿智，用愚笨来调节；功盖天下，用退让来调节；威猛无比，用怯弱来调节；富甲四海，用谦恭来调节。这就是损抑过分，达到适中状态的方法。"

子路听得连连点头，接着又刨根究底地问道："古时候的帝王除了在座位旁边放置这种器物警示自己外，还采取什么措施来防止自己的行为过火呢？"

孔子侃侃而谈道："上天生了老百姓又定下他们的国君，让他治理老百姓，不让他们失去天性。有了国君又为他设置辅佐，让辅佐的人教导、保护他，不让他做事过分。因此，天子有公，诸侯有卿，卿设置侧室之官，大夫有副手，士人有朋友，平民、工、商，乃至干杂役的皂隶、放牛马的牧童，都有亲近的人来相互辅佐。有功劳就奖赏，有错误就纠正，有患难就救援，有过失就更改。自天子以下，人各有父兄子弟，来观察、补救他的得失。太史记载史册，乐师写作诗歌，乐工诵读箴谏，大夫规劝开导，士传话，平民提建议，商人在市场上议论，各种工匠呈献技艺。各种身份的人用不同的方式进行劝谏，从而使国君不至于骑在老百姓头上任意妄为，放纵他的邪恶。"

众弟子听罢，一个个面露喜悦之色。他们从孔子的话中明白了一个道理：在任何情况下，人们都要调节自己，使自己的一言一行合乎标准，不过分，也不要达不到标准。

中庸，在孔子和整个儒家学派里，既是很高深的学问，又是很高深的修养。追求恰到好处、适可而止，这是做人处事的一种境界，一种哲学观念。

值得说明的是，孔子讲的中庸，绝不是无谓的折中、调和，而是指为人处世应该慎重选择一种角度，一种智慧。其本质是过犹不及、适可而止，这也正是我们游刃于人脉之间的一条重要法则。

第三篇

# 方圆运用之妙，在乎一心

## ——方与圆的心理经营课

# 第一章

# 摆正心态、化解僵局的应急心理学

## 主动“开涮法”解决冷场

### 实用精要

交流中最尴尬的局面莫过于双方无话可说。无话可说有时候是因为一方对另一方说的根本不感兴趣，有时候是因为我们说的意思和对方的理解有偏差，有时候是因为我们缺乏在某些特殊情景下的沟通技巧，有时也会因为我们的话触及了别人的“雷区”，而造成别人的不愉快，导致交谈无法继续下去。良好的沟通需要双方在适当的时候分别扮演发送信息者和接受信息者的角色，就像跳探戈时需要两个人完美地配合。

### 深度透析

“一个巴掌拍不响”，交流中一旦出现冷场的局面，也需要两个人共同配合才能打破僵局。交流是两个人的事情，所以你不能指望对方为交流负起全部责任。因此，当出现冷场或者尴尬的时候，要沉着，寻找双方的共同话题，不能一味地等着对方来解决这种尴尬的场面。

雁翎曾有过一次痛苦的爱情经历，她对那位男朋友爱得如醉如痴，可是，对方却脚踏几只船，最终抛弃她跟别的女孩子浪漫去了。

一次，雁翎与第二位男朋友肖遥约会时，肖遥问她：“你对爱情中的普遍撒网重点逮鱼，怎么看？”没想到他话一出口，雁翎不但没搭理他，脸色霎时变得十分难看。肖遥知道他误入情人的“雷区”，赶紧补充道：“啊，别介意，我是说，我有一个讽刺对爱情不忠的故事献给你，故事说有一个对太太不忠的男

人，经常趁太太不在家把情妇带回家过夜，但又时常担心太太会发觉。所以，有一天晚上，他突然从梦中惊醒，慌忙推着身边的太太说：‘快起来走吧，我太太回来了。’等他的太太也从梦中清醒，他一下子傻了眼。”还没等肖遥话音落下，雁翎已被他的幽默故事给逗得喜笑颜开。

在这里，肖遥运用故事的形式首先转移了他俩谈话的方向，然后用幽默的感染力，淡化了他因说话不慎而给雁翎带来的不快情绪，从而自然而巧妙地把可能出现的“冷场”给避免掉了，赢得了心上人的开心一笑。

# 正话反说吐逆耳忠言

## 实用精要

人们总是认为：口才好的人总是能在交际中左右逢源，随机应变。而语讷的人常常自惭形秽，认为自己不善于社交，对人际交往失去信心。其实在社会交往中，如何把话说得恰到好处才是成败的关键。

## 深度透析

我们要把话得恰到好处，那么何不用顺耳的忠言、温柔的言语来化解矛盾呢？试想一下，公园中的草地边竖立的牌子，有的写着：“小草默默含羞笑，来往游客莫打扰”“百花迎得嘉宾来，请君切莫用手摘”，还有的则用诸如“禁止”“罚款”等字眼。哪一种更能博得游人的喜好，使花草得到爱护，这是一目了然的。

不论是工作中还是生活中，一个人的能力毕竟是有限的，不可能把任何事情都做到十全十美，犯错误是在所难免的，同学之间、同事之间，如果真诚地提出善意的批评，对于双方都是有益的。对于他人的任何批评和帮助，我们要怀着诚意，虚心接受。但是，既然是批评，语言可能会尖锐一些，语气也会严厉一些，忠言逆耳或者顺耳，批评能否被接受，这取决于批评者说话的方式方法。

某领导发现秘书写的总结有不妥之处。他是这样批评秘书的：“小张，这份总结总的来说写得不错，思路清楚，重点突出，有几处写得很有见地，看来你下了功夫。只是有几个地方提法不妥，有些言过其实，有的地方尚缺定量分析，麻烦你再修改一下。你的文笔不错，过去几次写总结也是越修改越好，相信这次你也一定能改出一个好总结来。”

这样说，秘书会感到领导对自己很公正、很器重，充满期望和信任，因而就会很卖力地把总结改好了。

人活一张脸，树活一张皮。一个人的自尊是最宝贵也是最脆弱的。很多谈话高手在批评别人时，都会选择一种委婉的方式。聪明人总是在发现对方的不足时，想办法找个机会私底下向他透露，而且批评也是较为含蓄的，甚至他会将批评隐藏在玩笑中，这样就能让对方很容易地接受建议了。

## 谈吐有趣，在笑声中摆脱窘境

### 实用精要

在日常生活中，常有人由于不慎而使我们身处窘境，或是向我们提一些非分的请求，或是问一些我们不好回答或暂时不知道答案的问题。此时，我们如果直接表明“不满意”“不可能”或“无可奉告”“不知道”，往往会给彼此带来不快。如果我们想从窘境中脱身而出，不妨借用幽默的力量。

### 深度透析

有一次，英国上院议员里德的演讲将近结束，听众都很认真地望着他，都在倾耳听着每一个字。就在这时，突然有一个人的椅子腿断了，那个人跌倒在地上。如果这时做演讲的不是像里德这样灵巧的人，恐怕当时的局面会对演讲产生一种破坏性的影响。但是聪明的里德马上说：“各位现在一定可以相信，我提出的理由足以压倒别人。”就这样，他立刻就恢复了听众的注意，而那个跌倒的人也在别人善意的笑声中，找到了一个新座位。

这个故事给予我们的启迪是：恰到好处的幽默能够使双方都从窘迫的情形中脱身。

如果我们面临不好回答的问题，又不能以“无可奉告”进行简单的说明，

不妨找一个大家都能领悟的笑话来说，可以转移对方的视线。

1972 年，在美苏最高级会谈前的一次记者招待会上，有人向基辛格提出了一个所谓的“程序性问题”：“到时，你是打算点点滴滴地宣布呢，还是倾盆大雨地、成批地发表协定呢？”

基辛格沉着地回答：“你们看，他要我们在倾盆大雨和点点滴滴之间任选一个，无论我们怎么办，总是坏透了。”他略微停顿了一下，接着，一字一板地说：“我们打算点点滴滴地发表成批声明。”在一片轻松的笑声之中，基辛格解答了这个棘手的问题。

生活离不开交流，交流必然会产生融洽与对立，一旦身处窘境，面对无礼要求或做不到的事情，就像站在悬崖上，前面是深渊后面是追兵。此时婉言拒绝或摆脱便成了我们必须精通的一种说话方式，而灵活的头脑和幽默的谈吐可以让我们突生翅膀，顺利摆脱进退维谷的境地。

## 实话要巧说，坏话要好说

### 实用精要

在生活中，人与人之间交流是避免不了的，说话的双方都希望对方能对自己实话实说。但在某些特定的场合下，顾及面子、自尊，以及出于保密等需要，实话实说往往会令人尴尬、伤人自尊，因此，实话是要说的，却应该巧说。两个人的意见发生了分歧，如果实话“实说”直接反驳，就有可能伤了和气。这时候就需要巧妙地表达自己的意见。

### 深度透析

一次事故中，主管生产的副厂长老马因左手指受伤被送往医院治疗。厂长老丁来看望时，谈到车间小吴和小齐两个年轻人技术水平较强，但组织纪律观念较差，想让他们下岗一事。老马当时没有表态，只是突然捧着手“哎哟哎哟”大叫。丁厂长忙问：“疼了吧？”老马说：“可不是，实在太疼了，干脆把手锯掉算了。”老丁一听忙说：“老马，你是不是疼糊涂了，怎么手指受了伤就想把手给锯掉呢。”老马说：“你说得很有道理，有时候，我们看问题，往往因注重了一方面而忽视了另一方面啊。老丁，我这手受了伤需要治疗，那小吴和小齐……”老丁一下子听出老马的“弦外之音”，忙说：“老马，谢谢你开导我，小吴和小齐的事我知道该怎么处理了。”

老马用手有病需要治疗类比人有缺点需要改正，进而巧妙地把用人和治病结合起来，既没因为直接反对老丁伤了和气，又维护了团结，成功地解决了问题。

说话是一门应当用心钻研的艺术，说实话需要语言的修饰，要巧妙地表达自己的意思，尤其是说一些“坏话”时，更要用心选择恰当的方式。

林肯当总统期间，有人向他引荐某人为阁员，因为林肯早就了解到该人品行不好，所以一直没有同意。

一次，朋友生气地问他怎么还没结果。林肯说：“我不喜欢他那副长相。”

朋友一惊，道：“什么！那你也未免太严厉了，长相是父母给的，也怨不得他呀！”

林肯说：“不，一个人超过四十岁就应该对他脸上那副长相负责了。”

朋友当即听出了林肯的话中话，再也没有说什么。

很显然，这里林肯所说的长相和他朋友所说的长相根本不是一回事。林肯巧妙地利用词语的歧义性，道出了“这个人品行道德差，我不同意他做阁员”这句大实话，既维护了朋友的面子，又达到了自己的目的。

## 因势利导，错中求胜缓解危局

### 实用精要

俗话说：“不如意之事十有八九。”我们一生中不可能永远都是风平浪静、一帆风顺的。环境和遭遇常有不尽如人意的时候，问题在于一个人怎样面对逆境和不顺。知道人力不能改变的时候，就不如面对现实，随遇而安。与其怨天

尤人，徒增苦恼，还不如因势利导，从容地适应环境，在既有的条件下，尽自己的才能和智慧去发掘乐趣。

## 深度透析

某次婚宴上，来宾济济一堂，争向新人祝福。一位先生激动地说道："走过了恋爱的季节，就步入了婚姻的漫漫旅途，感情的世界时常需要润滑。你们现在就好比是一对旧机器……"

顿时举座哗然。新人的不满更是溢于言表，因为他们都各自离异，自然以为刚才之语隐含讥讽。

那位先生的本意是要将这对新人比作"新机器"，希望他们能少些摩擦，多些谅解。但话既出口，若再改正过来，反而不好。他马上镇定下来，略加思索，不慌不忙地补充一句："已过磨合期。"

此言一出，举座称妙。这位先生继而又深情地说道："新郎新娘，祝愿你们永远沐浴在爱的春风里。"

大厅内掌声雷动，这对新人早已笑若桃花。

这位来宾的将错就错令人叫绝，也为自己圆了场。错话出口，索性顾着错处续接下去，反倒巧妙地改换了语境，使原本尴尬的失语化作了深情的祝福，同时又道出了新人情感历程的曲折与相知的深厚，颇有点石成金之妙。

一般来说，在社交场合，说错了话，做错了事，无疑应当老老实实承认，认认真真改正，但在某些特定的场合，如照此办理会使自己陷入极为难堪的境地或者造成无法弥补的损失时，则不妨考虑一下，能否来个将错就错，出奇制胜，从而摆脱窘境。生活中就不乏其例，而且有趣的是，这种"文过饰非"非但不被视为"恶德"，反倒还是善于审时度势、权宜机变的智谋表现。

# 打圆场要让双方都满意

## 实用精要

在别人发生矛盾争论的时候，夹在中间的滋味是比较尴尬的。作为争论的局外人，我们应当善于打圆场，让矛盾得到及时化解。在打圆场的时候，一定要注意一个问题，就是要不偏不倚，让双方都认为你没有偏向，都表示满意。否则，只能是火上浇油，还不如不说。

## 深度透析

一名中年男子在一个生意红火的面摊等了半天才有了位置，要了一份自己常吃的面。一会儿面端了上来，男子张嘴想先尝一口汤。可能汤的味道刺激了他的呼吸道，随着“啊嚏”一声，他的体液和着面汤喷在了对面一位顾客身上和面碗里。那位顾客愣了一下才反应过来，一下子站起来吼道：“你怎么乱打喷嚏！”

中年男子也被自己的不雅之举惊呆了，赔过礼后缓过神来，对老板脱口而出一个建议：“我告诉你不要辣椒的，你的面里怎么会有辣椒味道？你赔我的面钱，我赔人家的面钱。”老板问伙计。伙计也很委屈，他明明没有放辣椒的。

结果顾客、老板还有围观群众七嘴八舌，说得不亦乐乎。最后老板感觉这样下去不是个事，就主动打圆场，对着厨房间大手一挥，说：“算啦，再下两碗面，钞票全免了，只要大家不翻脸，和气生财么！”

两位顾客这才平静下来，都表示可以接受。从此他们和老板之间成了好朋友。

可见，适时地打圆场，作用可真是非同一般。

有时候，争执双方的观点明显不一致，而且也不能“和稀泥”。这时，如果你能把双方的分歧点分解为事物的两个方面，让分歧在各自的方面都显得正确，这必定是一个上乘的好办法。

某学校举办教职工文艺比赛，教师和员工分成两组，根据所造的道具自行编排和表演节目，然后进行评比。表演结束后，没等主持人发话，坐在下面的人就已经分成两派，教师说教师的好，员工说员工的好，各不相让。

眼看活动要陷入僵局，主持人灵机一动，对大家说：“到底哪个组能夺第一，我看应该具体情况具体分析。教师组富有创意，激情四溢，应该得创作奖；员工组富有朝气，精神饱满，应该得表演奖。”随后宣布两个组都获得了第一名。

这位主持人心里明白，文艺比赛的目的不在于决出胜负，而在于丰富大家的娱乐生活，加强教职员工的交流，如果为了名次而闹翻，实在得不偿失。于是，在双方出现矛盾的时候，主持人没有参与评论孰优孰劣，而是强调双方的特色并分别予以肯定。最后提出解决争议的建议，问题自然就解决了。

在与人交往的过程中，有些场合下，双方因为彼此不同意对方的观点而争执不休时，作为圆场的人就应该理解双方的心情，找出各方的差异，并对各自的优势都予以肯定，这在一定程度上能满足双方自我实现的心理。这时再提出建议，双方就容易接受了。

# 如何挽回触及他人痛处的话

## 实用精要

每个人都有自己的忌讳，人人都讨厌别人提及自己的忌讳。与他人对话时，必须看清对方的短处，不要将话题引到这上来，以免招来对方的怨恨，特别是在开玩笑的时候。虽然大多时候，人们开玩笑的动机是良好的，但如果不把握好分寸、尺度，就会产生一些不良的后果。即所谓“说者无心，听者有意”。因此，掌握说话艺术需要我们在生活中多观察、多总结，避开别人的痛处。只有这样，才能够准确恰当地与他人沟通。

## 深度透析

在某学生寝室，初到的新生正在争排大小。小林心直口快，与小王争执了半天，见比自己小几日的小王终于同意排在最末，便说道:“好啦，你排在最末，是咱们寝室的宝贝疙瘩，你又姓王，以后就叫你‘疙瘩王’啦。”说者无心，听者有意，原来小王长了满脸的青春痘，每每深以为恨，此时焉能不恼?

小林见惹来了风波，心中懊悔不已，表面上却不急不恼，巧借余光中的诗句揽镜自顾道:“‘蜷在两腮分，依在耳翼间，迷人全在一点点。’唉，这真是‘一波未平，一波又起’呀！”小王听了，不禁哑然失笑——原来小林长了一脸的雀斑。

小林机智地化解了尴尬的场面，其智慧令人叹服。无意中触痛了对方，那就对着自己的某个缺点进行调侃，常会使对话妙趣横生，又能化解自己戳到别人痛处的尴尬。

有的时候，我们可能会在有意无意中触到他人的痛处，使谈话的场面出现僵持，此时采用自我调侃的方式是一个解决冷场的好方法。

有一次，一群大学同学举行毕业十周年同学会，许多同学都来参加了。聚会上，一位男同学打趣地问一个女同学："听说你先生是个大老板，什么时候请我们到大酒店吃一顿。"他的话刚说完，这位女同学就十分不自在起来了。这时，另外一个女同学悄悄地告诉这位男士真相，原来这位女同学前不久刚和丈夫离婚了。男士知道真相以后，感到心中很内疚。不过，他迅速回过神来，说："你看我这嘴没把门的毛病，怎么还和大学时一样呀，这么多年过去了，还是不知高低深浅，真是该打嘴！"女同学见状，虽然心里还是感到难过，但是仍然大度地原谅了这位男士唐突的话。这时，男士赶忙换了一个话题，从尴尬中转移出来。

当我们不小心触及他人的痛处的时候，不妨也像这位男同学那样，调侃调侃自己，用真诚的语言来表达自己的歉意，使对方感到释然。

如果我们在说话时不小心触到别人的痛处，一定要及时挽回，这才是人际相处之道。

## 巧妙应对咄咄逼人的话

### 实用精要

在交往中，我们不可避免地会遇到咄咄逼人的谈话场景，谈话者一般是有备而来，或是对自己的条件估计得比较充分，有信心战胜你。

### 深度透析

美国有一位推销员伯特，有一次为了推销一套可供一座40层办公大楼用的空调设备，与建设公司周旋了几个月还是无法谈成。是否购买的最后决定

权，还是握在买方的董事会手中。

有一天，董事会通知伯特，要他再一次将空调系统向董事们介绍。伯特强打精神，把不知讲过多少遍的话又重述了一遍。董事们的反应依然冷淡，只是连珠炮似的提了一大堆问题，用外行话问内行人，似乎有意刁难。伯特心急如焚，眼看几个月的心血就要付诸东流，他浑身发热。这时，他忽然想到“热”这个妙计。

突然间，他不再正面回答董事们的问题，而是很自然地改变了话题。他泰然自若地说：“哟！今天天气还真热，请允许我脱去外衣，好吗？”说罢，还掏出手帕，煞有介事地擦着前额的汗珠。

就这样，他的话、他的动作立刻引发了董事们的连锁反应，或许这是一种心理学的暗示作用，董事们似乎一下子也感受到了闷热难耐，一个接一个地脱下外衣，又一个接一个地拿出手帕擦汗。这时，终于有一位董事开始抱怨说：“这房子没有空调，闷死了。”

就这样，董事们再也不需要伯特推销，自动地考虑起空调的采购问题，令人不可思议的是，拖了几个月之久的买卖，竟然在短短十分钟内就获得了突破性的成功。

很显然，伯特及时抓住了问题的重点，恰到好处地利用了环境提供给他的条件，并运用语言的附加意义或暗示语法，使他的话产生了极大的说服力，既避免了正面回答诸位董事咄咄逼人的问题，又顺利地实现了自己的目的，可谓一举两得。

# 第二章

# 为自己留有余地的模糊表态心理学

## 用模糊语言说尖锐的话

### 实用精要

对于一些比较尖锐的话题，最好使用模糊语言，给对方一个模糊的意见，或者多用一些“好像”“可能”“看来”“大概”之类的词语，显得留有余地，语气委婉一些。

### 深度透析

当学生在课堂上回答不出问题时，作为老师一般不应这样训斥学生：“你怎么搞的？昨天你肯定没复习！”而应当用模糊委婉的语言表达批评的意思：“你好像没有认真复习，是不是？还是因为有点紧张，不知道该怎么说呢？”而且应当进一步提出希望和要求：“希望你及时复习，抓住问题的要领，争取下次做出圆满的回答，行不行？”这样既给了学生面子，也能达到好的效果。

在一些交流场合，尤其是在一些比较正式的场合，经常可以碰到一些涉及尖锐问题的提问，这些提问不能直接、具体地回答，又不能不回答。这时候，说话者就可以巧妙地用模糊语言表达自己的意见，让当事双方都不会太难堪。

阿根廷著名的足球明星迪戈·马拉多纳所在的球队在与英格兰队比赛时，他踢进的第一个球是颇有争议的“问题球”。据说墨西哥一位记者曾拍到了他用手拍球的镜头。

当记者问马拉多纳那个球是手球还是头球时，马拉多纳意识到倘若直言不讳地承认“确实如此”，那对判决简直无异于“恩将仇报”（按照足球运动惯例，裁

判的当场判决以后不能更改)，而如果不承认，又有失“世界最佳球员”的风度。

马拉多纳是怎么回答的呢？他说：“手球一半是迪戈的，头球一半是马拉多纳的。”这妙不可言的“一半”与“一半”，等于既承认球是手臂打进去的，颇有“明人不做暗事”的君子风度，又肯定了裁判的权威。

用模糊语言回答尖锐的提问是一种智慧，它一般是用伸缩性大、变通性强、语意不明确的词语，从而化解矛盾，摆脱被动局面。

# 越求全就越求不齐全

## 实用精要

鲁迅曾尖锐地指出：“倘要完全的书，天下可读的书怕要绝灭，倘要完全的人，天下配活的人也就有限。”德鲁克在《有效的管理者》一书中指出：“倘要所用的人没有短处，其结果至多只是一个平平凡凡的组织。所谓‘样样都是’，必然一无是处，才干越高的人，其缺点往往也越显著。有高峰必有深谷，谁也不可能‘十项全能’。与人类现有博大的知识、经验、能力的汇集总和相比，任何伟大的天才都不能及格。世界上并没有真正的能干的人。”

## 深度透析

子思向卫侯推荐一个人才，他说：“这个人有军事才能，可以统帅三万七千五百人。”当卫侯知道他推荐的人就是苟变时，表示不能同意，说：“这个人我知道，他在向老百姓征收田赋时，曾经白白吃过人家两个鸡蛋。”

听到这里，子思说：“君主用人，好比木匠用木料，取其所长，弃其所短，合抱的大树，虽说烂了几尺，木匠也不会因此而把它丢掉。现在，正是战争纷起，需要用人之际，你怎么能因两个鸡蛋的事而丢弃一员大将呢？”一番话，使卫侯茅塞顿开，接受了子思的意见。

领导者常常错误地认为选用人才的首要任务是看被选者有无过错，他们习惯于先看不足，然后再决定是否起用。这样的步骤往往把人引入歧途，物色的对象要么是庸人入选，要么是完人难觅，到头来反而空叹人才难求。

求全责备是选择和任用人才的一忌，这样做不仅严重阻碍、压抑和埋没人才，而且容易使人谨小慎微、不思进取，阻碍人创造性思维的发挥。管理者必须善于发现他人的长处。

生命就像这种回音，你送出去什么，它就送回什么，你播种什么就收获什么，你给予别人什么就得到什么。如果你努力寻找最佳的方式，以便在人生各方面取得最好的收获，那么你面对每一个人每一件事的时候，就该学会发现其美好的一面，并把它作为金科玉律，奉行不悖。特别是作为一个领导者，对于自己的下属，一定要努力去发现、去挖掘其优秀的一面。如果把自己的下属看得一团糟，往往就是因为眼光有问题，有句话是这样说的："我们的周围不是缺少美，而是缺少发现。"

要善于发现美，善于发现下属的长处，而不要苛求人才。现代化管理学主张对人实行功能分析，这里所说的"能"，是指一个人能力的强弱，长短处的综合；这里所说的"功"，就是看这些能力是否可转化为工作成果。

结论表明，宁肯使用有缺点的能人，也不用"没有"缺点的平庸的"完人"。因为用人不同于治病，医师治病时专挑人的病症，用人则应该首先找他的长处，看他适宜干什么。"好风凭借力，送我上青云。"长袖善舞者，只不过能借助他人之力为自己所用。对于领导者来说，所谓的"借力作用"，主要指外部之力，通过结合下属的优点，借助下属的智慧和能力，更好地完成自己的工作。

总之，发现人美好的一面，利用人美好的一面，可以作为待人处事的最高原则和与人相处的经验。

# 何种态度需要应需而变

## 实用精要

对一个领导来说，能容人就能管人。一个宽厚容人、海纳百川的领导者，才能使各路人才归服，群策群力，干好事业。历史上许多优秀的领导者都有一个共同的特点，就是为人大度，胸襟开阔，能容纳有个性的下属，能宽容下属的缺点。

## 深度透析

迈克尔·乔丹是一名球艺精湛的著名球星，还是一位胸怀宽广的人，懂得欣赏自己的对手。很多年前的一场NBA决赛中，NBA中的另一位新秀皮蓬独得33分，超过乔丹3分，因而成为公牛队中比赛得分首次超过乔丹的球员。比赛结束后，乔丹与皮蓬紧紧拥抱，两人泪光闪闪。

开始时，由于皮蓬是公牛队中最有希望超越乔丹的新秀，他自己也时常流露出一种对乔丹不屑一顾的神情，还经常说乔丹在某方面不如自己，自己一定会推翻乔丹在公牛队的首席位置这一类的话。但乔丹并没有把皮蓬当作潜在的威胁而排挤皮蓬，而是以欣赏的态度处处对皮蓬加以鼓励。

有一次，乔丹对皮蓬说："我俩的三分球谁投得好？"皮蓬有点心不在焉地回答："你明知故问，当然是你。"因为当时乔丹的三分球成功率是28.6%，而皮蓬是26.4%。

但乔丹微笑着纠正："不，是你！你投三分球的动作规范、自然，很有天赋，以后一定会投得更好，而我投三分球还有很多弱点。"还说："我扣篮多用右手，习惯性地用左手帮一下，而你，左右都行。"这一细节连皮蓬自己都不知道，他深深地为乔丹的无私所感动。

从那以后，皮蓬不再把乔丹当成对手，两人彼此欣赏对方，成了最好的朋友。乔丹不仅以球艺，更以他那坦然无私的广阔胸襟，赢得了所有人的拥护和尊重，包括他的对手。

美国心理学家威斯尔特认为：一个人如果能在思想不紧张的状态下工作，就能发挥他应有的能力。欲使下属进入这样一种精神状态，领导者必须大度地为下属创造一个宽松的环境。

怎样才算胸怀宽广？一是"容异"，善纳别人的不同意见，善待与自己意见不合的人；二是"容过"，对待犯错误的下属绝不能"一棒子打死"；三是"容嫌"，就是对那些与自己曾有过节的人不报复、不打击，宽容大度地对待他们。

领导者只有胸怀宽广，才能招来人才。无数事实已证明，领导者胸怀宽广与否，直接决定了其威信的高低，乃至事业的成败。所以人们经常这样说，大气魄、大领导、大事业，谁愿意跟一个小家子气的领导混世呢？可见领导者的气量是何等重要。

# 第三章

# 看透他人内心的识谎心理学

## 别人的"危言"，可以听但不能"耸听"

### 实用精要

挑拨离间的小人总是能够抓住让人恐慌的因素，他们之所以能够得逞，就是因为我们失去了判断能力。所谓的"危言耸听"，其根本原因就在于此。

### 深度透析

一只老鹰飞到一棵大橡树上筑起了巢，将家安在树枝上。一只猫在这棵树的树干上找到一个树洞，稍加整理后也在那里安家，并且生下了小猫。母野猪不会爬树，但是在树底下找到一个洞，于是带着小猪住在树根的洞里。刚开始时，三家互不侵犯，相安无事。

后来，猫想独占这块地方，把老鹰和野猪都赶走。缜密计划后，猫便实行她的诡计。她先爬到老鹰巢边，哭丧着脸说："哎！你们真不幸啊！不久你的家将要被毁灭，甚至连命也会丢掉，而我们也很危险。你往下看看，树下的野猪天天挖土，想把这棵树连根拔掉。树一倒下，她就可以轻而易举地把我们的孩子抓去，喂给她的孩子吃。树下的洞越来越大，我们该怎么办啊？"听了猫的哭诉，老鹰吓得心惊胆战、惊惶失措，绞尽脑汁想办法躲避危机。

猫见自己的话起到了作用，心里暗自偷笑，她来到野猪洞里说："野猪妈妈，你怎么还这么安心地住着啊？危险来了你还不知道！你的孩子们非常危险，只要你出去为小猪找食，树上的老鹰就会把他们叼了去。你没见老鹰天天站在树上盯着你等候时机吗？你可千万别大意啊。"野猪连连感激猫的提醒，心里也非常害怕。

猫狠狠地吓唬了老鹰和野猪后，假装自己也很害怕，躲进了她的树洞，以此来迷惑老鹰和野猪。到了晚上，她却偷偷地跑出去为自己和孩子寻找食物。白天，她仍装出一副恐惧的样子，整天躲在洞口守望着。

于是，老鹰害怕野猪把树挖倒，伤到自己的孩子，每天都静静地坐在枝头，不敢乱走；野猪也害怕老鹰趁自己不在叼走小野猪，每天不敢走出洞来，在家保护孩子。

过了不久，老鹰和野猪以及他们的孩子都饿死了。猫便把老鹰和野猪作为自己和孩子的食物了。

在上面的故事中，猫是一个两面三刀、挑拨离间的恶人，为了独占大树，她挑拨了老鹰和野猪的关系，引起了它们的心理恐慌。老鹰和野猪不经过证实便相信了猫的话，为了躲避不存在的危机连命都搭上了，让猫的诡计得逞。坏人无端的“提醒”其实是迷惑你的烟雾，你不能保持心里的镇定，不经过思考，便会成为坏人渔利的工具。

与人交往之初，在没有利益纷争的时候，都是各司其职、相安无事。一旦出现竞争，涉及利益冲突，人的本性便开始显露出来。有的人为了在竞争中占据有利地位，或者妄图独霸利益，就绞尽脑汁挑拨离间，设计陷阱。这样的人用心极其险恶，他们总是给别人制造恐慌，唯恐天下不乱。对于这样的人，绝对不能被他们唬住，自己要具备辨别真伪的能力，不要因为别人的三言两语便提心吊胆、诚惶诚恐。世界没有那么多纷争，真正乱的是我们的内心。

## 利用心虚策略，悄无声息辨别谎言

### 实用精要

说谎者在说谎时往往有心虚的感觉。有时候，说谎的人只有一点点罪恶感；有时候，罪恶感会很强烈，以致出现漏洞，使对方很容易揭穿谎言。十分强烈的罪恶感会使说谎的人痛苦难耐，会令说谎者觉得说谎很划不来，简直是受罪。虽然承认撒谎会受到处罚，但是为了解除这种强烈的罪恶感，说谎的人很可能会决定坦白招认。

## 深度透析

说谎者因为这种难以消除的害怕感和心虚感，将会让我们成功地识破谎言。

宋宁宗年间，刘宰出任泰兴县令。一次，一个大户人家丢失了一支金钗，四下寻找不见，告到县上。刘宰调查后，了解到金钗是在室内丢失的，当时只有两个仆妇在场，但谁也不承认拿了金钗。

刘宰将两人带到县衙，安置在一间房子里，也不审问。众人都很困惑，刘宰却像没事人一样，饮酒散步，与大家闲谈。

天黑以后，刘宰拿着两根芦苇走进关押仆妇的房间，每人给了一根，说道："你们好好拿着芦苇，明天我要根据芦苇决案，谁要偷了金钗，芦苇就会长出两寸来。"说罢关门走了。

第二天，仆妇被带到堂上。刘宰取过芦苇审视，果然有一根长出两寸。刘宰嘿嘿一笑，却指着手持短芦苇的仆妇大声喝道："你如何盗得主人金钗？还不从实招来！"那个仆妇战战兢兢，当即跪倒在地，口中喃喃道："是我拿了金钗，大人如何知道？"

刘宰答道："我给你们二人的芦苇是一样长的，你若心中没鬼，为何要偷偷截去一节？"仆妇方知上了当。

刘宰正是因为知道撒谎的仆妇有恐惧和心虚感，才用这个测试办法使其自我暴露，辨识出了说谎者。

现实生活中，有很多时候，我们都希望悄无声息地查出别人有没有对我们说谎。如果直接去问，对方即便说了谎也很难承认；如果对方没有说谎，我们又会因为怀疑而得罪对方。所以，这种情况下，最行之有效的策略就是在不知不觉中测试一下对方是否心虚。当然，在这个过程中一定要表现得自然，不要让对方知道你是在测谎。

# 制造“机会”，让说谎者自露破绽

## 实用精要

一般来说，谎言主要有两种，一种是掩盖和隐藏，另一种是编造和篡改；前者不容易被识破，而后者却很容易露出破绽。因为编造和篡改的情节都是无中生有的，并非说谎者亲身经历的，所以不会留下深刻的印象。那么，当说谎者不断重复谎言时，难免会出现自相矛盾的地方，只要我们留心观察和分析，就很容易识破谎言。

## 深度透析

唐朝初年，李靖担任岐州刺史时，有人向当朝者告他谋反。唐高祖李渊派了一个御史前往调查此事。

御史是李靖的故交，深知李靖的为人，他心里很清楚李靖是遭到了奸人的诬陷，因此便想办法要救李靖，替李靖洗清不白之冤。于是便向皇帝请旨，请告密者共同前去查办此案。皇帝准奏，告密者也高兴地答应下来。途中，御史假说检举信丢失了，观察告密者以后的动作反应。

御史佯装害怕的样子，不停地向陪伴的告密者说：“这可如何是好！身负皇上之托，职责所在，却丢失重要证据，我可真的难辞其咎了！”说着，御史便发起怒来，鞭打随从的典吏官。他的举动使告密者确信检举信已丢失。

御史无奈地向告密者请求：“事已至此，只好请您重写一份了。否则，不仅我要担负不能办成查访之任的罪责，您的检举得不到查证，就没办法让皇上论功行赏了。”

那人一想不错，赶紧去重写。根据想象，又凭空捏造出一份来。

御史接到信件，拿出原信一比较，只见大有出入：除了告李靖密谋造反的罪名一样，所举证据都换了模样，细节更是大相径庭，时间、人物都难以对上号，一看即知是胡编乱造的诬告信。御史笑笑，立刻下令把告密者关押起来。随后拿着两封检举信赶回京城，向唐高祖禀告原委。

上述整件事情的峰回路转，完全要归功于御史巧妙地引出说谎者前后不一的证据，成功地揭穿了诬告谎言，惩治了撒谎者。

因此，我们就要为说谎者创造这样的“机会”，让他的谎言露出破绽。

# 釜底抽薪，从根本上瓦解谎言

## 实用精要

说谎者编造的谎言必定是虚假的，通过论证对方论据的虚假，可以识破对方的谎言。

## 深度透析

从事实的逻辑关系来说，论点来自论据，论据孕育论点。论据真实，则论点正确；论据虚假，则论点谬误。所以，驳倒了论据，有如釜底抽薪、刨根倒树，是从根本上揭穿了对方的谎言。

运用釜底抽薪揭穿谎言的技巧在于紧扣论据与论点之间辩证统一的逻辑关系。多问几个问题，分析一下论据之间是否有相互矛盾的地方。

美国第十六任总统亚伯拉罕·林肯年轻时是一位律师。一次，他得悉朋友的儿子小阿姆斯特朗被控为谋财害命，已初步判定有罪。林肯以被告律师的身份，到法院查阅了全部案卷，知道全案的关键在于原告方面的一位证人福尔逊。福尔逊发誓说在10月18日晚11时，清楚地看到小阿姆斯特朗用枪击毙了死者。

对此，林肯在经过全面了解和周密分析后，要求复审。复审中，有以下一段对话。

林肯问证人：“你发誓说看清了小阿姆斯特朗？”

福尔逊：“是的。”

林肯：“你在草堆后，小阿姆斯特朗在大树下，两处相距二三十米，能认清吗？”

福尔逊：“看得很清楚，因为月光很亮。”

林肯："你肯定不是从衣着方面看清他的吗？"

福尔逊："不是的，我肯定看清了他的脸。"

林肯："你能肯定时间是在 11 时吗？"

福尔逊："充分肯定，因为我回屋看了钟，那时是 11 时 15 分。"

林肯问到这就转过身来，对法官和旁听者说："我不得不告诉大家，这个证人是一个彻头彻尾的骗子。他一口咬定 10 月 18 日晚上 11 时在月光下看清了被告的脸。请大家想想，10 月 18 日那天是上弦月，晚上 11 时漆黑一片，哪里还有月光？退一步说，也许他时间记得不十分精确，稍有提前。但那时，月光是从西往东照，草堆在东，大树在西，如果被告的脸面对草堆，脸上是不可能有月光的！"

大家先是一阵沉默，紧接着掌声、欢呼声一起迸发出来。福尔逊傻了眼。

在这里，林肯运用了釜底抽薪的反驳技巧抓住细节、步步为营，终于戳穿了福尔逊的谎言，澄清了事实，还小阿姆斯特朗以清白。

釜底抽薪是一个很有效的破谎技巧，通过全面、细致地了解情况，分析情况，找出谎言的破绽予以致命的还击，用确凿的事实来反驳对方。这样，对方精心构筑的言论布局就会因基础瓦解而全面崩盘。

# 将计就计，顺势破谎解危

## 实用精要

如果把谎言也看成是具有危害性的力量，当它们向我们施展它的危害和威力时，我们同样可以借用中国武术中借力打人的技巧化害为利，使对方的谎言成为制伏对方的绝妙手段。甚至，使自己转败为胜、转危为安，变被动为主动。

## 深度透析

魏文侯时，西门豹为邺令，初到辖地，免不得各处走访。在访问老人的时候，得知这里每年为河伯娶妻给老百姓带来了苦难。河伯是漳河的神，地方上管事的人串通巫婆，每年借着给河伯办喜事以减轻水患的名义，强迫老百姓出钱。他们每年从老百姓身上搜刮数百万钱，仅用二三十万为河伯娶妻，其余的就坐地分赃。

光捞钱也还罢了，他们还以为河伯娶妻的名义残害少女。谁家的闺女年轻、漂亮，巫婆就带着人到哪家去选，有钱的人花点钱也就过去了，没钱的可就遭殃了。他们在河上扎起斋宫，布置举行仪式的大场地，将弄来嫁给河伯为妻的少女放入河里的斋宫。选好一个日子，就将载着少女的斋宫放入河水中漂走了，行数十里而灭，显然少女难免溺水而死。好多有闺女的人家都跑到外地去了，这里的人口越来越少，地方也越来越穷。

西门豹得知了这一情况，便有了主意，说等到那天也去送河伯的新娘子。

河伯娶妻那一天，各方人物都来了，围观的群众数千人。西门豹首先拿太巫开刀。那是个七十岁的老女人，带着十个女弟子。西门豹表现得仿佛比那些人更热心，说："这个新娘子不太理想，请你去给河伯说说，让他等几天，我们再选个好的送去。"接着不由分说，让兵卒将那个老女人扔进了水里。

过了一会儿，他又说，怎么去了这半天还没回来？再让人去催吧。于是将太巫的女弟子扔下去一个。过一会儿，就再扔一个。连扔了三个，西门豹又说，可能去的都是女人，不会办事，便挑了些地方管事的扔到河里。

一连扔了好几个，毕竟都是怕死的家伙，剩下的怕被扔进河里，马上跪下磕头，恳求大人饶命。

为恶的人自己向人们证实了那是谎言。后来，西门豹发动老百姓开凿了十条河渠，把河水引入田里，灌溉庄稼。从此，年年丰收。

这是一个典型的"将计就计"揭穿谎言的例子。西门豹作为地方官，为了让人们相信他也尊重他们的习俗，效仿那些行迷信的人，也一本正经地假戏真唱，作为一方父母官，他必须让谎言不攻自破，必须让那些以迷信愚昧老百姓的人原形毕露，才能达到根除恶习的效果。假如他事先就去搞什么破除迷信的宣传，绝不会有人相信，老百姓也不会站到他这一边，那样难免会让自己陷入被动的局面。于是西门豹就将计就计把他们一个个除掉，是开刀问斩都难以达到的效果。

“将计就计”最关键的两个环节，第一是识破对方的谎言，第二是让对方相信自己已被他的谎言骗住了。这样，才可能行使计谋。如果不能识破对方的谎言，抓住主动，“将计”就无从谈起；如果不能使对方确信自己已经受骗，对方就会起防备之心，“就计”也无从实施。

# 全面分析，识破离间计

## 实用精要

在各类谎言中，离间计是一种比较阴险的圈套，是离间者（主体）在被离间者（客体）之间搬弄是非、制造矛盾，以期破坏被离间者的团结从中获利而制造的谎言。一旦有人对你施以离间计，你必须全力去破除，否则一旦上当，后果往往很严重。

## 深度透析

离间计在生活中有多种表现，如创造条件造成同事之间、上下级之间的误会；或将误会加以渲染，扩大他人之间的分歧；或编造谎言，制造矛盾，破坏他人团结；等等。离间术的外在表现虽然多种多样，但它的内在本质却是唯一的，那就是：抑人扬己，损人利己。我们如何识破敌人的离间计呢？

一般来说，离间计主要有以下三个特征：

### 目的性强

任何离间计都有其明确的目的。只有在目的的驱使下，离间的所有行为才可以表现出实际意义。离间者的目的是自我的、本位的，是建立在实际自我利益基础之上的。有时为的是获取个人的某种利益，有时则表现为满足个人的某种欲望，有时也可能是为了小集团的利益。但无论如何，它都是建立于私欲、颓废、反动之上的。离间者的目的不在离间过程本身，而在于达到离间之后的结果。

### 隐蔽性好

离间者的目的决定了行为的隐蔽性。因为伴随着离间计的实施，离间者对被离间者的侵害行为已经开始，而这种侵害又是巧借被离间者之间的摩擦力量进行的。一旦离间成功，被离间者的利益受损则是绝对的。所以，离间者只有使被离间者在表面上知情，而不能在根本上知底，才能达到离间的目的。因此，隐蔽性贯穿于离间活动的始终。

**欺骗性大**

离间的隐蔽性决定了离间手段的欺骗性。因为离间是一种侵害行为，且要借助客体之间的摩擦力量实施，又要做到隐蔽得“天衣无缝”，显然采取正当的、公开的手段是不行的。所以，离间者往往会制造假象欺骗客体，使其产生错觉，做出错误的判断，形成错误的认识，以便使其在不知不觉中落入圈套。尽管离间计具有隐蔽、诡诈的特点，但还是可以识破的。

识破离间计，要从以下三个方面进行分析：

首先是联系分析。任何离间者要想达到离间他人的目的，必然要与被离间者发生这样那样或明或暗的联系。没有联系就无法借助客体之间的摩擦力量，再高明的离间计也无法得以实施。因此，谁突如其来地与你发生联系，谁就有可能在实施离间计。

其次是利益分析。一般说来，离间计通常是伴随着利益冲突而实施的，而离间者往往又是被离间者发生矛盾后的直接或间接受益者。因此，对人际冲突制造者的利益得失进行分析，有利于识破离间者的真面目。

再次是反常分析。任何离间计，无论它怎样高明绝伦，只要它付诸实施，总要留下一些反常的痕迹。因此，对反常的蹊跷行为进行认真分析，进而反向思维，弄清人际冲突的来龙去脉，对于破译离间计很有帮助。

总而言之，离间计的识破应建立在对其行为特征的综合分析上，既不能盲目猜疑，又不可掉以轻心。

# 第四篇

# 博弈论没有诡计

## ——借力成事心理学

# 第一章

# 博取他人信赖的合作心理学

## 时不时摇晃一下“沉淀层”

### 实用精要

很多上司都会有这样的感受，经过与下属的长时间相处，虽然上下级之间的关系变得融洽了，但下属的积极性也在逐渐消退，整个团队处于一种惰性状态——在团队中出现了一种“沉淀层”，就像河床中缓缓沉积的淤泥，难以像流水那样运动起来。

### 深度透析

“沉淀层”如果越积越厚，团队就会逐渐散失活力，最终在竞争中全军覆没。由于“沉淀层”总是在不知不觉中生成的，它没有任何迹象，所以很容易被人们所忽视。而当我们如梦初醒的时候，为时已晚。在竞争激烈的社会中，我们一定要警惕这种情况的发生，所以时不时地晃动一下“沉淀层”对于领导者来说是必要的。

有人对欧美企业的“存续时间”做过专门的统计，其中能够超过 50 年的企业凤毛麟角，很少的企业能够挺过 20 年，存活超过 10 年的也不是很多，大多数的企业在其成立 5 年内就退出舞台了。

为什么企业的“命数”如此短促？经研究者研究发现，企业在刚刚成立的时候往往充满活力，但当它进入平稳期之后，一种“惰性”就会在企业各个管理阶层中蔓延。当这种惰性彻底击败奋斗精神的时候，企业就开始走下坡路了。

值得注意的是，这种惰性的产生并不是迅猛发展起来的，它一天天地在领导者的眼皮底下萌动，却从来不以显性的方式出现。它让领导者的日子越来越舒服，却让企业生存的风险系数一天天地增加。这就好比在温水中的青蛙，在毫无准备的情况下已经离死期不远了。所以管理者一定要时刻警惕这种看不见的危险，时不时地晃动一下“沉淀层”，让企业保持持续的活力。

# 建立合理的团队分享机制

## 实用精要

一个团队学习的过程，就是团队成员思想不断交流、智慧火花不断碰撞的过程。企业要想要保持持续的创新领先，就一定要建立一种合理的分享机制，否则，老员工容易给新员工筑起一道经验的高墙，形成一种论资排辈的不良企业风气。

## 深度透析

英国著名作家萧伯纳有一句名言：“两个人各自拿着一个苹果，互相交换，每人仍然只有一个苹果；两个人各自拥有一个思想，互相交换，每个人就拥有两个思想。”

企业管理者必须重视建立这样的机制：把内部优秀员工的成功经验、失败教训、最新的研发成果或学习成果进行归纳总结并迅速推广，以迅速提高企业的创造力和竞争力。

中国移动通信集团作为中国最大的移动通信运营商，从2000年成立至今，发展迅速，并轻松击败对手中国联通，牢牢占据中国移动通信领域的霸主地位。移动之所以能够迅速发展起来并后来居上，跟他的团队分享机制有很大的关系。

一位曾经在中国移动做过咨询项目的顾问指出，中国移动的员工学习速度非常快，而这种快速的学习能力来自中国移动的团队分享机制，正是这个内部分享交流机制让移动公司的学习效率增强了好多倍！例如，每一个省做完一个研究之后，都要迅速在全国各分公司传播分享，让全国各分公司或分支机构的员工在第一时间就能够学习到。另一方面，中国移动从不吝啬于员工的培训，他们会请很多咨询公司或培训公司来给他们培训，而培训的各种资料在中国移动的交流平台上可以分享。如此一来，中国移动的员工就可以迅速地接触到整个行业最先进的知识，而不是像原来那样等着顾问或培训师一站一站地当面传授。

在信息时代，企业要持续健康发展，营造分享环境，建立和完善分享机制，已经显得越来越必要和迫切。在中国，每年有近几十万家企业倒闭。企业倒闭有各种各样的原因，最致命的往往是由于缺乏企业持续发展的加速器。而对于企业来说，建立一个完善的企业分享机制，就是建立一个合理的团队分享机制。

值得注意的是，分享机制并不仅限于企业内部，分享应该贯穿于企业与外部环境进行交往的一切活动中。只有分享更多，才能收获更多。

## 鼓励员工之间相互“管闲事”

### 实用精要

培养有影响力的团队精神中有一种重要的法则，就是鼓励员工之间相互“管闲事”，即把每个人之间的墙都推倒，让相互帮助成为一种自然现象。对于员工在业务方面的困难，不但不能等闲视之，而且应全力帮助。

### 深度透析

美国复印机市场的巨人——施乐公司创建于1906年。20世纪70年代，施乐开始陷入困境，1980年，施乐新总裁大卫·柯思斯提出“塑造团队精神”的目标，1989年，公司实现扭亏为盈。1991年，施乐公司的销售额达到了180多亿美元，利润近5亿美元，在全球500强中排名第66位。

施乐公司之所以能够从困境中走向辉煌，首先，和柯思斯所塑造的精神是分不开的。柯思斯认为，合作精神不是自然发生的，它是在让他们学会制造合作的机会。所以，公司经常会指派一些销售业绩良好的员工去帮助那些销售能力欠缺的员工。

其次，公司还非常注重强调员工之间进行经验交流与分享。有一位员工在报纸上看到了一篇赞扬他管理效绩的文章后，就将它复印下来，然后寄给自己管理的部门，结果员工大受鼓舞。后来，这种方法被推广为：公司经常会将一些用施乐复印机复印的资料免费寄送给潜在的顾客，结果得到了许多客户的青睐。

最后，施乐的工作会议也是别具一格的。在参加一些会议时，员工可以自由发挥，随意交流，并允许发牢骚，甚至一些会议像是宴会一样热闹。同时，施乐公司也不排除相互之间的竞争，但是竞争是有原则的，即不要相互之间伤了和气，不要败坏公司影响力。例如，比拉普销售区各小组之间开展的竞争显得温和而诙谐：每个月底，累计营业额最低的小组将得到特殊的奖品——一个模样滑稽、会旋转的玩具。而在接下来的一个月中，这个玩具必须要放在办公桌上作为展示品，直到下个月其他业绩不佳的小组将它“夺走”。各个小组都将玩具称为“绝望者”，所以没有人想得到这个玩具，因此，所有的小组都会争先恐后送走它，竞争场面很激烈。

公司的团队建设始终是有影响力的。一个庞大的团队，如果像一盘散沙，发挥不出团体的力量，那么企业将永远无法获得影响力，实现卓越发展。

## 促进下属之间的“互补合作”

### 实用精要

有的领导者常常抱怨自己的手下能人太少，恨不得自己的下属变成能杀能闯的“猛将”，这样的想法是不切实际的。每个人都有他的长处，如果你能很好地掌握他们的特点，把他们放到最能发挥其作用的位置上，你就会变成卓有成效、人人爱戴的领导者。

### 深度透析

在一次战役中，由于战争的需要，临时招募了许多各行各业的人参军打仗。有一支小分队奉命驻守在一个小岛上。他们当中有大学教师、机械工程师、政府机构的办事员，也有泥瓦匠、小饭馆老板、裁缝铺的学徒，还有消防队员、小提琴手、汽车修理工等等。

他们一到岛上，就都行动起来了。有的用捡来的木条、干草搭起了简陋的帐篷；有的用自制的工具支起了炉灶；还有的忙着施展烹饪手艺，人人都施展自己的拿手戏，在各自擅长的方面尽情地发挥。一顿丰盛的晚餐过后，还举办一场热闹的晚会，大家有说有笑，有唱有跳。

几天过后，小岛遭到敌人的攻击。在枪林弹雨的战场上，大学教师和小饭馆老板便显得手足无措，失去了用武之地，而消防队员和汽车修理工则能够临阵不乱，熟练地使用手中的武器，对敌人进行了狠狠的打击。

从这个例子中我们可以看到：大学教师虽然掌握了很多知识，可以说是比较有才华的人，但是打仗的时候，他却不如一个不怎么有文化的消防队员。对于一个领导者来说，自己所带领的团队就好比上文中的那个小分队，也是由各式各样的人组成的，他们都有自己的看家本领。身为领导者，你要做的就是对下属的特点、能力，甚至个人的性格了如指掌，把他们安排到合适的岗位上，使他们内在的潜力得到充分的发挥。

## 真诚合作，但要为应对变故做好准备

### 实用精要

《孙子兵法》云："知己知彼，百战不殆。"与人合作，决不可忘记这一深刻的古训。与对方合作的同时要永远对其保持警惕和戒备，随时随地密切注视对方的情况。如果以为合作万事休，只要与对方合作了，就没必要操心了，那将是十分危险的。

### 深度透析

小张本来是一个聪明人，可是有一次，他却因为轻信而上当受骗。事情的来龙去脉是这样的：

有一天，小张的好朋友徐明来找他，对他说自己的一位亲戚谭晓波从深圳打电话来，想在小张所在的城市开一家保龄球馆，问小张是否有投资意愿。小

张说这项投资可不是小数字，要好好考虑考虑再说。

没过多久，谭晓波和徐明一起来到小张家。从见面开始，他们就一直在谈论开办保龄球馆的事。小张所在的城市是地级市，目前已有一家保龄球馆，生意很红火，在此地开保龄球馆是一定能盈利的。谭晓波向小张详细介绍了开馆的各种事宜和构想，随后，又向小张介绍了资金需求情况。

整套设备需资金180万元左右。与此同时，他还拿出了一些照片和说明书之类的东西让小张看，同时把他的投资规划、场地租赁、费用概算、利润分成等，给小张讲了好长时间，不但头头是道，而且承诺每人每年至少能得到纯利润20万元。这个数字对于小张来说，确实很有诱惑力。

于是，徐明、谭晓波和小张达成了共识：每人投资60万元，总计180万元开办保龄球馆。然后，他们分头行动：谭晓波去南方购买设备；徐明办执照、招聘人员；小张负责联系租楼定场馆。

不出一周，小张便在一条比较繁华的街道旁，找到了合适的地点，并且和房主签订了租赁协议。正当小张与好友商量如何改装的时候，谭晓波打来电话说设备已经落实，通过朋友的努力，买下整套设备只需138万元，而且质量是一流的。

第二天，小张和徐明就按照谭晓波的要求去银行给他汇去90万元。

钱汇出后，小张和徐明就开始改装楼层，整天忙得不亦乐乎。一晃半个月过去了，仍不见谭晓波回来，其间电话联系过几次，他说正在请车皮，准备发货。可一晃一个月过去了，设备仍然没发回来。小张和徐明便开始着急起来，小张拨打谭晓波的手机，他说车皮已经请下来，后天即可装车。小张虽然心里很急，可又不能过多地说什么，他想，一旦设备装上车，谭晓波很快就会回来，保龄球馆开业的日期不会太远。

又过了十天，他们还是没有收到设备，于是就一同去铁路查询设备是否到货，铁路部门说没有。再打谭晓波的手机，回答是“已停机”。这下，小张和徐明知道是被骗了。

面对基本改造完成的球馆，小张真是欲哭无泪，而徐明更像是发了疯，一提起谭晓波就咬牙切齿。由于当初的一切合作事宜都是他们口头商量决定的，现在即使借助法律途径，都很难解决问题了。

这个事例向人们展示了轻信合作者的可怕后果，它告诉人们：做人要有一点城府，绝对不能太单纯，太容易相信别人。

当然，不轻信并不代表互相欺诈，在合作中，人们还是应该采取积极善意的态度，只是，合作者之间的互相信任应该体现在书面协议上，而不是口头承诺上。

# 第二章

# 赢家通吃的商场掌控心理学

## 正面难入手时，就从侧面出击

### 实用精要

作为一种战术，从侧面进攻是行之有效的攻击谋略，特别是在战争中，当自己的力量还不足以与对手抗衡的时候，运用此策略更为有效。历史上，哥特人和匈奴人曾用此法打败了强大的罗马帝国，蒙古用此法进攻亚欧国家。今天，在现代社会的生活中，此法仍可灵活运用，它可以打乱你的对手的阵脚，增加自己胜利的机会，迫使你的对手屈服，最终战胜对手。

### 深度透析

帕特尔是印度尼尔玛化学公司的创始人。在与对手竞争的时候，他用从侧面打击对手的方法，最终取得了胜利。20世纪60年代，帕特尔开始了他的创业生涯。创业之初，帕特尔利用自己的专长，在自己的厨房里利用简陋的设备，生产出一种成本极其低廉的洗衣粉，并且把这种洗衣粉命名为尼尔玛。为了打开销路，帕特尔开始四处奔波，试图为他的洗衣粉在竞争激烈的市场上分得一杯羹。

但是根据印度传统的经营理论，城市富裕家庭主妇的钱袋是大多数产品销售的唯一来源。而在当时这一巨大的财源几乎被印度制造业的跨国公司——印达斯坦·勒维尔公司独占着。勒维尔公司在全世界都设有分公司，实力极其雄厚，它的业务范围也相当广泛，而且它所生产的冲浪牌洗衣粉，在印度洗涤市场一直占据着统治地位。刚刚起步的尼尔玛公司，可以说根本没有力量与勒维尔公司正面交锋。帕特尔看清了这一点，决定寻找另一条出路。帕特尔针对勒维尔公司只注重城市富裕家庭主妇的钱袋，而忽略广大中下层人民的需要这一弱点，开始大做文章。他绕开与勒维尔正面交战的战场，把注意力放在了无力购买高价洗衣粉的广大中下层人民身上，他相信这是一个潜力巨大又无人涉足的广阔市场，并制定了灵活的销售策略。

第一，坚持薄利多销。第二，在产品上做文章。他不断推出新产品。20 世纪 80 年代中期，尼尔玛公司根据市场需求，先后推出块状洗衣皂和香皂。当这两种产品投入市场的时候，购买者趋之若鹜。为此，公司迅速增大了产量，显示出其广阔的发展前景。

随着时间的推移，帕特尔的产品牢牢地把握了市场地位，块状洗衣皂成为尼尔玛公司的主要经济来源之一，仅此一项销售额就达到了公司营业总额的 1/4。另一方面，香皂生产也迅速扩大，并在这一领域对勒维尔公司造成了严重的威胁。

为了争取更多的客户，拓展业务，做大做强，尼尔玛公司打起了广告的策略。对于做广告，他们不像有的商家那样，先用大量广告刺激消费者的购买欲望，紧接着就把产品送到，而是先将自己的产品运送到各个销售点，然后才登广告进行宣传。尼尔玛公司这样做也有它的优势，因为产品广告与充足的货源能够紧密地结合起来，这样可以进一步提高公司在消费者心目中的地位，给消费者一种信赖感。

自此之后，尼尔玛公司以产品的良好信誉、优良质量和低廉价格深入人心，终使尼尔玛公司在洗衣粉市场后来居上，独领风骚。

帕特尔的胜利为我们提供了处世的经验：当与对方不得不交手，在正面无法取得胜利的时候，就要灵活多变，迂回到对手的后方和侧面采取积极的行动。

## 临危不乱，以机智赢得生机

### 实用精要

有时，看似波澜不惊的环境中，却暗含着无限的杀机；有时，一派风和日丽的景象里，却酝酿着暴风骤雨；有时，在把盏笑谈之间，祸患已悄然逼

近……在危及自己生命的紧要关头，灵活地应对，不失为一大机变智慧。

## 深度透析

朱元璋打败陈友谅、张士诚，定鼎南京，建号称帝，由刘伯温亲自选定风水宝地，开工兴建宫殿。朱元璋住进建好的皇宫后，没事便到处走走，熟悉一下环境。

一天他走到一间刚完工的大殿里，看着雕梁画栋、金碧辉煌，回想自己当年当和尚的情景，不禁感慨丛生，四下顾望无人，便信口把心中所想说了出来："唉，我当年不过为饥寒所迫，想当个盗贼，沿江抢掠些金银财物而已，哪承想能有今日这番气象。"

说完后，仰面观看棚壁，却吓了一跳。原来有一个漆匠正在一道大梁上做最后的油漆工作，由于梁木宽大，朱元璋先前竟没发现他。

朱元璋马上意识到自己一时冲动失言，一番只能藏在心底，不能让任何人知道的真实想法可能都已经落入这名漆匠耳中了。如果不杀人灭口，势必会传扬得四海皆知，那可是丢人丢脸又不利于自己以天命迷惑百姓的大事。

他开口让那名漆匠下来，连喊了几遍，漆匠充耳不闻，继续慢条斯理地做着手中的活。朱元璋大怒，加大了音量喊，那名漆匠仿佛才听到声音，忙下来跪在朱元璋面前，叩头说："小人不知陛下驾到，没有及时避开，冒犯了陛下，请陛下恕罪。"

朱元璋怒声道："你耳聋了怎的？我叫了你几遍你都不下来？"

漆匠叩头说："陛下真是英明皇帝，连小人耳朵有点聋都知道。陛下圣明，这是小人和万民的莫大福分。"

朱元璋生性多疑，但看漆匠脸上神色并无太大变化，心想他骤然听到这样大的秘密，自然知道厉害，不吓得掉下来，也会面无人色，不会如此平静，看来他真是耳朵有些不灵敏的人。

也是朱元璋心情好，又见漆匠活做得也不错，且很会说话，便摆摆手让他继续干活。

这名漆匠当晚找个借口逃出皇宫，连夜逃回家中，携带妻小避往他乡。而朱元璋后来因为国事繁忙，根本记不得这件事了。

那名漆匠的才能或许并不比朱元璋差，看其骤然听到天大的秘密却不惊不慌的态度，真有“泰山崩于前而色不变”的大将风度，马上想到用耳聋来保护自己，这份机智也是人所难及。

事实上，在现实社会里，这种临危应变不仅智慧，而且重要，它常常能够帮助我们巧妙地趋利避害，不妨一试。

## 连横合纵，将天下资源为我所用

### 实用精要

连横合纵是一种智慧。生意场上，将一切能利用的资源聚拢到自己身边，才能给自己带来更多财富。

### 深度透析

想要致富，不能孤军奋战，要懂得连横合纵，让天下人为己所用。商场竞争激烈，个人能力再强，也难免势单力薄。做孤胆英雄并不是明智之举，费时费力，结果也并不如意。经商时必须利用各方势力，必要时“化干戈为玉帛”将使你受益匪浅。

有“巧手大亨”美誉的张果喜是江西果喜实业集团公司董事长兼总经理，他在开拓日本市场时能够照顾好各方利益，善待盟友和对手，很快便成为日本佛龛市场的“龙头老大”。

张果喜在日本市场初战告捷后，就与日商建立了稳固的代理关系，全部佛龛产品都由日商代理经销。随着张果喜生产的佛龛畅销日本市场，一些日本商人也想通过经营佛龛获利。为降低进货成本，他们绕过代理商直接从张果喜那里进货。

面对这种新情况，张果喜进行了慎重考虑。从眼前利益看，销售商直接订货，减少了中间环节，厂方确实可以得到实惠。但从长远考虑，接受直接订货，意味着失去以往花费了很大力气开辟的销售渠道，会使以往的销售渠道背离自己，走到自己的对立面，得不偿失。所以，张果喜回绝了那几家要求直接订货的日本零售商，继续维持与日本代理经销商的盟友关系。日本代理商得知此事后很感动，对张果喜比以往更加信任。他们在推销宣传方面加大力度，为张果喜打出了“天下木雕第一家”的招牌。与此同时，张果喜清醒地看到，佛龛生产是一个利润丰厚的产业，除了他的果喜集团公司，韩国与中国台湾地区制作的产品也非常具有竞争力，日本本土还有很多同类中小企业，如果单靠原有的销售网络和一两个合资的株式会社，根本无法与强大的竞争对手抗衡。张果喜决定扩大同盟军，把一些原先的对立派拉到自己身边。他与智囊团仔细分析日本各地中小企业，经过多方协调，于1991年成立了“日本佛龛经销协会”，专门经销果喜集团的漆器雕刻品，变消极竞争为积极合作。当年便立竿见影，他在日本佛龛市场的份额占到六成，取得了更大的市场主动权。

这就是张果喜的连横合纵。摆脱眼前利益和一己之利的束缚，开阔视野，正确处理与盟友、竞争对手之间的关系，化被动为主动，变消极为合理，才能变小钱为大钱。张喜果被称为改革开放后第一个亿万富翁，他只有初中文化水平，却通过自己超强的商业智谋打拼出一片天下。很多时候，一个人的胸怀和眼光决定他能拥有多少财富。假设张喜果贪图小利，答应那些日本小企业的要求，腰包暂时会鼓，葬送的却是长远利益。张果喜说：“台上靠智慧，台下靠信誉。”这就是他不舍弃日本代理商的信念，也是他最终能够联合各方力量的基础。

大财富只属于有大智慧的人。目光短浅，直盯眼前利益，不会有长久的财富。一个梦想致富的人，不能与对手保持永远的竞争关系。世事难料，审时度势联合对手，将对立变成合作，就可能在竞争中获利。宁可与对手抗争，也不与其合作争取潜在利益，受害的终将是自己，这样的人也不会得到财富的青睐。所以，致富过程中，灵活处理与对手的关系，连横合纵才会取得成功。

## 无事也要常登“三宝殿”

### 实用精要

中国人常说“无事不登三宝殿”，意思就是登门拜访必然有事相求。然而，现在商场上的那些应酬达人，早就抛弃了这个陈旧的观念，他们懂得用电话、短信、邮件或上门拜访等方式，牢牢拽住商场上的那个“贵人”。

## 深度透析

王妍是某大学人文学院学工处的一名普通职员，她与经管系的系主任刘某关系处得非常好，而据小道消息，经管系系主任很可能年内就会调任学工处处长一职，这样看王妍将来的日子会比较好过了。然而世事难料，年底人事调整时，刘某却被调去当图书馆馆长了。这样一来，许多原本巴结刘某的人立刻散得一干二净，让刘某见识到了什么叫“人一走茶就凉”。就在这时，王妍来找刘某，说道：“刘主任，这没什么大不了的，哪天咱们一起去逛街散散心吧！”这正是刘某最难过的时候，王妍的出现感动得刘某真不知道说什么好。从那以后，王妍有事没事就过去找刘某聊天、逛街。

一年半后，该学院的院长调走了，新来的院长把刘某提拔为主管人事的副院长，不用说王妍自然也跟着时来运转。

所有的贵人在成为贵人之前都是一座“冷庙”，平日常去冷庙烧香，在危急之时才能顺利抱住“佛脚”，获得贵人的提携和帮助。生活中如此，利益攸关的商务应酬场上更是如此。先做朋友，后做生意，这才是绝妙的商务应酬法则。只要有时间，就要去拜访一下那些商场上的朋友，一起坐坐，聊聊天，互通信息的有无，说不定在这看似细微的言谈之间，你就抓住了绝佳的发展契机。

然而，前去拜访客户时要格外注意拜访的一些礼节，以免因小失大，引起客户的反感。

**遵时守约**

要想做一个受欢迎的客人，首先就要严格遵守预约拜访的时间，切忌迟到，要知道浪费别人的时间等于谋财害命；预约的拜访不能准时赴约，要提前打电话通知对方，即使责任不在自己，也要表达一定的歉意。

**妥善处置自带物品**

在进客户办公室之前，要先看看鞋上是否带泥。擦拭之后，先敲门再走进去。雨具、外衣等要放到主人指定的地方。如果主人较自己年长，那么主人没坐下，自己不宜先坐下。自己的交通工具如自行车要锁好，放在不影响交通的地方，如果放的位置不好或忘锁被盗，不仅自己受损失，也给主人带来麻烦。

**言行谨慎**

在客户处做客，不能大大咧咧地径直坐到席上，而要等主人力邀才“恭敬不如从命”；等人时，不要左顾右盼；主人奉茶之后，先搁下来，在谈话之间啜之最为礼貌。如果要抽烟，一定要征得主人的同意，因为吸烟会危害他人的健康；如果客户处未置烟灰缸，多半是忌烟的；如果掏烟打火，让主人匆忙替你找烟灰缸，是极其不尊重人的举动。

无事也登“三宝殿”，其实也是为了将来有事相求，不必吃“闭门羹”。然而，商务拜访中如果忽视了这些细节，在这些“冷庙”烧上再多的香，也不能在危难之时顺利抱住“佛脚”，难以拯救自己的职业命运。

# 放长线钓大鱼

## 实用精要

在生意场上，运用人情效应有预见性地进行感情投资，放长线钓大鱼，可以起到事半功倍的作用。

## 深度透析

日本某电子产品加工企业的老总山本二郎非常善于使用感情投资，他用这种方法为自己企业的发展赢得了稳定的客户关系。

由于是一家加工企业，所以他必须长期地承包那些大电器公司的工程才能维持企业的生存。为了赢得稳定的客户关系，他对这些电器公司的重要人物常施以小恩小惠。不过他与一般企业家交际方式的不同之处是：不仅奉承公司要人，而且对无关紧要的年轻职员也颇为殷勤。

表面看来，山本二郎的做法似乎没有必要，但谁都知道，山本二郎并非无的放矢。因为在做这些事之前，山本二郎总是想方设法将这些电器公司内部职员的学历、业绩、工作能力以及他们的人际关系，做一次全面的调查和了解。通过调查，他认为某个人大有可为，以后会成为公司的要员时，不管他有多年轻，山本二郎都积极与他建立交情。他这样做的目的，是为日后获得更多的客户资源做准备。

如此一来，十个欠他人情债的人当中有九个会给他带来意想不到的收益。虽然起初看起来他做的是“亏本”生意，但日后他会成倍地收回投资。

用放长线钓大鱼的方法去经营商务关系，这和钓鱼的道理有点相似。可通过下面的“三部曲”来实现：

第一步，做饵与下钩。这时候你需要掌握要钓的鱼爱吃什么食（即要针对的人用什么能够激起其欲望），鱼饵是否奏效等。下钩要找对合适的“鱼塘”（即场合）及合宜的时机。

第二步，守竿。此阶段一要有耐心，为人不可急功近利，不要“一下钩就想见到鱼”。二要冷静，给“鱼”一点点“甜头”还不足以使其上当，也许对方是在试探是否安全。

第三步，收钩。这是最关键的时刻，肉到嘴边却没吃到的情况大都发生在这个时候。此时务必深藏不露，一旦稍露峥嵘或过于急促，便会功亏一篑。老于世故者，定会随机收放，张弛相宜，吊足对方胃口，让钩进嘴更深，钓得更牢。

# 第三章

# 谋求共赢减少选择内耗的博弈心理学

## 罗斯柴尔德的成功秘诀：跻身上流社会

### 实用精要

在好莱坞流行一句话，就是“成功，不在于你知道什么或做什么，而在于你认识谁”。现代商业理论中也有类似的观点：看一个人的才能，不是看他的口袋里有多少钱，而是看他的朋友的层次。由此可见，人脉资源是对于个人乃至企业发展的重中之重。所以，要想成功，要想将事业做大，就必须想方设法结交贵人，尤其是上流社会中的大人物。

### 深度透析

19世纪20年代初期，罗斯柴尔德在巴黎发迹，不久之后他就面对最棘手的问题：一名犹太人，法国上流社会的圈外人，如何才能赢得排斥外国人的法国上层阶级的尊敬呢？罗斯柴尔德是了解权力的人，他知道他的财富会带给他地位，但是他会因此在社交上被疏离，最后地位与财富都将不保。因此他仔细观察当时的社会，思考如何才能受人欢迎。

慈善事业？法国人一点也不在乎。政治影响力？他已经拥有，如果再在上面花心思只会让人们更加猜疑。后来，他终于找到一个缺口，那就是无聊。在君主复辟时期，法国上层阶级非常无聊，因此罗斯柴尔德开始花费惊人的巨款娱乐他们。他雇用法国最好的建筑师设计他的庭园和舞厅，雇用最有名的法国厨师卡雷梅准备了巴黎人未曾目睹过的奢华宴会。

没有任何法国人能够抗拒这些宴会，即使它们是来自德国的犹太人举办的。罗斯柴尔德每周的晚会吸引来越来越多的客人。

终于，罗斯柴尔德的晚会反映出他渴望与法国社会打成一片，而不是混迹于商界的形象。透过在“夸富宴”中挥霍金钱，他表现出他的欲望不只在金钱方面，而是希望进入更珍贵的文化领域。罗斯柴尔德或许是透过花钱赢得了社会接纳，但是他所获得的支持基础不是金钱本身就可以买到的。事实证明，在以后相当长的一段时间里，他一直受惠于这些贵族客人。

博弈论法则告诉我们，跻身上流社会，与成功人士在一起，至少使你看起来也像一个成功者，尽管你可能还没成功。但是，跻身于上流社会后，你将更容易获得成功的机会。

# 苹果先从好的吃起

## 实用精要

博弈论认为，人的任何选择都有机会成本。机会成本的概念凸显了这样一个事实：任何选择都要“耗费”若干其他事物——其他必须被放弃的替代选择。在实际生活中，对被放弃的机会，不同的人会有不同的预期和评价，这取决于他们的主观判断（主观的机会成本）。

## 深度透析

陈蕃，字仲举，东汉人士，少年时期曾经在外地求学，独居一室，整天读书交友而顾不上收拾屋子，院子里长满了杂草。有一次，他父亲的一个朋友薛勤前来看望他，问他：“你为什么不把院子打扫干净来迎接宾客呢？”陈蕃笑了笑说道：“大丈夫处世，当扫除天下，安事一屋？”薛勤听了很生气地反驳道：“一屋不扫，何以扫天下？”

一般人讲这个故事，就到此为止了，教育人做大事要从小事做起，把陈蕃当作了反面的典型。

然而事实上呢？据《世说新语》记载：“陈仲举言为士则，行为士范，登车揽辔头，有澄清天下之志。”

陈蕃后来官至太傅，为人耿直，为官敢于坚持原则，并广为搜罗人才，士人有才德者皆大胆起用，一时间政事为之一新。

陈蕃确实将天下扫得不错，反倒是那位因批评陈蕃而留下“一屋不扫何以扫天下”千古名言的薛勤，我们却不知道他后来完成了什么事业。

为什么陈蕃不扫一屋却扫了天下呢？就在于他懂得考虑博弈时候的机会成本：做小事所付出的机会成本是完成大事，而做大事的机会成本是每件小事都做得完美。

两箱苹果，一箱是又大又鲜，另一箱由于放得久了，有一些已经变质了，是先吃好的还是先吃坏的？

最典型的吃法有两种：第一种是先从烂的吃起，把烂的部分削掉。这种吃法的结局往往就是要吃很长一段时间的烂苹果，因为等你把面前的烂苹果吃完的时候，原本好端端的苹果又放烂了。第二种是先从最好的吃起，再吃次好的。这种吃法往往不可能把全部的苹果都吃掉，因为吃到最后的，烂苹果实在是烂得没法吃了，就都给扔了，形成了一定的浪费。但好处是毕竟吃到了好苹果，享受到了好苹果的好滋味。

两种吃法，各有各的道理。在实际生活中，究竟先吃哪种苹果，对个人其实没有太大的影响。但从经济学的角度，先吃哪种苹果的选择，就如陈蕃是先扫小屋还是先扫天下一样，蕴含着深刻的博弈论思想。具体到先吃哪种苹果的问题上，两种吃法，代表的实际上是两种观念，两种对机会成本的主观判断。第一种吃法的主观判断是浪费的机会成本大于好苹果味道变差的机会成本，第二种吃法的主观判断是味道变差的机会成本大于浪费的机会成本。

在我们的日常生活中，经常要面对“先吃哪种苹果”的选择。我们每天都要自觉不自觉地对各种机会成本进行比较。

在未来没有到来之前，人生不是只有一个答案，也不是“先吃哪种苹果”这样简单，关键在你自己想要哪个答案，适合哪条路。自己适不适合这条路可能你比其他人更清楚，因为只有自己才了解自己的主观机会，而别人却缺少充分的信息。你只有选择适合自己的路，成功的概率才会更大。

# 老虎怕毛驴，假信息迷惑真敌人

## 实用精要

在动态博弈中，每个局中人都要根据对方的行动做出下一步行动。就如下棋一样，你走一步，对方走一步，行动策略上有一个先后顺序，谁先动第一步，紧随其后谁动第二步，这就给了被动方反被动为主动的余地。

## 深度透析

话说一头毛驴刚到贵州的时候，老虎见它是个庞然大物，不知道有多大的本领，感到很神奇。——给定这个信息，老虎就躲在树林里偷偷地瞧毛驴，这就是一种最优选择。

过了一阵子，老虎走出树林，逐渐接近毛驴——想获得有关这个庞然大物的真实本领的信息。有一天，毛驴突然大叫一声，老虎吓了一跳，急忙逃走。——这也是最优选择，因为毛驴的叫声是老虎预料之外的。又过了一些天，老虎又来观望，发现毛驴并没有什么特别的本领，对毛驴的叫声也习以为常了，但老虎仍然不敢下手——因为它对毛驴的真实本领还没有完全了解。

再后来，老虎跟毛驴挨得更近，往毛驴身上又挤又碰的，故意冒犯它。毛驴在忍无可忍的情况下，用蹄子去踢老虎。这一踢向老虎传递的信息是毛驴不过就这点本事而已。所以，老虎反倒高兴了。到这时，老虎对毛驴已经有了完全的了解，毫不费力地扑上去把它吃掉了。

在故事中，老虎通过观察毛驴的行为逐渐修正对它的看法，直到看清它的真面目，再把它吃掉，老虎的每一步行动都是在给定它的信息下最优的。

老虎没有见过驴子，因而不知道自己比驴子强还是弱。老虎的战略是：如果自己弱，那就只能躲，如果自己强，那就吃驴子。对于自己并不了解驴子，老虎的做法是不断试探，通过试探，修改自己对驴子的看法。如果驴子表现温顺无能，老虎就认为驴子是美食的概率比较大。起初驴子没有反应，老虎认为驴子不像强敌，胆子越来越大。后来驴子大叫，老虎以为驴子要吃它，吓得逃走，但后来想想，又觉得不一定，于是继续试探，直到驴子踢老虎，老虎才觉得驴子“仅此技耳”，于是采取自己强时的最优行动——吃驴子。

在北京的秀水街一个摊位前，一个女孩子问摊主：“这个包多少钱？”

摊主回答：“480。”女孩子头也不回地往前走。

摊主急了，随口一喊：“我可以便宜一些，360 怎么样？”

她回头一笑，继续往前走。摊主又喊：“这位美女，那你给个价吧！”

女孩子不慌不忙地回到摊位，伸了两个手指头：“80。你不卖我就走。”

然后，摊主就例行地表达了一下这个价格太低啊、亏本啊等为难之情。当然，女孩子最后没花多少力气，就以 80 块的价格把这个包拿走了。

其实这个女孩子和摊主的故事也是不完全信息下的一个博弈。作为摊主，他并不知道女孩子的购买底线，只能一次次去试探；而作为顾客，这个女孩子也不知道摊主的价格底线，只能用不理睬去试探。

# 策略欺骗

## 实用精要

在现实博弈活动中，参与者往往对自己和对方的优势、劣势都了如指掌，而且往往会想方设法地加以利用，把弱点作为突破对方防线的重点。正因如此，也就提供了策略欺骗的基础。

## 深度透析

在现实博弈中，参与者都会想方设法地去猜测对手的策略，以图打破平衡。基本策略是：先随机出招，维持一个平局的局面，同时尽量从对方的行动中寻找规律，当捕捉到这种规律时就利用它。但是如果博弈双方都采用这种保守策略，博弈将永远维持在平衡状态，必须有一方首先出击，从而诱使对方也走出堡垒，这时才能开始一场真正的斗智。

一个善用策略行动的人，既要有自知之明，更要能利用对手对自己习惯及固有特点的了解，出其不意，把对手诱入局中。不过最重要的是，我们应该在生活中合理利用其中的策略。

明朝正德年间，福州府城内有位秀才郑堂开了家字画店，生意十分兴隆。有一天，一位叫龚智远的人拿一幅传世之作《韩熙载夜宴图》来押当，郑堂当场付银 8000 两，龚智远答应到期愿还 15000 两。一晃就到了取当的最后期限，却不见龚智远来赎画，郑堂感觉到有些不大对劲，取出原画一看，竟是幅赝品。郑堂被骗走 8000 两银子的消息，一夜之间不胫而走，轰动全城。

两天之后，受骗的郑堂却做出一个让人大跌眼镜的决定，他在家中摆了几十桌大宴宾客，遍请全城的士子名流和字画行家赴会。酒至半酣，郑堂从内室取出那幅假画挂在大堂中央，说道："今天请大家来，一是向大家表明，我郑堂立志字画行业，绝不会因此打退堂鼓；二是让各位同行见识假画，引以为戒。"待到客人们一一看过之后，郑堂把假画投入火炉，8000 两银子就这样付之一炬。郑堂的烧画之举再次轰动全城。

第二天一大早，那个本已销声匿迹了的龚智远早早来到郑堂的字画店里，推说是有要事耽误了还银子的时间。郑堂说："无妨，只耽误了三天，但是需加三分利息。"铁算盘一打，本息共计是 15240 两银子。龚智远昨夜已得知自己的那幅画已经被郑堂烧了，所以有恃无恐地要求以银兑画。郑堂验过银子之后，从内堂取出一幅画，龚智远冷笑着打开一看，不由得头晕目眩两腿发软，当下就瘫倒在地。

原来，郑堂依照赝品仿造了另一幅假画，而烧掉的是郑堂自己仿造的假画。

郑堂的策略欺骗之所以能奏效，在于郑堂将计就计，反过来运用自己的策略，请骗子龚智远入瓮，"聪明"的龚智远反倒成了傻子。这里的关键在于为了赢对方而自愿增加自己的行动步骤，甚至付出暂时的代价以诱敌深入。

在现实生活中，我们所接收到的信息十分庞杂，真信息、假信息叠加在一起，即使是理性的经济人也无从分辨。在博弈过程中，博弈的参与者所发出的信息往往并不真实。比如你要买一件价格比较贵的羽绒服时，就需要鉴别羽绒的真假。当你正在犹豫要不要买时，老板有可能将他进货的发票在你面前虚晃一下，以表示这是正品，并且表示这样的价格他已经是在亏本出售。实际上这只是虚晃一招，他压根不会让你看到发票的真实信息。所以，千万不要被“眼前的假象”迷惑了。

博弈论中的策略欺骗对于我们的启示在于，我们应该将自己所收集到的信息，综合起来加以利用，运用全部策略智慧，尽可能获取整个事情的真相，从而让自己生活在“真实的世界”中。

需要明确的是，策略欺骗并不是让我们学会“骗”，而是要利用博弈论的知识，在市场行为中，在人际交往中，为自己谋取最大的利益。

# 螃蟹为什么爬不出篓子

## 实用精要

职场人员，应理性选择职业，做到高瞻远瞩，善于将自己的理想与组织目标保持一致，不要甘心当篓子里的螃蟹，而应勇敢地面对现实，追求职业增值，像老鹰一样去搏击长空。这就像博弈一样，需要不间断地博弈才会成为最后的胜利者。

## 深度透析

或许钓过螃蟹的人都知道，篓子中放了一群螃蟹，不必盖上盖子，螃蟹也是爬不出去的。其实，这正是运用了博弈理论。为什么呢？因为只要有一只想往上爬，其他螃蟹便会纷纷攀附在它的身上，结果是把它拉下来。到了最后，就没有一只螃蟹爬得出去了。

毕业于某大学英语专业的罗强，在国内某高校涉外部门工作，他希望能在教育交流领域创出一番自己的事业。因此，在正常的工作以外，罗强在业余时间又自学了市场营销和电子商务等课程，并主动承担起部门网站的组建和国际交流活动策划等工作，成功组织了各项活动，网站质量也受到上司的好评。几年后，因为部门管理的混乱，而且自己也感觉如此干下去毫无前途可言，罗强跳到一家国际教育发展投资公司做市场调研员，开始时每天都要跑业务。

罗强只用了一年多的时间就成为公司的业绩标兵，升职做了主管。后来罗强被安排到市场部，担任市场部经理助理。在这个阶段，他开始全面接触市场工作，工作激情和绩效非常高。在助理的位子上，罗强充分发挥出自己的特长，特别在市场策划方面显示出了过人的能力。

就这样日复一日，年复一年，转眼间三年就过去了，下一阶段的发展问题摆在了罗强的面前：他感觉自己对目前从事的媒体、公关和广告管理三大部分都很感兴趣，可是不知道以后应该朝哪个方向持续发展，而且哪个方向他都感觉自己不具有足够的竞争力。一些朋友劝他知足常乐，他不甘心；也有一些朋友劝他踏实工作，不要老想“跳槽”，他有些犹豫。这次，他真的感到自己迷失了未来发展的方向。

罗强所处的环境有一些这样的人，他们不喜欢看到别人的成就与杰出表现，更怕别人超越自己，因而天天想尽办法破坏与打压他人。如果一个组织受这样的人影响，久而久之，公司里会只剩下一群互相牵制、毫无生产力的“螃蟹”。

职场中，罗强吸取了螃蟹的教训，以不懈的努力和敢于面对困难的毅力，不听朋友劝告，坚持己见，找到了自己合适的工作，可谓是他奋斗的结晶。但是人在职场，安于现状，不进则退。罗强过去的成功和现在面临的职业选择，值得每个人去深思。

## 分蛋糕博弈：不患贫而患不公

### 实用精要

自从人类群居伊始，就力图营造一种秩序，一种适合大家共同遵守的秩序，秩序一经确定大家便无条件遵守，制度便是这种状态下的产物。制度在于保护群体的共同利益，只有如此，才能有效地贯彻下去。

### 深度透析

首尔有一座承真禅寺，一年到头香火旺盛，宾客如云。关于承真禅寺的兴盛还有段有趣的故事。

承真禅寺刚建寺的时候，共有七个和尚，他们住在一起，每天共喝一桶粥。由于僧多粥少，难以满足让每个人都吃饱的要求，怎么分配这桶粥就成了一个令人头疼的问题。

最初，他们商量确定轮流分粥，每人轮流一天。结果每周下来，他们只有一天是吃饱的，就是自己分粥的那一天——负责分粥的和尚有权力为自己多分一些粥。

大家对这种办法不满意，于是推选出一个公认的道德高尚的和尚负责分粥。权力导致腐败，大家开始挖空心思去讨好他、贿赂他，最终搞得整个小团体乌烟瘴气。

大家对这种办法也不满意，经商量后组成三人的分粥委员会及四人的评选委员会，结果互相攻击扯皮下来，粥吃到嘴里全是凉的。

经验是摸索出来的。到最后，大家想出一个方法来：轮流分粥，但分粥的人要等其他人都挑完后吃剩下的最后一碗。结果为了不让自己吃到最少的，每个负责分粥的人都尽量分得平均，就算不平均，也只能认了。

此后，几个人再也没有争吵过，承真禅寺沿袭了这一制度，香火也日益兴旺起来。

这个“分粥规则”高度体现了制度的作用：公平公正，相互制衡。所谓制度，就是约束人们行为的各种规矩。“没有规矩，不成方圆”，制度在维护经济秩序方面起着重要作用。一个好的制度并不是要改变人利己的本性，而是要利用人这种无法改变的利己心去引导他做有利于社会秩序的事。制度的设计要顺从人的本性，而不是力图改变这种本性，这样才能形成一种因势利导的有效激励机制。

仔细品读分粥的故事，再反观当下，我们不难发现，大锅饭的绝对平均显然早就退出了历史舞台，而把分粥的大权过分集中于一人，实际上是一个危险的举动，我们很难保证一个人如何科学地、客观地进行决策，这和个人的素质毫无关系，不论谁来做这个决策人，都有他自身难以逾越的局限。把个人一言堂决策换作类似“分粥委员会”的集体决策，表面上看起来民主，然而这种层面上的民主让公平的效率大打折扣，我们不仅要喝等量的粥，还要喝热粥。

制度不能“制（置）别人于死地，度自己上天堂”，制度不能只为别人而定。如果不能跳出这个怪圈，那么制度永远是一种强弱势力不对称甚至沦为划分阶层的界线。让分粥的人最后喝粥，这是一个极其朴素却又绝对高明的方法。分粥人知道，如果分给每个人的粥有多有少，那么自己喝到的一定是最少的那一碗。

同样的粥、同样的人因为不同的分粥制度，也会产生截然不同的结果。我们应该可以从“分粥”的故事中汲取一定的营养吧：不同的制度形成不同的结果，好的制度让人奋发向上、积极进取、团结共处；不好的制度让人好吃懒做、不思进取、钩心斗角。

# 第五篇

# 懂点诱惑的“麻醉控”

## ——驾驭心理学

# 第一章

# 善用策略、顺利达到目的的驾驭心理学

## 制造强大的敌人，引起同仇敌忾

### 实用精要

在生活中，应坦诚待人，不可钩心斗角。但是，有的时候，还是需要讲究一些策略，比如，要争取某人的支持，就可以把双方的共同点扩大，找到共同的利益，树立共同的敌人，使对方与自己“同仇敌忾”。这种方法在要维护自己的合法、合理权益，而自己又势单力薄时是有效也有必要的。

### 深度透析

春秋时，吴国和越国是敌国，经常交战。一天，十几个吴人和越人碰巧同乘了一艘渡船，但都互不搭理。

不料，船到江心时，天色骤变、狂风顿起、暴雨如注，巨浪汹涌而来，渡船剧烈地颠簸着，吴国的两个孩子吓得哇哇大哭，越国的一个老太跌倒在船舱里。老艄公一面竭力掌好船舵，一面让大家速进船舱。另两名年轻的船工，马上奔向桅杆解绳索，想把篷帆解下来，可一时又解不开。而如果不赶快解开绳索，把帆降下来，船就可能翻掉。

在这千钧一发之际，乘客们都争先恐后地冲向桅杆去解绳索，此时也不分谁是吴人谁是越人了。他们那么默契，配合得就像左右手。

过了一会儿，渡船上的篷帆终于被降下来了，船颠簸得也不那么厉害了。老艄公望着风雨同舟、共渡危难的人们，叹道：“吴越两国如果能永远和睦相处，该有多好啊！”

本来素有恩怨的吴越两国人，在面临更大的敌人，即暴风雨的袭击时，为了共同的利益而同心协力、合作默契。由此可见，即使是敌对的双方，当面临更大的敌人时，双方也会消除恩怨、同仇敌忾。

这种心理真的很微妙，为此，心理学家曾做过一个实验来加以证明：

三个人为一组做简单的“撞球游戏”，谁最后被淘汰，谁就是获胜者。显然，这三个人分别构成了敌对关系。结果显示，如果在比赛中，有一个人遥遥领先，那么其他两个人就会联合起来，共同阻挠领先者得分。

了解人们普遍存在的这种心理，善加利用，就有可能解除对立者之间的警戒状态，让对方与自己达成一致，获得共赢。例如，具有同等竞争力的中小企业，彼此间难免存在矛盾，进而产生纠纷，甚至会演变到水火不容的地步。这时，如果让对方意识到，如果继续敌对下去，会让某公司，尤其是大公司坐享渔翁之利，对方就会产生一种危机感，不敢再“自相残杀”，让共同的敌人获益。而原先的那种敌对情绪也就大大减弱了，彼此间的关系也就更加和谐，从而“化敌为友”，积极解决问题，尽可能实现共赢。

其实，“共同的敌人”也未必真的存在，有些时候，可以故意制作一个“假想敌”，甚至可以演“双簧”，一个扮“白脸”，一个扮“红脸”。当然，这必须配合得天衣无缝，否则会弄巧成拙，使对方产生反感。

此外，还有一种情况，就是：“共同的敌人”是存在的，但是又不知道具体是哪一个。在这种情况下，仍需要双方的通力合作。例如，在全球的软饮料市场上，可口可乐和百事可乐是前两强，没有哪个品牌能够挤进去。这就在于可口可乐和百事可乐这两个“宿敌”的默契配合，它们看不到具体的“共同的敌人”，但是在激烈的市场竞争中确实存在着无数的敌人。所以，无论两个“宿敌”如何激烈地竞争，都不靠打“价格战”来挤对对方，只要防住第三方，它们的市场份额就可以继续维持了，利润也就得到了保证。

同仇敌忾，有助于双方“化敌为友”，达成共识。这样才能通力合作，促进彼此共同发展。

# 利用“期望效应”使他人按自己的意图行事

## 实用精要

拜托别人、对他人有所期望是出于现实的需要，毕竟每个人的能力是有限的；当别人来拜托你的时候，你心中会有一股满足感、成就感油然而生，做起事来也干劲十足。因此，如果你想要他人听从你的指示，不妨将自己对对方的期望明确地表达给对方知道。

## 深度透析

1960 年，罗森塔尔在加州一所学校中做了一个著名的实验来论证“期望效应”。

那是一年新学期刚开始的时候，罗森塔尔请求校长对两位教师说：“根据以往的教学考察，我认为你们是本校最优秀的教师。为此今年学校特地挑选了一些极为聪明的孩子给你们当学生。但是，为了不伤害到其他的教师和学生，请你们尽量像平常一样教这些聪明的孩子，一定不要让其他人知道你们是挑选出来的最优秀的老师，你们的学生也是被特意挑选出来的高智商的孩子。”

之后的一年里，这两位教师更加努力地教学。在学年考试中，这两个班级的学生成绩成为全校中最优秀的，将其他班级远远地抛在了后面。

接着，校长公开了一个令人惊讶的事实：这两位老师和他们的学生都不是被特意挑选出来的优秀者，而是随机选出的。

在这个实验中，校长撒了谎，所谓的“天才学生”和“最优秀的老师”其实都是平凡人。但是由于校长的权威性，以致所有人都相信了这个谎言。首先，两位教师相信了它，接着教师又在不知不觉之间通过自己的语言和行为将期望传递给学生——我期望你们是最优秀的。这样，无论是教师还是学生，他们的自尊、自信都被前所未有地激发起来，并且推动着他们去取得成就。

由此可见，利用“期望效应”来使他人按照自己的意图行事，是一个非常明智的方法。尤其是当你处于对方上级的地位的时候，对下属满怀期望，这种

“降级拜托”的行为往往能在更大程度上激发起对方的干劲，使“期望效应”产生更大的影响。

绝大多数人都有过这样的经历：当上级对自己说“我对你的将来抱有很大的期望”或者“我对你很有信心，你一定能将这份工作干好”的时候，心中就会产生一种无法形容的兴奋感，并下定决心好好干，以免辜负了人家的期望。

值得注意的是，适度地对他人寄予期望是一件好事，但如果超过他人的能力范围，期望过度的话，就会给对方造成沉重的心理负担，令人惶恐不安，进而产生反抗心理。为了避免你的期望产生副作用，需要注意几点：

首先，你的期望需要综合当事人的能力加以考虑，如果是对方根本做不到的事情，就会产生副作用；不过，期望对方解决其力所能及范围之内的适当困难，能够增加对方的满足感。

其次，当对方达到了你的期望，别忘记赞赏他。

再次，如果对方没有达到你的期望，也不要指责他，应给他激励与安慰，顾全他的自尊和自信，这样更有利于你赢得人心。

给予对方适当的期望，能够满足对方实现自我价值的需求，同时，还能够激发对方的责任感、自尊心、自豪感等一系列积极的心理因素，催促他听从你的指示，并且竭尽全力将事情做好。

## 恰当的反馈能使对方更积极地为你办事

### 实用精要

生活中，反馈效应是普遍存在的。我们应该记住：有反馈比没有反馈好，正面反馈比负面反馈好；即时反馈比远时反馈的效应更大。

### 深度透析

心理学家赫洛克曾做过一个有关反馈的著名实验：

他把106名四、五年级的小学生分成四个组，让他们每天练习相同的数学题目。当然，不同的组练习后，所受到的“待遇”是完全不同的。

第一组为受批评组，每次练习后，都挑出学生们的错误，并严加批评。

第二组为受表扬组，当学生们练习完以后，针对他们不同的良好表现予以表扬和鼓励。

第三组为被忽视组，对这组的成员，既不批评也不表扬，只让其静听其他两组挨批评和受表扬。

第四组为控制组，这组和前三组是隔离的，并且也不会得到来自外界的任何评价。

一段时间后，赫洛克对四个组的练习效果进行了考察，结果表明：控制组的练习效果是最差的。而在前三组中，被忽视组的练习效果明显低于其余两组。而在练习效果相对较好的受表扬组和受批评组中，受表扬组的练习效果最好，并且呈现不断上升的趋势。

由此可见，不同的评价对学生们的活动效果有着不同的影响，而没有评价是最坏的情况。其实，评价就是对他人活动的一种反馈，而所谓反馈指的是行为者对自己行为结果的了解，这种了解能够强化先前行为的作用，从而使行为者更加积极地做出类似的行为，提高行为的效率，这一现象，被心理学家称为“反馈效应”。也就是说，给予对方合适的反馈信息，能够使他更加积极地努力。

一个人的活动没有办法得到他人的反馈，会极大地打击他的活动积极性。因此，如果你想要他人积极地为你效力，那么你就一定要给予及时、恰当的反馈，这样才能使对方保持积极性。

## 收放自如，把对手控制在你的手中

### 实用精要

一张一弛，文武之道。在做人做事方面，只有懂得收放自如的人，才能将主动权稳固地把握在自己的手中。当然，要善于把握人心，懂得收放分寸。

### 深度透析

刘秀当上东汉开国皇帝后，有一段时间很是忧郁。群臣见皇帝不开心，一时议论纷纷，不明所以。

一日，刘秀的宠妃见他有忧，怯生生地进言说：“陛下愁眉不展，妾深为焦虑，妾能为陛下分忧吗？”

刘秀苦笑一声，怅怅道：“朕忧心国事，你何能分忧？俗话说，治天下当用治天下匠，朕是忧心朝中功臣武将虽多，但治天下匠太少了，这种状况不改变，怎么行呢？”

宠妃于是建议说：“天下不乏文人大儒，陛下只要下诏查问、寻访，终会有所获的。”

刘秀深以为然，于是派人多方访求，重礼征聘。不久，卓茂、伏湛等名儒就相继入朝，刘秀这才高兴起来。

刘秀任命卓茂做太傅，封他为褒德侯，食二千户的租税，并赏赐他几杖车马、一套衣服、丝绵五百斤。后来，又让卓茂的长子卓戎做了太中大夫，次子卓崇做了中郎，给事黄门。

伏湛是著名的儒生和西汉的旧臣，刘秀任命他为尚书，让他掌管制定朝廷的制度。

卓茂和伏湛深感刘秀的大恩，他们曾对刘秀推辞说：“我们不过是一介书生，为汉室的建立未立寸功，陛下这般重用我们，只怕功臣勋将不服，于陛下不利。为了朝廷的大计，陛下还是降低我们的官位为好，我们无论身居何职，都会为陛下誓死效命的。”

刘秀让他们放心任事，心里却也思虑如何说服功臣朝臣，他决心既定，便有意对朝中的功臣们说：“你们为国家的建立立下大功，朕无论何时都会记挂在心。不过，治理国家和打天下不同了，朕任用一些儒士参与治国，这也是形势使然啊，望你们不要误会。”

尽管如此，一些功臣还是对刘秀任用儒士不满，他们有的上书给刘秀，开宗明义便表达了自己的反对之意，奏章中说：“臣等舍生忘死追随陛下征战，虽不为求名求利，却也不忍见陛下被腐儒愚弄。儒士贪生怕死，只会动唇舌，陛下若是听信了他们的花言巧语，又有何助呢？儒士向来缺少忠心，万一他们弄权生事，就是大患。臣等一片忠心，虽读书不多，但忠心可靠，陛下不可轻易放弃啊。”

刘秀见功臣言辞激烈，于是更加重视起来，他把功臣召集到一处，耐心对他们说："事关国家大事，朕自有明断，非他人可以改变。在此，朕是不会人言亦言的。你们劳苦功高，但也要明白'功成身退'的道理，如一味地恃功自傲，不知满足，不仅于国不利，对你们也全无好处。何况人生在世，若能富贵无忧，当是大乐了，为什么总要贪恋权势呢？望你们三思。"

刘秀当皇帝的第二年，就开始逐渐对功臣封侯。封侯地位尊崇，但刘秀很少授予他们实权。有实权的，刘秀也渐渐压制他们的权力，进而夺去他们的权力。大将军邓禹被封为梁侯，他又担任了掌握朝政的大司徒一职。刘秀有一次对邓禹说："自古功臣多无善终的，朕不想这样。你智勇双全，当最知朕的苦心啊。"邓禹深受触动，却一时未做任何表示。他私下对家人说："皇上对功臣是不放心啊，难得皇上能敞开心扉，皇上还是真心爱护我们的。"

邓禹的家人让邓禹交出权力，邓禹却摇头说："皇上对我直言，当还有深意，皇上或是让我说服别人，免得让皇上为难。"

邓禹于是对不满的功臣一一劝解，让他们理解刘秀的苦衷。当功臣们情绪平复下来之后，邓禹再次觐见刘秀说："臣为众将之首，官位最显，臣自请陛下免去臣的大司徒之职，这样，他人就不会坐等观望了。"

刘秀嘉勉了邓禹，立刻让伏湛代替邓禹做了大司徒。其他功臣于是再无怨言，纷纷辞去官位。他们告退后，刘秀让他们养尊处优，极尽优待，避免了功臣干预朝政。

功臣在历史上所起的作用是巨大的，可功臣若走向反面，他们的影响力和破坏力也是惊人的。对待他们，社会地位不能降低，以示恩宠，但不给实权，就可防患于未然了。

# 第二章

# 让他人放松戒备的亲和心理学

## 以情感人，激起别人的同情心

### 实用精要

大多人都具有同情心，如果能激起别人的同情心，求人办事就容易多了。

### 深度透析

在很多时候，用感情打动别人，激起别人的同情心，比滔滔不绝地讲大道理更有效果。当然，这并不是说受害者都要摆出可怜兮兮的样子，而是说受害者在请求解决问题时，应该激起听者的同情心，使听者从感情上与你靠近，产生共鸣。这就为你解决问题打下了基础，人心都是肉长的，只要你将受害的情况和内心的痛苦如实地说出来，别人都会理解的。

同情心可以促进当权者对受害人的理解，但这并不等于说马上就会下定处理的决心。因为处理者要考虑多方面的情况，有时会处于犹豫之中，甚至会抱着多一事不如少一事的态度，不想过问。这时候，当事人就得努力激发处理者的责任感，要让处理者知道，这是他职责范围内的事，他有责任处理此事，而且能够处理好。

一天，一位老妇人向正在律师事务所办公的林肯哭诉她的不幸遭遇。原来，她是位孤寡老人，丈夫在独立战争中为国捐躯，她只能靠抚恤金维持生活。可前不久，抚恤金出纳员勒索她，要她先交一笔手续费才可领取抚恤金，而这笔手续费是抚恤金的一半。林肯听后十分气愤，决定免费为老妇人打官司。

法院开庭后，由于出纳员是口头勒索的，没有留下任何凭据，因而指责原告无中生有，形势对林肯极为不利，但他十分沉着、坚定，他眼含着泪花，回顾了英国人对殖民地人民的压迫，爱国志士如何奋起反抗，如何忍饥挨饿地在冰雪中战斗，为了美国的独立而抛头颅洒热血的历史。

最后，他说："现在，一切都成为过去。1776年的英雄，早已长眠地下，可是他那衰老而又可怜的夫人，就在我们面前，要求申诉。这位老妇人从前也是位美丽的少女，曾与丈夫有过幸福的生活。不过，现在她已失去一切，变得贫困无依靠。然而，某些人还要勒索她那一点微不足道的抚恤金，有良心吗？她无依无靠，不得不向我们请求保护，试问，我们能熟视无睹吗？"

法庭里充满哭泣声，法官的眼圈也红了，被告的良心也被唤醒。法庭最后通过了保护烈士遗孀不受勒索的判决。

没有证据的官司很难打赢，但林肯成功了。这应归功于他的情绪感染，激起了听众及被告的同情心，达到了理智与情绪的有机统一，起到了征服人心的作用。

# 在心理上满足对方

## 实用精要

人们往往喜欢尽量表现得比别人强，或者努力证明自己是有特殊才干的人。一个真正有能力的领袖是不会自吹自擂的，所谓"自谦则人必服，自夸则人必疑"就是这个道理。

## 深度透析

求人办事，感动别人来帮助你，再好不过了。但要感动别人，就得从他们的需要入手。你必须明白，要一个人帮你做事情，唯一有效的方法就是使他心甘情愿。同时，还必须记住，人的需要是各不相同的，各人有各人的癖好。只要你认真探索对方的真正意向，特别是与你的计划有关的，你就可以依照他的偏好应对他。

你首先应让自己的计划适应别人的需要，这样你的计划才有实现的可能。比如说服别人最基本的要点，就是巧妙地诱导对方的心理或感情，以使对方就范。如果你特别强调自己的优点，企图使自己占上风，那对方反而会加强防范。所以，应该先点破自己的缺点或错误，使对方产生优越感。

此外，有些人因为帮助了你，有恩于你，心理上会不自觉地产生一种优越感，说不定还要对你数落一番。当你认为自己可能被人指责时，不妨先数落自己一番，当对方发觉你已承认错误时，便不好意思再指责你了。

在办事过程中，你要努力做到这一点——先在心理上满足对方，那么对方还有什么理由不为你办事呢？

# 亲切称呼，缩短彼此之间的距离

## 实用精要

许多情况下，求人时双方会有一种距离感，这会让谈话难以融洽地进行。这时你可以通过一些技巧，让彼此之间的距离缩短。

## 深度透析

关系愈亲密愈容易敞开心房。因此你有求于人时，一定要记得不失时机地与对方套近乎，而称呼就是套近乎的最好突破口。

日本前首相中曾根康弘某次赴美与里根总统会谈时，互以昵称代替客套的称谓，两人在亲密友好的气氛中进行会谈，此事一时成为外交界流传的佳话。能够以昵称互称，必须有相当亲密的关系，否则很难说出口。没有人会对初次见面的人以昵称来称呼，一般会附上先生、教授、老师等，待相处久了之后才会以对方的名字相称。

从心理学的观点看也是如此，当两人心理上的距离愈来愈近时，他们的称呼也从头衔到姓、到名。接下来，想让对方替自己办事也会变得轻松自如。

一位教师讲述他自己经历的事：“有一位我从前教过的学生来请我帮他做媒，当时我便问他何以两人的关系如此快速地进展。他回答说：‘某次我与她见面时，她突然直接喊我的名字，使我顿时感到与她的关系是如此亲近。’而在此之前他们两个只以姓氏互称而已，可见称呼对两人心理上的距离有很大的影响。”

因此，求人时一定要不失时机地与对方套近乎。如果一时难以接近，不妨利用称呼的方式拉近你们的距离，而且口吻必须自然，不可让对方感觉你在装腔作势。两人的距离若因此而接近，那么所求之事也就不难办了。

## 妙用“地形”，让对方从心里喜欢你

### 实用精要

古往今来，军事上一直都非常讲究地形因素对作战成败的影响。其实，在交际心理学上，“地形”同样十分重要，如果能占据优势“地形”，你就会很容易博得对方的喜欢，赢得好感。

### 深度透析

美国心理学家穆勒尔和他的助手通过试验证明，许多人在自己的会客厅里谈话，比在别人的客厅里更能说服对方。由此表明，人们在自己熟悉的地方与人交往容易无拘无束，可以灵活主动地展现或推销自己，有利于社交的成功。

试想，在别人熟悉而自己不熟悉的地方交往，我们很容易产生莫名其妙的不安和恐惧，难以洒脱自如，自然处于劣势。

既然在与人相处时，双方的位置很重要，我们就应该学会在交际中多营造对自己有利的地形条件。具体来讲，可以参考以下一些要点。

第一，相距50厘米能给对方留下好印象。

要使对方对你产生好感，与谈话者就应保持理想的距离。谈话的距离较近，能制造一种融洽的气氛，消除紧张情绪。最合适的距离就是一方伸出手可以够到另一手，即50厘米左右。

第二，对初次见面的对方，采取立于旁边的位置，能迅速建立亲近感。

初次见面，和人面对面地谈话，是一件不好受的事。因为两人之间的视线极易相遇，导致两人之间的紧张感增加，而坐在旁边的位置，则不必一直注意对方的视线，因而容易轻松下来。

第三，坐椅子时，浅坐的姿势会令人产生好感。

交谈时，如果对方深深地坐在沙发或椅子上，甚至上半身靠在椅子上，那么说明他根本没有专心听讲，缺乏诚意。相反，如果浅坐在椅子前端的三分之一处，就会使人产生好感。

第四，黑暗有助于人们交往。

在光线暗的地方，人们比较容易亲近。心理学的实验也表明，黑暗是人们亲密起来的保护伞。

当你想与他人建立一种亲密关系的时候，就应尽量请他们到酒吧、俱乐部、咖啡室等地方去。

当然，最佳地利是有条件的、辩证的、可以变化的，在自己熟悉的地方交往，在一般情况下是有利的。但若对方是老人、长者、女士等，让他们也屈身就已，恐怕于情于理都说不过去。相反，倘若听凭他们选择，自己前往他们的地盘，则更能体现对他们的照顾、体谅和尊重，这样做本身就极有利于社交的成功。

总之，地点是与交往的目的密切相连的，二者相符方能收到最佳效果。高级宾馆、豪华客厅是招待高级宾客的好去处，而花前月下、幽静隐蔽之地是谈情说爱的理想场所，办公事在单位为宜，办私事则到家里。因事而定，随事而变，才是明智的选择。

此外，仍需要说明的是，在自己的领地内，固然容易充分发挥自己的交往潜能，可时常也会因少了约束，而使自己的缺点外露。在别人的地盘内进行，虽然受到的约束较多，却可用心专一，利于深层次、多方位地观察和了解对方。所以，真正的社交高手，绝不局限于自己的领地，而是既可以“请进来”，也可以“走出去”，是不会作茧自缚的。

# 第三章

# 让他人主动帮忙的引导心理学

## 善用“增减法”，影响人们的心理

### 实用精要

我们想要批评人的时候，并不应该像传统的做法那样，先说一些对方的优点，然后再指出他的缺点，即所谓的“欲抑先扬”，那样很容易给对方造成心理落差，挫折感会引起他们的反感。

### 深度透析

国外有一位老人，退休后想图个清净，就在湖区买了一所房子。住下的前几周倒还太平。可是不久，有几个年轻人开始在附近追逐打闹、踢垃圾桶且大喊大叫。老人受不了这些噪声，却又不能制止，因为他知道，如果制止的话，反而会引起那些年轻人的逆反心理，情况可能更糟了。

他想出了一个办法，就出去对年轻人说:“你们玩得真开心。我可喜欢热闹了，看着你们玩我也觉得变年轻了呢！如果你们每天都来这里玩耍，我给你们每人一元钱。”年轻人当然高兴，既玩了还能赚钱，何乐而不为呢？于是他们更加卖力地闹起来。

过了两天，老人愁眉苦脸地说:“我到现在还没收到养老金，所以，从明天起，每天只能给你们五角钱了。”年轻人虽然显得不太开心，但还是接受了老人的钱。每天下午继续来这里打闹，只是远没以前那么起劲儿了。

又过了几天，老人“非常愧疚”地对他们说:“真对不起，通货膨胀使我不得不重新计划我的开支，所以我每天只能给你们一毛钱了。”“一毛钱？”一个年轻人愤愤不平地说道，“我们才不会为区区一毛钱在这里浪费时间呢，不干了。”

从此，老人又重新过起了安静悠然的日子。

这个故事中，智慧的老人正是运用“增减效应”为自己赢得了一份难得的清净。所谓“增减效应”，是指人们最喜欢那些对自己的喜欢、奖励、赞扬不断增加的人，最不喜欢那些对自己的喜欢程度不断降低的人。

“增减效应”在我们的生活中也是处处可见的。例如，到市场上买一斤白糖，售货员如果先在秤盘上放超出一斤的分量，再一点一点地从秤盘上减掉，顾客的心里就会感到不舒服。要是先在秤盘上放上少于一斤的分量，然后再一点一点地添上去，顾客就会感觉得到了便宜，觉得老板很大方，很可能以后还到这家来买东西。其实，用两种方法称得的白糖分量完全一样，只是增减的顺序不同，却给了我们完全不同的感觉。这是为什么呢?

原来，人们的挫折感是“增减效应”存在的心理根源。人们的心里总有这么一种倾向：习惯得到，而不习惯失去。从倍加褒奖到小的赞赏乃至不再赞扬，这种递减会导致一定的挫折心理。一般来说，人们会比较平静地接受一次小的挫折，然而，如果所获得的赞赏越来越少，甚至不被褒奖反被贬低，挫折感逐渐增加、增大，人们就难以接受了。

所以，我们应该恰当地运用“增减效应”，例如，可以先说对方一些无伤尊严的小毛病，然后再恰如其分地给予赞扬，也就是“欲扬先抑”，当对方感觉到你对他的评价是越来越好时，他就会感觉你对他的喜欢程度是不断提高的，便会很高兴，也乐于接受批评。

## 激发对方高尚动机，顺势制宜影响他

### 实用精要

作为有智慧的生物，我们每个人都在内心里将自己理想化，都喜欢为自己行为的动机赋予一种良好的解释。这就是为何大家都希望听到夸奖，而不是贬低。也正因如此，我们可以通过诉诸一种高尚的动机赋予对方，顺势制宜，实现改变他人、影响他人的目的。

## 深度透析

卡耐基曾指出，每个人的行事都有两个好理由：一是看起来很好；二是的确很好。这个观点既有道理，也非常实际。

曾有一位妇女，抱着小孩上火车。由于人多，他们上车后位子上已经坐满了人。但是，这位妇女旁边，有一位年轻的小伙子正躺着睡觉，一个人占了两个人的位子。孩子哭闹着要座位，并用手指着那个男青年，想让其把座位让给自己。谁料，男青年却假装没听见，依旧躺在那里睡觉。这时，小孩的妈妈用故作安慰的口吻对孩子说："这位叔叔太累了，等他睡一会儿，就会让给你的！"听了妈妈的话，小孩也不好再说什么了。

几分钟后，那个男青年似乎刚刚睡醒，站起来客气地把座位让给了母子俩。

小孩子单纯地索要，男青年并没有让座，而妈妈一句安慰，却赢得了男青年主动而客气的让座。这是为什么呢？这位妇女之所以能成功，妙就妙在她顺势制宜，对那位青年人采取了尊重礼让的方法，给他设计了一个"高尚"的角色：他是一个善良的人，只是由于过度劳累而无法施善行。趋善心理使小伙子无法拒绝扮演这个善良的角色。

不难看出，想达到改变他人的目的，你不妨找一顶高尚的帽子，然后恭敬地戴到对方头上，相信很少有人会拒绝的。

# 适当转移话题，调动对方谈兴

## 实用精要

适当转移话题，调动对方的谈兴，也是求人办事过程中常用的一种方法。比如，有些事通过直言争取对方的应允已告失败，或在自己未争取之前就已经明确了对方不肯允诺的态度，在这种情况下，就应该采取委屈隐晦、转移话题的办法了。

## 深度透析

“委屈”就是不直接出面或不直取目的，而是绕开对方不应允的事情，通过另外一个临时拟定的虚假目的做幌子，让对方接受下来，当对方进入自己设定的圈套之后，自己的真实目的也就达到了。所谓“隐晦”就是掩盖自己的真实目的，以虚掩实，让对方无从察觉。表面上好像自己没有什么企图，或者让对方感到某种企图并非始于自己，而是另外一个人。这样，对方可能就不再有戒备和有所顾虑，要办的事情处在这种无戒备和无顾虑的状态中显然要好办得多了。

委屈隐晦的最大特点就是含而不露或露而不显，在具体运用时有些小窍门需要认真领悟。

在运用这种技巧时，说话者首先要了解听者的心理和情感，这是说者必须掌握的说话技巧的基础。我们也只有在了解听者的心理和情感的基础上，才能正确地选择某个场合该讲什么，不该讲什么，哪些话题能够打动听众的心坎，能使听众产生共鸣。

人的情感是一种内心世界的东西，一般是捉摸不定，较难把握的。但是，在有些场合，人的内心的东西又常通过各种方式外露。如果我们善于观察听者的一举一动，并能据此加以分析和推测，那么，基本上是可以掌握听者的心理和情感的。

某中学老师悉心钻研中国古典文学，出版了一本近20万字的有关诗歌的书籍。该校的文学社小记者得知情况后就到这位老师家采访，让老师介绍写书经验。那位老师面带难色，认为只是一个专题学习，谈不上什么经验。

小记者抬头望着墙上的隶书说：“老师，这隶书是您写的吧？”

老师：“是的！”

小记者：“那么请您谈谈隶书的特点，好吗？”

这正是老师感兴趣和愿意谈的话题。师生之间的感情逐渐变得融洽起来。

这时，小记者不失时机地说：“老师，您对隶书很有研究，我们以后还要请您多加指导。不过，我们现在十分想听听您是怎样写成《中国诗歌发展史》这一书的。”此刻，老师深感盛情难却，只好加以介绍了。

由此可见，当某个话题引不起对方的兴趣时，要有针对性地、有选择地挑选新的话题，以激起对方的谈兴。如同运动员谈心理与竞技的关系，同外交人员谈公共关系学，对方肯定会一拍即合，谈兴大发。

值得注意的是，转换话题以后，劝说者还要注意在适当时机及时将话头引入正题。因为换题只是为了给谈正题打下感情基础，而非交谈的真正目的，所以，当所换之话题谈兴正浓，双方感情沟通到一定程度时，劝说者就要适可而止，将话锋转入正题。

或者，当你与别人办事进入某种僵局时，你最好采取适当转移话题的办法，从另一个角度同对方谈话，以此调动对方的谈兴。在不知不觉中，你再把话题拉回来，顺利办成你想办之事。

## 声东击西，出乎对方意料

### 实用精要

巧妙地说服别人帮你办事有很多技巧，其中有一种很重要的方法就是声东击西。对于固执己见或执迷不悟者，最好的说服办法是声东击西，明说是“东”，其暗示的却是“西”，让人从中领悟到你的用意，从而接受你的意见。

### 深度透析

在这个世界上，没有人是不求人的。但求人请托要想获得好的效果也不是件容易的事，所以，要使对方心甘情愿地帮你的忙，你必须练就一副铜牙铁齿。如果你没有口才，只一味地谈自己的事，并不停地对对方说“劳你大驾，请你帮忙”之类的话，只会让人感到不耐烦。

五代后唐的开国皇帝李存勖有一次打猎兴致来了，纵马奔驰。等到了中牟县，鞭急马快，老百姓田地里的庄稼被他践踏了一大片。中牟县令为民请命，挡马劝阻。没想到引起庄宗大怒，当面斥退县令，并要将县令斩首示众，随行大臣没有一人敢进谏言。过了一会儿，伶人中一个叫敬新磨的来到庄宗马前，

并立即将该县令押至庄宗马前，愤怒地指责县令道：

“你身为一个县官，难道还不知道我们的天子喜欢打猎吗？你为什么纵使老百姓在田地里种庄稼来交纳国家的赋税呢？你为什么不让你们县的老百姓饿着肚子空着地，好让天子来此驰骋打猎取乐呢？你真是罪该万死！”

怒斥之后，敬新磨请庄宗对中牟县令立即行刑，其他伶人也随声附和。庄宗听着、看着，然后哈哈一笑，纵马而去，免了中牟县令的罪，让其回府了。

敬新磨对皇帝的一番谏言，奇特新颖，他指东说西，逗乐了庄宗皇帝，又免去了中牟县令的死罪。

当你在求人遇到阻碍时，完全可以采用这种背道而驰、指东说西的方法，让对方从你的话中领悟出内在道理，从而改变所做的决定。

第六篇

# 影响有影响力的人

——影响力心理学

# 第一章

# 博取他人信服的权威心理学

## 时刻让人知道你是“有身份”的人

### 实用精要

“身份”是一个很奇怪的东西，看不见摸不着，但能够被真真切切地感受到。成功的领导者和员工待在同一间办公室里，即使衣着差不多，别人也能一眼看出来谁是员工，谁是领导。领导的身份不是靠权力和制度来划定的，而是日常工作中有意“经营”出来的。领导要适当表现自己的“身份”。如果不能表现出这一点，那么这个领导者就是不合格的。

### 深度透析

生意场上的人要有意做一些可以显示身份的事情，比如，时不时在高尔夫球场露露脸，请业务伙伴到高档酒店吃燕窝鱼翅，偶尔出国度假也要把消息“悄悄地”传给他人。有些消费并不一定是他们真正需要的，但这样做可以坚定下属乃至合作者的信心，并消除外界的怀疑。一旦企业的高层管理者长期没有这类举动，就会有一些不利的“流言”传播。一个人长期低调、谨慎，就会有人猜测，他是不是职位不保、面临调整？

为了显示身份，领导还要注意自己的讲话方式。一般来说，在办公室里跟员工讲话，要亲切自然，不能让员工过于紧张，以利于对方更好地领会自己的意图。但是在公开场合讲话，比如在公司大会演讲、做报告，就要威严有力，有震慑效果。

如果遇到员工意见与自己意见相左的情况，可以明确给予否定。如果员工的意见确是对公司、对自己有利的，也不要急于发表看法，可以先说“让我仔

细考虑一下”或“容我们研究、商量一下”。领导可以利用时间从容仔细考虑是取是舍，提出意见的员工也不会沾沾自喜，而会愈加谨慎。这样做在无形中增加了领导的权威，比草率决定要好得多。

相比注意言语，注意行为更加重要。领导的权威身份，一般都是由适合的行为动作表现出来的。聪明的领导者切不可在员工面前举止失度，行为轻佻。

你如果在单位内部获得了提升，就会发现：原来平级的同事对你的新身份表现得满不在乎，甚至不服气。如何突破这一考验呢？不可以摆架子，那样就容易把自己孤立起来。但可以有意拉开距离，不再一起吃吃喝喝、随意聊天，也可以在人事上进行一些调整，杀一杀不服之人的傲气。只有这样，才能让他们意识到谁才是领导。

# 要有鲜明的立场，不可迁就大多数

## 实用精要

如果领导一味服从多数，而无自己的立场和见解，威信就无法建立。人们会想，既然总是少数服从多数，每次直接投票得了，要领导干吗？

## 深度透析

某厂有个工人偷窃了厂里的线缆，偷得虽然不多，但性质很严重。厂长准备对此事严肃处理。这个人平时在厂里人缘不错，上上下下都多少有些交情，于是很多人给他求情。有人说：“念他初犯，先饶他这一次吧。”有人说：“数额又不多，也没给厂里带来多大损失，干吗这么严肃？”最理直气壮的一种说法是：“你看，我们这么多人都来给他求情。少数服从多数，厂长也该听听我们的意见。”

厂长义正词严地回答说：“什么少数服从多数？厂规是厂里最大多数的人通过的，要服从，就服从这个多数。”最后，在厂长的坚持下，这个人受到了严肃处理。

这件事发生后的一段时间内，厂长好像有点被孤立，但时间一长，理解和赞同他的人便越来越多，而偷盗厂内财物的情况也从此大为减少了。

领导一定要有鲜明的立场，不可盲从多数。虽说“少数服从多数”是一句人人惯说的口头禅，但还有一句话说的是“真理往往掌握在少数人手里”。不要认为只有照多数人的意见办事，才能和平地收拾局面，才不会把事情搞僵。最重要的是对真理的判断，而不是对人数的判断。有些居心叵测的人很善于忽悠群众，以“多数”做后盾而提出无理要求，这样的“多数”就无须服从。

# 轻诺者寡信

## 实用精要

“取信于民”是每个管理者开展工作的基石，如果得不到下属的信赖，天长日久，管理者的威信就会一落千丈，其领导地位就会失去基础。古人云，一言既出，驷马难追；言必信，行必果。这是做人的学问，也是管理者处理好人际关系、树立自己威信的准则。

## 深度透析

不少管理者所做的最糟糕的一件事就是爱许诺，可他们却又偏偏不珍惜这一诺千金的价值，在听觉与视觉上满足了下属的希望之后，留给了他们漫长的等待与无音讯可循的结果。

诺言最能激发人们的热情。试想在你头脑兴奋的状态下，许下了一个同样令人兴奋的诺言：若超额完成任务，大家月底将能够拿到 40% 的分红。这是怎样的一则消息啊。情绪高亢的下属已无暇顾忌它的真实性了，想象力已穿过时空的隧道进入了月底分红的那一环。

接下来下属便数着指头算日子，将你的许诺化为精神的支柱投入到辛勤工作之中去了。到了月底，他们关注的焦点还能是什么呢？而你此时最希望的恐怕就是有一场突如其来的大新闻，将他们的注意力统统引向另一个震荡人心的事件，最好是大家就此患上失忆症。

难以实现的诺言比谣言更可怕。虽然，谣言会闹得满城风雨、沸沸扬扬，但人们不久就会明白事实的真相，但未兑现的承诺骗取的是人们真心的付出。就如你让一个天真的孩子替你跑腿送一份急件，当孩子跑回索要你的奖赏时，你却溜之大吉，那孩子可能会由此而学会收取定金的本领。一旦下属有了这样的心态，那管理者在组织中就是一个彻底的失败者，权威没有了，难得的信任也消失了，哪里还有权威可言？

须知，管理者的命令不是圣旨，但其承诺却有着沉甸甸的分量。对于不能实现的诺言，最好当时就让下属失望，而不是等到骗取了下属的积极性后让他们更失望。

当然，这里要宣扬的是许下诺言并勇于兑现诺言的守信作风。诺言的兑现会让所有等待了许久的人有一种心满意足的喜悦，更坚定了他们未来就在自己手中的信念。那样，管理者将成为众人关注的热点，伸向管理者的将不再是讨要报偿的大手，而是热情的、助其成就事业的有力臂膀。

# 利用情感树威

## 实用精要

在人际交往中，感情是必不可少的因素。感情是相互间建立良好关系的润滑剂。聪明的管理者，都十分注重感情投资。感情投资，必须持久，不能只做表面文章、三分钟热度。以情动人贵在真诚持久。“路遥知马力，日久见人心”，大多数的感情投资需要较长的时间才能结出果实，因为人与人之间的理解与信赖需要一个过程。

## 深度透析

感情投资并非一日之功。如果管理者能长期注重感情投资，对管理将会大有裨益。感情作为联系人际关系不可缺少的纽带，存在于管理者与下属之间，这种感情是互相影响的。想得到下属的理解、尊重、信任和支持，首先应懂得怎样理解、信任、关心和爱护他们。有投入才会有产出，有耕耘才会有收获，不行春风，哪得秋雨？所以，作为一名管理者，一定要高度重视对下属以心换心、以情动情的投资。

与下属以心换心、以情动情之所以必要，是因为人人都有这种需要。马斯洛的“需求层次说”认为：凡是人都希望别人尊敬和重视自己，关心体贴自己，理解信任自己。这种需要是心理上和精神上的，是比生理和物质更高级的需要。物质只能给人以饱暖，精神才能给人以力量。“士为知己者死”，如果管理者能够对下属平等相待，以诚相见，感情相通，心心相印，从思想上理解他们，从生活上关心和爱护他们，在工作上信任支持他们，使他们的精神得到满足，他们就会焕发出高昂的热情，奉献出无私的力量，就会把工作做得更好。

许多古代政治家都善于以心换心，以情动情。刘邦的“信而爱人”，唐太宗的“以诚信天下”，都是颇为动人的领导行为。每个人都需要别人的尊重、理解和信任。如果管理者能够注意这一点并身体力行，那么组织就会出现和谐、融洽的气氛，内耗就会减少，凝聚力和向心力就会大大增强。

# 让自己保持“竞技状态”

## 实用精要

一般地说，下属对新任管理者总是十分注意的。管理者的一言一行、一举一动，都会给大家留下难以忘却的印象。这“第一印象”如何，对管理者以后的工作会产生长久的影响。所以，管理者在此时一定要给大家留下一个良好的印象。上任时要充满信心地去上任，千万不能有怯阵的表现，要像发起冲锋前的战士那样，满怀必胜的信念去迎接战斗，在下属面前树立起一个精力充沛、开朗乐观、勇往直前的形象。

## 深度透析

这种精神状态不仅为开创新局面所必需，而且对所有成员都有极大的影响。所以，管理者一定要使自己处于良好的“竞技状态”，杜绝任何犹豫和胆怯，要精神饱满，斗志旺盛，勇敢坚定，以义无反顾、所向披靡的冲击力，信心百倍地前进。没有这样一种良好的精神状态，什么事情也做不好。

管理者在塑造自我形象时，要避免走入误区。一个出色的管理者必然会有其过人之处，但这种过人之处只可能集中在某些侧面上。有人认为管理者为树立权威就要时时处处显得比下属高明。其实，这毫无必要。

某厂长一次下车间巡视，指出一车工技术粗糙，该员工微有不服之态。此厂长二话不说，换上工作服，上车床操演起来，果然又快又好。一时围观者为之叹服。如果事情到此为止，那么不失为以行动树立威信的范例。错就错在该厂长之后的言行。大概是得意忘形，该厂长竟一拍胸脯言道："技术不比你强，我敢做这个厂长吗？这不是吹牛，无论车钳铆焊，只要有谁的技术比我好，我马上拱手让位。"

结果，后来真有一好事青年工人要和该厂长比试焊接，该厂长自知失言，并未应战。此事在当地企业界传为笑谈。

这位厂长把威信理解为轻狂了。这种狂傲反倒是给人一种极端不自信的感觉，显然，此君对自己作为一厂之长的工作性质和存在价值并没有一个清楚自信的认识，他把自己降为一个和员工比技术的角色。

以清高的方式来表现"威信"，不但不利于树立权威，而且可能拉大管理者与下属的距离，增加隔阂，其所要塑造的威信也会大打折扣。因而一个管理者勿以清高为威信，走入"威信"误区。

## 不懂不是错，不懂装懂才是错

### 实用精要

《论语》中说："知之为知之，不知为不知，是知也。"这句话意在强调做学问时，应当具备诚实的态度，知道的就是知道，对不知道的东西，我们不仅应当老实地承认"不知道"，而且要敢于说"不知道"。对企业管理者来说，也是一样的道理。

### 深度透析

无论你是一名身居要职的领导还是普普通通的员工，遇到困难，解决不了不是你的错，只要你有一颗积极学习的心，你将很快成长起来。但如果你不懂装懂，就会真正让人瞧不起。

华为公司每当招聘结束后，任正非在新员工进企业第一天的大会上，就会告诉大家，文凭只代表你的过去，进了企业后，文凭就失效了，大家都站在同一条起跑线上，关键是看你后面的学习能力、成长能力。

在这个科技高速发展的社会，尤其是现代企业管理，企业老板越来越看重员工的学习能力、成长能力。甚至有知名企业老总在谈及用人时这样说："学历不重要，学习的能力才重要。"

无论你知识如何丰富，学识怎么渊博，在工作中都不可避免地会出现某一方面的"短板"。我们常说第一次失败是悲剧，第二次失败就是笑话了。失败不要紧，做错事也不要紧，关键是你要能从失败和错误中吸取教训，取得进步，那才是一个聪明人该做的。

这就要求你要有很好的学习能力，才能够获得各种你需要的能力，取得进步。不懂不要紧，只要你肯学习，善学习，你就能由不懂到懂。不懂不表示你愚蠢，不懂还自以为是，不肯学习，那才是愚蠢。

可是在实际工作中，有些领导遇到问题，因为顾忌自己的虚荣心与面子，就是喜欢不懂装懂瞎指挥，结果不仅导致不良的后果，还闹出笑话。这样一来，在员工面前不仅没有挽回威严，反而失去了威信。

不懂装懂，是一种心虚的表现，是一种基于自卑心理的盲目自尊。作为一名管理者，要敢于承认自己的不懂，有时虚心地向同事与下属学习，这不仅不会被员工看不起，你的诚实反而会赢得大家的信任，同时也体现了你虚怀若谷。

# 第二章

# 获得他人赞同和支持的影响力心理学

## 抓住对方心理，把话说到点子上

### 实用精要

要想让对方接受你的劝说，首先你要了解对方的心理，再通过对方感觉不到的压力渐渐地使他消除戒备心理，这是很奏效的。

### 深度透析

与人交谈时，话题的展开如果能迎合对方的心理，就能以更加牢固的纽带来连接双方心理上的“齿轮”，增进彼此的情感交流。我们往往都认为，只要说得有理，对方就一定能接受，但是，要使对方真正理解并能彻底接受，还应该将沟通渠道建立在这种理论对话下的心理对话上。

小吴大学毕业以后决心自谋职业。一次，他在一家报纸的广告里看到某公司征聘一位具有特殊才能和经验的专业人员。小吴没有盲目地去应聘，而是花费很多精力，广泛收集该公司经理的有关信息，详细了解这位经理的奋斗史。那天见面之后，小吴这样开口：

“我很愿意到贵公司工作，我觉得能在您手下做事，是我最大的光荣。因为您是一位依靠奋斗取得事业成功的人物。我知道您 28 年前创办公司时，只有一张桌子、一位职员和一部电话机，经过您的艰苦奋斗，才有了今天的事业。您这种精神令我钦佩，我正是奔着这种精神才前来接受您的挑选的。”

所有事业有成的人，差不多都乐于回忆当年奋斗的经历，这位经理也不例外。小吴一下子就抓住了经理的心理，这番话引起了经理的共鸣。因此，经理乘兴谈论起他自己的成功经历。小吴始终在旁洗耳恭听，以点头来表示钦佩。最后，经理向小吴很简单地问了一些情况，终于拍板："你就是我们所需要的人。"

要想把话说到点子上，就必须抓住对方的心理。如果不知对方心里所想，是无法说到点子上的。所以，与人说话时，必须要洞察、迎合对方的心理，才能说到点子上。

## 利用人们的反叛心理来说话

### 实用精要

如果人能善于利用他人的反叛心理，不仅可以将顽固的反对者软化，使其固执的态度发生一百八十度的大转变，还可以打破对手原有的意念，让他按你的意思去办。

### 深度透析

当别人告诉你"不准看"时，你就偏偏要看，这就是一种"逆反心理"。这种欲望被禁止的程度愈大，它所产生的抗拒心理也就愈大。

某建筑公司的李工程师，有一次说服了一个刚愎自用的人。一个工头，他常常坚持反对一切改进的计划。李工程师想换装一个新式的指数表，但他想到那个工头必定要反对，于是李工程师去找他，腋下挟着一个新式的指数表，手里拿着一些要征求他意见的文件。当大家讨论着这些文件中的事情的时候，李工程师把那指数表从左腋下移动了好几次，工头终于先开口了："你拿着什么东西？"李工程师漠然地说："哦！这个吗？这不过是一个指数表。"工头说："让我看一看。""哦！你不要看了。"李工程师假装要走的样子，并说，"这是给别的部门用的，你们部门用不到这东西。"但是，工头又说："我很想看一看。"当他审视的时候，李工程师就随便但又非常详尽地把这东西的效用讲给他听。他终于喊起来："我们部门用不到这东西吗？它正是我想要的东西呢！"李工程师故意这样做，果然很巧妙地把工头说动了。

逆反心理并不是只有那种顽固的人身上才有，其实每个人身上都长着一根“反骨”。

如果有一个人站在高楼顶上欲跳楼自杀，而旁人也在拼命说些“不要跳”或“不要做傻事”之类的话，更是助长了他跳楼的意念；相反，若你说：“如果你真想跳的话，那就跳吧！”他必定会感到很泄气。旁人不予阻止反而鼓励他跳下，这完全背离了他原先的期待，这种对于劝阻的期待，一旦为他人所背离，反会失去原有的意念。

据说明朝时，四川的杨升庵才学出众，中过状元。因嘲讽过皇帝，所以皇帝要把他充军到很远的地方去。朝中的那些奸臣更是趁机公报私仇，向皇帝说，把杨升庵充军海外或是玉门关外。

杨升庵想：充军还是离家乡近一些好。于是就对皇帝说：“皇上要把我充军，我也没话说。不过，我有一个要求。”

“什么要求？”

“宁去国外三千里，不去云南碧鸡关。”

“为什么？”

“皇上不知，碧鸡关呀，蚊子有四两，跳蚤有半斤！切莫把我充军到碧鸡关呀！”

“唔……”

皇帝不再说话，心想：哼！你怕到碧鸡关，我偏要叫你去碧鸡关！杨升庵刚出皇宫，皇上马上下旨：杨升庵充军云南！

杨升庵利用“对着干”的心理，粉碎了奸臣的诡计，达到了自己去云南的目的。

可见，无论男性女性，长者幼小，他们内心多多少少都带有一些逆反心理，只要我们善于抓住那一根“反骨”，轻轻一扭，就连皇帝也会按照你的意思去办。这的确不失为一种省心省力又奏效的说服方法。

# 必要时刻，向对方适当提出挑战

## 实用精要

对有些事情，当我们靠批评惩罚，或者表扬的手段解决不了的时候，我们可以考虑这样一种策略——向他人提出挑战，然后让他们自己面对。这也许比我们手拿鞭子紧随其后的效果要好得多。因为他们更清楚自己眼下的处境，更明白自己应该怎么去做。

## 深度透析

史考伯曾说过：“要使工作能圆满完成，就必须激起竞争，提出挑战，激起超越他人的欲望。”史考伯是这么说的，也是这么做的。

有一次，史考伯到下面一家工厂去，工厂经理向他反映员工一直无法完成他们分内的工作。

经理说：“我向那些人说尽好话，我又发誓又诅咒，我也曾威胁要开除他们，但一点用也没有，还是无法达到预定的生产效率。”

当时日班已经结束，夜班正要开始。史考伯要了一根粉笔，然后，他问最靠近他的一名工人：“你们这班今天制造了几部暖气机？”“6部。”史考伯不说一句话，在地板上用粉笔写下一个大大的阿拉伯数字“6”，然后走开。

夜班工人进来时，他们看到了那个“6”字，就问这是什么意思。

“大老板今天到这儿来了，”那位日班工人说，“他问我们制造了几部暖气机，我们说6部。他就把它写在地板上。”

第二天早上，史考伯又来到工厂。夜班工人已把“6”擦掉，写上一个大大的“7”。

日班工人早上来上班时，看到了那个很大的“7”字。原来夜班工人认为他们比日班工人强，是吗？好吧，他们要向夜班工人还以颜色。他们热烈地加紧工作，那晚他们下班时，留下一个颇具威胁性的“10”字。情况显然逐渐好转。

不久，这家产量一直落后的工厂，终于比其他工厂生产得更多。

挑战的巨大力量，史密斯也知道。

当史密斯担任纽约州州长时，遇到过这样一个问题。猩猩是一个最负恶名的监狱，没有狱长，许多黑幕及丑恶的谣言从狱中汹涌传出。史密斯需要一位强有力的铁一般强硬的人去治理猩猩，他召来了劳斯。

“去照顾猩猩如何？”当劳斯在他面前的时候，他愉快地说，“他们那里需要一个有经验的人。”

劳斯窘了，他知道猩猩的危险，那是一个不讨好的差使。受政治变化的影响，狱长一再更换，有一位任职只有三个星期。劳斯在考虑他的终身事业。那值得他冒险吗？

史密斯看出了他的犹豫，往后一倚，微笑着说：“青年人，我不怪你害怕，那不是一个太平的地方，那里确实需要一个大人物去治理。”

正是史密斯提出了这样一个挑战，劳斯喜欢尝试需要一个大人物的工作的意念，所以他去了，并成为在那儿任职最久的、最著名的狱长。他所著的《在猩猩的两年里》售出了几十万册。他曾应邀在电台讲话，他在猩猩生活的故事被拍成了数十部电影。他给罪犯“人道化”的做法造成了许多监狱改革的奇事。

正如卡耐基所说的那样：“光用薪水是留不住好员工的。还要靠工作本身的竞争……”每个成功的人都喜爱竞争和自我表现的机会，这能证明他自己的价值。如果你要使有精神、有勇气的人接受你的想法，就请记住这个说服的重要原则：提出挑战。

## 容忍对方的反感，让他不再反感

### 实用精要

为什么人们会对懂得宽容的人产生好感呢？从心理学的角度来看，宽容就是通过信赖、信任、赞扬、鼓励等方法，促使双方之间的关系变得更为融洽。每个人的潜意识里都希望得到他人的宽容。正因为他人的宽容满足了自己的需求，所以才会对对方产生好感，从而愿意与对方合作。

## 深度透析

如果你想要说服对方消除内心深处对你存在的反感时，会如何表现出来呢?

当上司对部下有反感时，即当社会地位高的人对社会地位低的人有反感时，大部分情况下不会将反感压抑在心底，而是会直接表现出来。例如，谈到主题时，故意岔开话题；谈话当中突然离席，让对方久候；假装正在思考问题，将视线转移到别处；更有甚者，根本不听你的谈话，一个人看起报来。当对方采取忽视你的人格的态度时，可以认为说服工作很难进行了。此外，在不可用社会的优劣关系来衡量的家庭关系中，有时，孩子对于父母的劝告会强词夺理，采取完全拒绝的态度，也是孩子对父母怀有反感的表现。

那么，在想说服对方时，原本处于平等地位、没有任何瓜葛的双方，为什么会出现反感与被反感的现象呢？首先可以说，当你辜负了对方对你的期望时，他会对你产生反感。例如，对方一直认为你是他最值得信赖的朋友，而且你也知道对方对你很信任，但是在某种情况下，你辜负了他对你的信任，他便会对你产生反感。

以上面所说的部下与上司的关系而言，当下级辜负了上级或上级辜负了下级的期望时，即当出现了“我受到了对方的藐视”这种情况时，对方心理上就会产生反感。时间久了，反感的情绪逐渐压抑在心底，就会在深层心理上形成反感意识。

人们往往想忘掉那些不愉快的感情。这样，被压抑的观念就会自然地留存在心中，支配人的行动。但是，对方对说服者的这种无意识的反感，在说服者对他进行说服时，就会不自觉地表现出来。

因为反感缺乏理论根据，所以如果能进行很好的说服，那么，对方不仅会消除对你的反感，而且会对你进一步产生好感，从而有利于说服的进行。

# 最有效的手段是以诚服人

## 实用精要

如果想要说服对方认同你的观点，要以诚服人。

## 深度透析

“动人心者，莫过于情。”抓住了对方的心，与对方交谈也就成功了一半。

如果为人真诚，说话之前先有了真诚的心，那么即使是“笨嘴拙舌”也是没有什么关系的。有太多的事例一再说明，在与人交流时表达真诚要比单纯追求流畅和精彩更有效。

1915 年，小洛克菲勒还是科罗拉多州一个不起眼的人物。当时，发生了美国工业史上最激烈的罢工，并且持续两年之久。愤怒的矿工要求科罗拉多钢铁公司提高薪水，小洛克菲勒正负责管理这家公司。由于群情激奋，公司的财产遭受破坏，军队前来镇压，造成不少罢工工人伤亡。

顿时，民怨沸腾。小洛克菲勒后来却赢得了罢工者的信服，他是怎么做到的呢？原来小洛克菲勒花了好几个星期结交朋友，并向罢工代表发表了一次充满真情的演说。那次的演说可谓不朽，它不但平息了众怒，还为他自己赢得了不少赞誉。演说的内容是这样的：

“这是我一生当中最值得纪念的日子，因为这是我第一次有幸能和这家大公司的员工代表见面，还有公司行政人员和管理人员。我可以告诉你们，我很高兴站在这里，有生之年都不会忘记这次聚会。假如这次聚会提早两个星期举行，那么对你们来说，我只是个陌生人，我也只认得少数几张面孔。上个星期以来，我有机会拜访整个南区矿场附近的营地，私下和大部分代表交谈过，我拜访过你们的家庭，与你们的家人见过面，因而现在我不算是陌生人，可以说是朋友了。基于这份互助的友谊，我很高兴有这个机会和大家讨论我们的共同利益。由于这个会议是由资方和劳工代表所组成的，承蒙你们的好意，我得以坐在这里。虽然我并非股东或劳工，但我深觉与你们关系密切。从某种意义上说，我也代表了资方和劳工。”

这样一番充满真诚的话语，可能是化敌为友最佳的途径。假如小洛克菲勒采用的是另一种方法，与矿工们争得面红耳赤，用不堪入耳的话骂他们，或用话暗示错在他们，用各种理由证明是矿工的不是，那结果只能是招来更多怨恨和暴行。

真诚就像一颗种子，你细心维护它，有一天它就会结出让你惊喜的果实。你真诚待他人，他人也会真诚待你，你敬人一尺，人必回你一丈。

真诚待人，展现人格魅力，这也是争辩的一种方法，它是某些人的特质。一个真诚的人，一个具有人格魅力的人，即使不能口吐莲花，也可以让一个能言善辩的人哑口无言。

## 用商量的口吻向对方提建议

### 实用精要

任何人都是有自尊、讲面子的，所以，在说服他人的过程中，多用与他商量的口气给他建议，少下命令，这样不但能避免伤害别人的自尊，而且会使他们觉得你平易近人，进而乐于接受你的建议，与你友好地合作。

### 深度透析

张先生在工商界是赫赫有名的，但他从不用命令式的口吻去说服别人。他要别人遵照他的意思去工作时，总是用商量的口气去说。譬如有人会说：“我叫你这么做，你就这么做。”他从不这么说，而是用商量的口气说：“你看这样做好不好呢？”假如他要秘书写一封信，他把大意和要点讲了之后，再问一下秘书：“你看这样写是不是妥当？”等秘书写好请他过目，他看后觉得还有要修改的地方，又会说：“如果这样写，你看是不是更好一些？”他虽然处于发号施令的地位，可是却懂得别人是不爱听命令的，所以不用命令的口气。

张先生的这种做法，使得每个人都愿意和他相处，并乐于按他的意愿做事。所以，当我们要说服某个人时，最好也多用建议的口吻。

肖恩是一所职业学校的老师，他有一个学生因故迟到了，肖恩以非常凶悍的口吻问道："你怎么能浪费大家的时间？不知道大家都在等你吗？"

当学生回答时，他又吼道："你回去吧，既然不想听我的课，以后也不用来了。"

这位学生是错了，不应该不先打个招呼，耽误了其他同学上课。但从那天起，不只这位学生对肖恩的举止感到不满，全班的学生都与他过不去。

他原本完全可以用不同的方式处理这件事，假如他友善地问："你有什么事情要处理吗？问题解决了吗？"并说："如果你这样有事情不事先通知，大家的课程也都耽误了。"这位学生一定很乐意接受，而且其他的同学也不会那么生气了。

所以，要说服他人最好别用命令的口吻，不然，不但达不到你想要的说服效果，还可能使事情越弄越糟。多使用建议的口吻，通过这种方法，人们便会很愿意改正他们的错误，而且维护了对方的自尊，使他们认为自己很重要，并配合你的工作，而不是反抗你。

# 第三章

# 重振受挫灵魂的抚慰心理学

## 探病时要善于“说谎”

### 实用精要

对于身患绝症的病人，只能把病情如实告诉其家属，而对其本人，则应重病轻说。如果假话唤起了他对生活的热爱，增强了他与病魔斗争的意志，就有可能使其生命延续得更长久，甚至战胜死神。

### 深度透析

善良的假话是为了减轻不幸者的精神压力，帮助其重振生活的勇气。即使此人以后明白了真相，也只会心存感激，不会有所埋怨。即使当时半信半疑，甚至明知是谎话，通情达理者仍会感到温暖、安慰。明知会加重对方的精神痛苦，但仍要实言相告，即使不算坏话，也该算是蠢话。去探望病人时，如说话不当，不但不能起到安慰病人的作用，反而会使对方更加烦恼，带来不好的影响。

有一位青年在探望久病的舅母时，关切地询问她：“您饭量可好？”谁知一句问候话，却引来病人满面愁容。她忧心忡忡地说：“唉！不要谈它了！”弄得这位青年十分尴尬，只讷讷地说几句安慰话后，不欢而别。

原来，他舅母病势沉重，而最苦恼的就是吃不下饭。他问到的正是病人日夜忧虑的问题，顿时勾起病人的烦恼，以致谈话气氛极不愉快。

可见，探视病人时还要注意谈话内容和技巧。那么，该如何做呢？

探望身患重病的人，不必过多谈论病情，谈话不要触到病人最难受的病处，

以免病人心烦。如果对方本来就背着沉重的精神包袱，不能大吃一惊地问："您的脸色怎么这样难看？"而要说："这儿医疗条件好，您的病一定会很快好转的。"

探望时较好的谈话方式是：先简要问问病情，然后多谈一谈社会上生动有趣的新闻，以转移对方的注意力，减轻精神负担。久居病室，这种新消息正是他渴望知道的。如能尽量多谈点与对方有关的喜事、好消息，使他精神愉快、心情舒畅，则更有利于他早日康复。

尽量多谈一些使病人感到愉快、宽慰的事情。安慰病人，目的是为了让他精神放松，早日恢复健康，所以，绝不能把有可能增加其忧虑和不安的消息带去，还要避免谈论可能刺激对方或对方忌讳的话题。一般来说，病人总要对探病者讲讲自己的病情和感觉，这时应该认真聆听，并从中发现一些对病人有利的因素，以便接过话题，对病人进行安慰。例如病人说过"胃口不错"的话，探望者就可以借题"发挥"，多讲些胃口好对战胜疾病的重要意义，使病人认同这是个有利条件，从而增强战胜疾病的信心。

人生病了，从哪个角度去讲都没有积极意义。但是，为了让病人宽心，我们完全可以换个相反的角度，从人生的过程着眼，赋予生病一些价值与意义，使病人觉得自己尽管耗损了身体，耽误了工作，却一样能够收获一些特殊的体验或能力，从而在精神上有一种补偿感。当然，在此之前最好先强调一下病人病情好转，使其具备一个深入思考的心理基础。

例如，某人去看望朋友，他一反惯例，既不问病情也不讲调治方法，而是这样安慰道："看来，你的危险期已经过去，这就好了。今后，你就多了一种免疫功能，比起我们，也就增加了一重屏障，这种病再也不会打扰你了！"探病者对生病意义的看法颇为独到。他先指出病人的危险期已经过去，让病人稍感安慰，然后再强调生病虽然不是好事，却使病人具备了别人没有的优势：对此病产生了免疫能力，今后不会再得此病了。病人听他这样一说，心理自然得到了某种补偿，心情也就好多了。

对于身患严重疾病的病人，探望时，不仅应该尊重医嘱，尊重病人家属的意愿，做到守口如瓶，而且在病人面前还要做到若无其事，甚至与之谈笑风生，让气氛显得轻松愉快。病人对周围亲友的一举一动一般是十分注意的。所以，要规劝病人的家属控制自己的感情，尤其是在危重病人面前，绝不能流露出自己的悲伤情绪，一定要表现得镇静自若。还要注意：当病人有什么治疗上的要求时，应尽可能给予满足；病人托办的事，要千方百计去完成。在向病人告别时，要转达其他亲友对病人的问候和祝愿，并表示自己下一次一定会再来看望，使病人满怀希望和信心。

## 朋友失意，安慰的话一定要得体

### 实用精要

在朋友失意的时候，要想说些既能达到劝慰目的又中听的话，其实并不容易，因为这个时候，对方的内心极其情绪化，很多话对他来说很容易引起反感。因此，在对他进行劝慰的时候，一定要站在他的角度来进行说劝，不能一味强调事情的糟糕，这样只会加重他的烦恼。

### 深度透析

大多数人都有过这样的经历，就是无意中说错了一句话，巴不得能把它收回。怎样才能在某个人处于困难时对他说适当的话呢？虽然没有严格的准则，但有些办法可使我们衡量情况和做出得体而真诚的反应，这里是一些建议。

**留意对方的感受，不要以自己为中心**

当你去探访一个遭遇不幸的人时，你要记得到那里去是为了支持他和帮助他。你要留意对方的感受，而不要只顾自己的感受。

不要以朋友的不幸际遇为借口，而把你自己的类似经历拉扯出来。要是你只是说："我是过来人，我明白你的心情。"那当然没有什么关系。

**尽量静心倾听，接受他的感受**

丧失了亲人的人需要哀悼，需要经过悲伤的各个阶段，需要说出他们的感受和回忆。这样的人谈得越多，越能产生疗效。要顺着朋友的意愿行事，不要设法去逗他开心。只要静心倾听，接受他的感受，并表示了解他的心情。有些在悲痛中的人不愿意多说话，你也得尊重他的这种态度。

**说话要切合实际，但是要尽可能表示乐观**

泰莉·福林马奥尼是麻州综合医院的护理临床医生，曾给几百个艾滋病患

者提供咨询服务。据她说，许多人对得了绝症的人都不知道说什么才好。

“你到医院去探病时，说话要切合实际，但是要尽可能表示乐观。”福林马奥尼说，“例如‘你觉得怎样’和‘有什么我可以帮忙的吗’，这些永远都是得体的话。要让病人知道你关心他，知道有需要时你愿意帮忙。不要害怕和他接触，拍拍他的手或是抱他一下，可能比说话更有安慰作用。”

**主动提供具体的援助**

一个伤恸的人，可能对日常生活的细节感到不胜负荷。你可以自告奋勇，表示愿意替他跑腿。

**要有足够的耐心**

丧失亲人的悲痛在深度上和时间上各不相同，有的往往持续几年。“我丈夫死后，”一位老人说，“儿女们老是说：‘虽然你和爸爸的感情一直很好，可是现在爸爸已经去世了，你得继续活下去才好。’我不愿意别人那样对待我，好像把我视作摔跤后擦伤了膝盖而不愿起身似的。我知道我得继续活下去，而最后我的确活下去了。但是，我得依照我自己的方法去做。悲伤是不能够匆匆而过的。”

# 站在同一起点上，现身说法

## 实用精要

失意者的情绪往往很浮躁，不能平静下来，如果在这种状态下，有个人拿自己类似的经历来说给他听，一定能给他很大启发。

## 深度透析

小陈不耐烦地坐在办公桌前，望着堆在面前的一沓沓报表，一点也提不起工作的兴致来。最近，公司里连续调整了几次人事，与他一起进公司的几个同事都升职了，而小陈却始终窝在原岗位上动不了。他想起来心里真是憋屈：“论业绩论水平，我哪点比他们差？唯一不到家的功夫就是不如他们在领导那里会溜须拍马。唉，现在这个社会，奉承也是一种本事啊！”

快下班的时候，小陈被乔副总经理叫进了办公室。副总坐在宽大的办公桌后面，一副和蔼而又严肃的表情对小陈说："你最近好像情绪不太稳定？"语气中虽然充满着温和与关切，但小陈却分明感到了一种难以抗拒的威严。他忐忑不安地坐在一把椅子上，乔总不仅没有批评他，反而轻轻地叹了一口气，说："小陈啊，你是聪明人。今天找你来，我只想跟你讲一段我过去的经历，希望你听了之后能及时调整自己的心态。"

"十年前，我从汕头大学读完硕士后，通过应聘进了这家公司。当时我在公司里年纪最轻，而学历却是最高的，因此，当时的老板胡先生非常赏识我。为了报答胡总的知遇之恩，我工作得格外卖力，很快就成了公司的业务骨干，每次有重要的谈判，胡总都要把我带上。于是在大家心目中，我是胡总跟前的红人，而我自己也觉得前途一片大好。我相信，只要自己加倍努力，两年内升任为公司的中层管理人员应该是不成问题的。

"两年后，公司的人事部经理到了退休的年龄。大家纷纷猜测新的人事经理人选，都认为我是最佳人选。就在我自以为看到了曙光的时候，董事会的决定很快下来了，办公室的另一位姓黄的业务员被任命为新的人事经理。得到消息的一刹那，我真有些不敢相信：为什么平时胡总口口声声表扬我，还常常鼓励我好好干，有机会一定提拔我，而现在明明有机会了，却偏偏给了别人？

"第二天，胡总找我谈话了。他首先充分肯定了我的工作和能力，然后又说，小黄的工作也是很不错的，相比较来说，你的文字功底和社交能力更强一些，如果调你去人事部，一下子找不到合适的顶替人选，咱们部门就少了一把好手。而调小黄去，影响就会比较小些。况且大家都知道我对你很赏识，容易给人产生偏袒亲信的感觉。所以你要正确对待这次人事变动。虽然我的心里还是有些不快，但胡总的话都已经说到这份上了，我也不能再说什么了。

"没过多久，办公室主任另谋高就离开了公司。我想这下不可能不再提拔我了吧，可是公司却在这时候戏剧性地出现一名新职员，随即又闪电般地将她任命为办公室主任。眼睁睁地看着又一次机会失去，我的心情低落到了极点。我想，看来胡总其实根本没把我放在心上，我再卖力工作也是无济于事的。从那时起，我在工作中产生了消极情绪，我要让大家特别是胡总看到，没有我的努力，公司的效益是会受到影响的。

“结果可想而知，情况越变越糟。不久，我就得知公司打算调我到一个不起眼的经营部去任经理的消息。那个经营部其实只是一个小杂货店，而且连年亏损，调我去那里，显然是在惩罚我。看来这次是真的惹恼胡总了，我开始焦急起来，想想自己这阵子的表现，也确实有些过分，我有些后悔，可又不知道该怎么办。那种矛盾不堪的心态折磨得我一连失眠了好几天。最后我想不如辞职不干了，虽然我很舍不得这份工作。

“就在我彷徨无助的时候，一天晚上，我的父亲突然问我：‘你们总经理不是一直都很器重你的吗？干吗不找他谈谈，把你自己的想法都跟他说说？’我说：‘我已经惹恼了他，哪还有脸面找他谈？’我父亲却说：‘真正赏识你的领导就和父母一样，只要你真心认错，哪会不给你改过的机会？如果他真的不原谅你，那说明他其实并不在乎你，再辞职也不迟。’

“最后我听从了父亲的劝告，主动找到了胡总。果然就跟父亲预料的一样，胡总不仅原谅了我的任性，还真诚地对我说，小陈啊，你跟了我这么久，居然不知道我的想法？有些事情我是很难跟你说明白的。提拔下属是件很复杂的事，要综合考虑很多因素。有时给人的感觉的确是不公平的。年轻人嘛，碰到这种事有想法也是正常的，关键是要学会调整心态，正确对待。其实最近我们已经考虑要提拔你为业务部的经理了，可是偏偏你没能挺住考验，给不少董事留下了不够成熟的印象，所以才考虑让你到闸口经营部去锻炼锻炼。既然你今天把心里话都跟我袒露了，那我看你还是留在我身边吧。”

说到这里，乔总打住了话题，这以后的事情，小陈也知道了。乔总今天找他谈话的良苦用心，更是令小陈感动不已，因为在这之前，他也几乎要冲动地递出辞呈了。小陈站起身来，真诚地向乔总鞠了一躬，说：“谢谢您，乔总，请您放心，我知道今后该怎么做了。”

乔总的现身说法达到了劝说小陈的目的。

作为长辈去劝慰晚辈的时候，把自己作为一个活生生的例子来进行开导，会让对方觉得你是跟他在同一起点、同一战线上的，这样他就比较易于接受你的劝说和激励。

# 意识唤醒法使其走出悲伤阴影

## 实用精要

一般情况下，人到了某个年龄阶段就会出现某种心理特征，但有的人却迟迟不出现。这时，只要你点拨他一下，他就会醒悟，从而发生心理上的飞跃。正确的自我意识一旦被唤醒，人也就会从失意中振奋起来。

## 深度透析

小姜的一个同学因患黄疸型肝炎被学校劝退休学，整天愁眉苦脸，总认为自己的病没有好转的可能，因而产生了悲观情绪，丧失了信心。小姜放假时，到这位同学住的医院探视他。一见面他就做出一副欣喜状，对这位同学说：

“哥们儿，你的脸色比以前好多了嘛！听医生说，你的黄疸指数已有所下降，这说明你的病情在好转啊！”

小姜的话客观实在，使同学的精神为之振作。于是，他的同学乐观地接受治疗，加速了康复进程，不久便病愈出院了。

人在遇到各种变故的时候，总会不由自主地心烦意乱，甚至悲观郁闷，有些人往往会因为自己的身心状况不佳而更加失落。这时，作为一个鼓励的人，你如果想给他们带来好心情的话，就应该抓住某些好的方面，适时予以积极的暗示，这样才有助于唤起他们的自我意识，使其鼓起希望的风帆，积极地生活。

上大四的小孙恋爱三年了，不久前女朋友不知何故跟他分手了。他很伤心，整天精神恍惚。他的班主任李老师知道此事后，特地赶来做他的工作。李老师一见面就说：

“我知道你失恋了，是来向你道贺的！”

小孙很生气，转身就走。

“难道你不问问为什么吗？”小孙停下来，等着听李老师的下文。

李老师说：“大学生都希望自己快点成熟起来，失败能使人的心理、思想进一步成熟起来，这不值得道贺吗？大学生的恋爱大多属于非婚姻型，一是大学生在学习期间不大可能结婚，二是很难预料大家将来能否在一个地方工作。这种恋爱的时间又不长，随着知识的积累，人慢慢成熟了，就有可能重新考虑对方，恋爱变局也就悄悄发生了。应该说，这是大学生心理成熟的一种重要标志，你这么放任自己的感情，是心理成熟还是不成熟的表现呢？另外，越到高年级，大学生越倾向于用理智处理爱情。这时，感情是否相投，性格是否和谐，理想和追求是否一致，学习和工作是否互助互补，都会成为择偶的标准，甚至双方家庭有时也会成为重点考虑的条件，这就是择偶标准的多元化。这种标准多元化更是大学生心理逐渐成熟的表现，也符合普遍规律。你女朋友和你分手是不是出于择偶条件的全面考虑？你全面考虑过你的女朋友吗？如何处理你目前的感情失落，你该心中有数了吧？”

李老师先设置悬念——祝贺你失恋，把小孙从感情的泥沼中“唤”了出来，然后通过合情合理的分析，唤醒他的理智，多次用“大学生失恋不是坏事，而是心理成熟的标志”的观点来加以点拨。李老师就是通过一步步唤醒小孙的自我意识，使他认识到该用理智来处理感情问题，从而约束自己的感情，恢复心理平衡。

失意者心中往往憋着一股劲儿，想要摆脱这种心理状态。鼓励他们的自我意识，也就是唤醒他们的自我意识，会使他们走出低谷，走向成功。

# 他人郁闷的时候多说理解的话

## 实用精要

所谓郁闷，也就是碰到了不顺心的事情，心情不好。在这个竞争激烈的社会，人们经常会碰到让人郁闷的事情，也经常会碰到正处在郁闷中的人。对郁闷的人怎样安慰？说什么话比较好？正确的方式是：多说理解的话。

## 深度透析

要想对郁闷的人说些理解的话，首先要弄清他为什么郁闷。如果不知道原因，随便地安慰一气，就可能火上浇油。

有一位妈妈带着她的小宝贝出去，在公车上哄着她的宝宝。有一位乘客很好奇地把头凑过来看了一下就说：“哇！好丑的宝宝！”妈妈听了好难过，就一直哭，一直哭。后来车子停到某一站，上来了一些新的乘客。有一位好心的乘客看她哭得那么伤心，就安慰她说：“这位女同志你为什么哭得这么伤心呢？凡事都要看开点，没有解决不了的事情嘛！好了，好了，不要再哭了。我去帮你倒杯开水，心情放轻松点嘛！”过了一会儿，那位乘客真的倒了一杯水给她说：“好了，别再哭了，把这杯水喝了就会舒服一点，还有这根香蕉是给你的猴子吃的。”这位妈妈听了，差点没晕过去。

笑话里面的那位好心的乘客还没有弄清女同志为什么在那儿哭，就随便安慰一通，当然会驴唇不对马嘴了。所以说，首先应该知道别人郁闷的原因，然后对症下药，才能说出真正理解人的话，达到安慰的目的。

小罗是一名大学生，他很喜欢一位女同学。大家都知道这位女同学跟一个家里很有钱的男生关系非常暧昧，就经常劝小罗一定要小心。但俗话说“当局者迷，旁观者清”，小罗一直说那女同学告诉他了，她跟那个男生只是一般的朋友关系。

这种状况维持了半年，突然有一天晚上，小罗垂头丧气地回到宿舍，什么话也不说就躺到床上。晚上熄灯很久了他还在那儿辗转反侧。第二天大家问他怎么回事，小罗伤心地说那个女孩昨晚约他出去，说从来没喜欢过他，她现在是别人的女朋友了。

大家听了，七嘴八舌地教训小罗，说他早就应该听大家的劝，弄到今天是活该，只有小王默默地听着。午饭的时候他把小罗约到一个饭馆，要了两瓶啤酒，一边吃一边聊。小王告诉小罗，他自己也碰到过类似的事情，所以非常理解他。当时他也很难走出那种心灵的痛苦，幸好一位学心理学的同学告诉他应该多出去走走，多跟人交往，不要把自己封闭起来，他照着做了之后，才在较短的时间里恢复了过来。他劝小罗重新拾起信心，面对生活，好女孩多的是，没有必要找一个不爱自己的人。

小罗听了他的话，精神稍微振奋了一些。此后他积极参加集体活动，加上大家的热心帮助，他很快就恢复了乐观积极的生活态度。

因为小王有过类似的经历，所以能感同身受，给小罗讲了许多“同病相怜”的安慰话，小罗才从失恋的阴霾中走出来。所以，站在对方的角度多说一些理解的话，可以让对方感觉到心灵上的共鸣，从而把安慰话听进去、消化掉，“郁闷”也就自然消除了。

第七篇

# 好口才需要练习

——说话办事心理学

# 第一章

# 塑造和谐语境的说话办事心理学

## 将语言“软化”后再说出来，人际更加和谐

### 实用精要

人生有许多地方需要转弯，不能直来直去，语言表达也是如此。对于年轻人来说，委婉地说话，含蓄地表达，更是一种真本领。它能有效地避免由于生硬和直率带来的各种弊端，让你的人际往来更加顺畅。

### 深度透析

委婉，或称婉转、婉曲，是一种修辞手法。它是指在讲话时不直陈本意，而用委婉之词加以烘托或暗示，让人思而得之，而且越揣摩含义越深越远，因而也就越具有吸引力和感染力。委婉含蓄是说话的艺术，它体现了说话者驾驭语言的技巧，而且也表现了对听众想象力和理解力的信任。生活中有许多事情是“只需意会，不必言传”的。如果说话者不相信听众丰富的想象力，把所有的意思和盘托出，这种词意浅陋、平淡无味的话语不但会使人不悦，而且会使说话失去魅力。

现代文学大师钱锺书先生是个自甘寂寞的人。居家耕读，闭门谢客，最怕被人宣传，尤其不愿在报刊、电视中扬名露面。他的《围城》再版以后，又拍成了电视，在国内外引起轰动。不少新闻机构的记者，都想约见采访他，均被钱老执意谢绝了。一天，一位英国女士好不容易打通了他家的电话，恳请登门拜见。钱老一再婉言谢绝没有效果，他就妙语惊人地对英国女士说：“假如你看了《围城》，像吃了一只鸡蛋，觉得不错，何必要认识那只下蛋的母鸡呢？”

洋女士终被说服了。

钱先生的回话，虽是借喻，但从语言效果上看，却是达到了“一石三鸟”的奇效：其一，是属于语义宽泛，富有弹性的模糊语言，给听话人以思考悟理的伸缩余地；其二，是与外宾女士交际中，不宜直接明拒，采用宽泛含蓄的语言，尤显得有礼有节；其三，更反映了钱先生超脱盛名之累、自比“母鸡”的这种谦逊淳朴的人格之美。一言既出，不仅无懈可击，而且又引人领悟话语中的深意，令人格外敬仰钱老的大家风范。

可见，委婉含蓄主要具有如下三方面的作用：第一，人们有时表露某种心事，提出某种要求时，常有种羞怯、为难心理，而委婉含蓄的表达则能解决这个问题。第二，每个人都有自尊心。在人际交往中，对对方自尊心的维护或伤害，常常是影响人际关系好坏的直接原因；而有些表达，如拒绝对方的要求、表达不同于对方的意见、批评对方等，又极容易伤害对方的自尊。这时，委婉含蓄的表达常常既能达成表达任务，又能维护对方自尊。第三，有时在某种情境中，例如碍于某第三者在场，有些话就不便说，这时就可用委婉含蓄的表达。

这便是说话委婉含蓄的美妙之处。

# 做得精彩从说得漂亮开始

## 实用精要

一副好口才能使你有良好的人际关系，有更多的好朋友。朋友就是你取得进步的人脉大树，是你潜在的巨大财富。

## 深度透析

古代有一位国王，一天晚上做了一个梦，梦见自己的牙都掉了。于是，他就找到了两个解梦的人。国王问他们：“为什么我会梦见自己的牙全掉了呢？”第一个解梦的人说：“皇上，梦的意思是，在你所有的亲属都死去以后，你才能死。”皇上一听，龙颜大怒，打了他一百大棍。第二个解梦人说：“至高无上的皇上，梦的意思是，您将是您所有亲属当中最长寿的一位呀！”皇上听了很高兴，便拿出一百枚金币，赏给了第二位解梦的人。

解说同样的事情，同样的答案，为什么一个会挨打，另一个却受到嘉奖呢？只是因为挨打的人不会说话，受奖的人会说话而已。可见，会说话是多么重要。

说话的能力，千百年来一直为人们所重视。刘勰在《文心雕龙》一书中就高度评价过口才的作用：“一人之辩，重于九鼎之宝；三寸之舌，强于百万之师。”春秋时期，毛遂自荐使楚，口若悬河，迫使楚王歃血为盟；战国时的苏秦凭借三寸不烂之舌，游说东方六国，身佩六国相印，促成合纵抗秦联盟；三国时诸葛亮出使东吴，舌战群儒，终于说服吴主孙权和都督周瑜联刘抗曹，获赤壁大捷。

从某种程度上说，事业的成功与失败往往取决于某一次谈话，这话绝不是危言耸听。富兰克林的自传中有这样一段话：“我在约束我自己的时候，曾有一张美德检查表，当初那表上只列着12种美德。后来，有一个朋友告诉我，说我有些骄傲，这种骄傲常在谈话中表现出来，使人觉得我盛气凌人。于是，我立刻记住这位友人给我的忠告，我相信这样足以影响我的前途。然后，我在表上特别列上‘虚心’一项，以引起自己的注意。我决定竭力避免说直接触犯别人感情的话，甚至禁止自己使用一切确定的词句，像‘当然’‘一定’‘不消说’，而以‘也许’‘我想’‘仿佛’来代替。”富兰克林又说：“说话和事业的进行有很大的关系，你出言不慎，跟别人争辩，那么，你就得不到别人的同情、别人的合作、别人的帮助。”

拥有了好口才，你将会走得更顺利、更轻松，做得精彩从说得漂亮开始。

## 把别人的奚落拒之门外

### 实用精要

在交际应酬时，有时会遇到一些对你进行有意无意的奚落或挖苦的人，这时，你就需要巧妙应对，既消除自己的尴尬，又不使相互间的关系恶化。

## 深度透析

你应该用语言作为“护心符”，筑起防卫的大堤。有随机应变能力的人，能调动自己的智慧，化被动为主动，使难堪烟消云散。“兵来将挡，水来土掩”，你可以根据不同的人选择不同的应付办法。若判明来者不善，怀有恶意，故意挑衅，你可以“以眼还眼，以牙还牙”，有理、有力、有节地回敬对手。

有一次，一个美国记者同周总理谈话时，看到周总理的桌上有一支美国派克钢笔，就带着几分讥讽的口气问：“总理阁下，你们堂堂中国人，为何还用我们美国的钢笔呢？”

周总理听出了他的言外之意，庄重而又风趣地答道：“提起这支钢笔，话就长了，这是一位朝鲜朋友的抗美战利品嘛，作为礼物赠送给我的。我无功不受禄，就拒收。朋友说，留下做个纪念吧。我觉得有意义，就收下了贵国这支钢笔。”那个记者听后，一脸窘相，愣了半晌也没说出话。

如果对方来势汹汹、盛气凌人，前来指责辱骂你，而你确信真理在手，则可保持藐视的目光、冷峻的笑容，让他尽情地发泄个够，而不予理会。有时沉默无言的蔑视力量抵得上千言万语。假如有人冲着你横眉瞪眼，恶语中伤地骂道：“你这个人两面三刀，专门告我的阴状，想踩着我的肩膀往上爬，没门！”只要你心中无愧，就完全不必大发雷霆，不妨解嘲地反诘：“哦！是真的吗？我倒要洗耳恭听。”然后诱使谩骂者说下去，直到对方找不到言辞了，你再“鸣金收兵”。在这种情况下，你以温文尔雅、彬彬有礼的方式笑迎攻击者，显然比暴跳如雷、大动肝火要好。

如果有人用过于唐突的言辞使你受到伤害，或叫你难堪，你应该含蓄以对，或装聋作哑、拐弯抹角、闪烁其词，或顺水推舟、转移“视线”、答非所问，谈一些完全与其问话“风马牛不相及”的事，用这种委婉曲折的方法反驳对方，一定会取得不错的效果。

在交际应酬中难免会遇到一些棘手的问题，对此，若以幽默诙谐的方式回答，往往能起到化险为夷的效果，改变窘态，别有一番“山重水复疑无路，柳暗花明又一村”的味道，最终使尴尬消失在谈笑的和谐氛围之中。

## 察言观色术：职场上说得好也要说得巧

### 实用精要

在职场中，我们与人交往，免不了语言交流。那么，如何才能在职场上准确发声呢？常言道："说话听音儿。"这告诉我们，在交际过程中，我们应当根据别人的心理状态，说好想说的话，好话就要说到对方心坎儿里，坏话也应当婉转地道出是非所以。

### 深度透析

说话首先得确立重点。你的中心思想明确了，才能有的放矢，如果不这样，你该怎么开口呢？于是，如何表述就是一个特别需要揣摩的问题了。现代社会，生活节奏如此之快，时间是非常宝贵的，每个人都希望别人说的话能够直截了当地说出意义所在，而且假如一个人表述非常啰唆，把握不到重点，夸夸其谈而不知所云，很容易遭人厌烦，使得别人对他有抵触心理。当然，在语言简练的同时，我们也不能忽视立场、场合、时间等诸多要素。

世界著名的谈话艺术专家却司脱·费尔特先生，曾经教人谈话时应该注意下列一些问题。他说道："你应该时常说话，但不必说得太长。少叙述故事，除了真正贴切而简短的话之外，总以绝对不讲为妙。"

说话如果不说到要害就无法打动对方的心，就无法使其动心、动容。

要抓住问题的核心，需少说次要话和废话，也就是人们常说的，画蛇不要添足。话要说得适可而止，进退有度。千万不要长篇宏论，越描越黑。古语说得好："山不在高，有仙则名。水不在深，有龙则灵。"在我们日常生活中，话不在多，点到就行。在生活节奏日益加快的当今社会，没有人会有闲心去听你的滔滔宏论。这就要求你随时提醒自己，随时做到把话说到点子上，有道理，有逻辑性，这样才算掌握了说话的分寸。

其实，谈话并不完全在于多么精彩，也不在于口若悬河，专门讲些俏皮话和空洞的笑话。相反，谈话的时候直截了当地对答，朴实的理解，也可以得到圆满的谈话结果。反之，空话连篇，言之无物，必然误人时光。语言还要力求通俗易懂，如果不顾听者的接受能力，用文绉绉、艰涩难懂的语言，往往既不亲切，又使对方难以接受，结果事与愿违。

有的人为人腼腆，总怕和生疏的人会面时无言相对，实际上这是不必要的担心。因为在社交场合，大多数影响谈话的气氛不是出于那些讲话太少的人，而是出于那些讲话太多的人。如果自己不能谈笑风生，那么做到有问必答，回答问题合情合理就可以了。当然，交谈中注重语言的精练准确，并不是说总去拼命想自己下一句要说什么，过多的咬文嚼字，不但不能听清对方在说什么，也会失去自己控制谈话的能力，显得紧张和语塞，出现相反的谈话效果。

“言不在多，达意则灵。”讲话要精练，字字珠玑，简洁有力，使人不减兴味。冗词赘语，唠叨啰唆，不得要领，必令人生厌。

# 诙谐地说“不”，让被拒绝的人有面子

## 实用精要

当你不得不拒绝别人时，也要讲究礼貌，给被拒绝的人留面子。人都是有自尊心的，一个人有求于别人时，往往都带着惴惴不安的心理，如果一开口就说“不行”，势必会伤害对方的自尊心，引起对方强烈的反感，而如果话语中让他感觉到“不”的意思，从而委婉地拒绝对方，就能够收到良好的效果。所以掌握好说“不”的分寸和技巧就显得很有必要。

## 深度透析

有人认为受人请托，倘若拒绝，面子上过不去，若不拒绝又实在无能为力。如此一来，只好勉强答应，结果发生后悔的情形就相当常见了。

事实上，那些顾于面子不敢说“不”的人其实是自己意志不坚。他们通常认为断然拒绝对方的请求未免显得太过无情，而若是在答应后方觉不妥，且又力不从心、难以履行诺言时再改变心意拒绝对方，显然已经太迟。

在与人交往的过程中，我们经常会遇到很多自己不愿意做的事。这时，只要我们轻易地说出一个“不”字，也许就能轻松、坦然了，但有些人就感觉这个“不”一字千金，憋足了劲也说不出口，结果苦了自己，也苦了别人。所以，该说“不”时，我们要毫不犹豫、斩钉截铁地说“不”。

敢于说“不”的人是果断的人，做事情不会拖泥带水、犹豫不决；敢于说“不”的人是有主见、有魄力的人。当然随意说“不”的人也可能是轻率而怕负责任的人。我们需要的是在慎重考虑，权衡利弊以后的断然否决。敢于说“不”是需要勇气的，很多不敢说“不”的人往往缺乏勇气，顾虑太多。敢于说“不”能给自己树立一个硬朗的形象，这是一种人格魅力。

美国总统富兰克林·罗斯福在就任总统之前，曾在海军部担任要职。有一次，他的一位好朋友向他打听海军在加勒比海一个小岛上建立潜艇基地的计划。罗斯福神秘地向四周看了看，压低声音问道：“你能保密吗？”“当然能。”“那么，”罗斯福微笑地看着他，“我也能。”他的朋友明白了罗斯福的意思，不再打听了。

敢于说“不”是对自己的负责，也是对别人的负责。应该说“不”的不外乎两种情况：一种是无理的要求，另一种是自己无能为力的要求。对于无理的要求，当然应该断然拒绝，否则可能既害自己又害别人。对于自己无能为力的要求，也应该婉言拒绝，否则，会给自己的生活带来麻烦，而且因为最终满足不了别人的要求，不光影响自己的信誉，也可能让人产生误解。有时，说“不”利己也利人。

很多人担心的就是由于人情关系、利害关系，而很难开口说个“不”字。这时候，你可以采用婉拒。

有位司机常有同事邀请他一同参加他们的聚会，由于这位司机不太习惯那种场合，总是尽力推辞。从他的工作性质来说，每天很忙，所以也往往以此为理由，对他们说：“我明天要早起出车，今晚必须早点休息。”就这样轻易将聚会推辞了。

用拖延来表示拒绝，也是一种方法。比如你不想去参加某人的宴会，可以对他说：“谢谢，下次我有空一定去，可今晚我不去了。”表面上并没有拒绝对

方邀请，只是改个日期而已，但这个“下次”是没期限的，聪明人一听就知道这是一种委婉的拒绝。

## 分析利弊术：让对方觉得自己错了

### 实用精要

在现代交际中，很多时候我们都需要去说服别人，让别人服从自己，但我们经常会陷入无休止的争论当中，谁也说不服谁，到头来不欢而散，甚至有可能演变成全武行。

### 深度透析

卡耐基曾指出，所谓的说服是“替对方的行动制造契机，唤起对方行动的欲望、情感等。将自己希望对方做的事情，一步一步转变成对方自愿的行为。”在这个过程中，你除了让对方充分理解你的目的外，更应该让他清楚知道，你的观念比之他的坚持有怎样的优越性。其实，说服就是把你所想表达的描述成具体的“形象”灌输到对方的心中。

因此，我们在努力说服别人的时候，需要及时地变通，充分分析一下彼此做法的差异及利弊，并且迂回表述，让对方能够自觉认识到自己的盲点或错误，顺从你的阐述和看法。

在说服他人的过程中，我们经常会遇到一些狂妄的对手，他们总是喜欢表现自己，总想让别人知道自己很有能力，处处想显示自己的优越感，从而获得别人的敬佩和认可。也正因如此，他们很难接受别人的观点或建议。

那么，想要说服这类人，我们就需要在心理上动点脑子了。开诚布公地直接向对方灌输我们的观点，如“我认为……”“你这样是不对的……”等，不仅不能说服对方，还很容易惹怒对方，究竟该怎么办呢？

法国哲学家罗西法古说：“如果你要得到仇人，就表现得比你的仇人优越吧；如果你要得到朋友，就要让你的朋友表现得比你优越。”这句带给我们一个启示，谦虚谨慎更能得到他人的信任，因为谦虚，你会赢得对方的尊重，这样你就更有可能说服他。

有一次，一位无神论者向威廉·巴利挑战，要巴利证明无神论主张的错误。巴利不急不躁地拿出表来，打开了表盒，说："假若我告诉你，这些小杆、齿轮和弹簧是自己做成自己，再把自己拼凑在一起，并自己开始转动的，你是否要怀疑我的智慧呢？当然你一定会。但是抬头瞧瞧那些星星，它们颗颗都有自己完美而特定的轨道和运动——地球与行星们围绕着太阳，每日在太阳系中以百万余英里的速度向前飞奔。每颗恒星是另一个太阳，各领一个星群，在太空里如我们的太阳系般往前奔去，然而却没有碰撞、没有干扰、没有混乱，而且安静、有效率、有控制。这样的现象，会使你相信它们是自己发生的，还是有人造成的？"

试想，如果一开始就反驳对手说："没有神？别傻了，你根本不知道自己在胡说些什么。"结果会怎样？这位无神论者可能会拍案而起，拼命地为自己的意见而战，像只被激怒的山猫。

骄傲既然是人性中一个基本而易爆的特性，聪明的做法，是否应该让一个人的骄傲为我们所用，而不是与它作对。如何来做呢？照巴利的样子，展示给我们的对手看，让他感觉到我们所主张的与他已经相信的某些事情其实很相似。这样便会使他易于接受，而不至拒我们的主张于千里之外，这样便会避免相反或对立的意念在他脑海里产生，从而破坏了我们说服的效果。

每个人都希望能得到别人的肯定评价，都在不自觉中强烈维护着自己的形象和尊严，如果谈话对手过分地显示出高人一等的优越感，那么对方就会认为这是对他自尊和自信的一种挑战与轻视，排斥心理也就随即产生了。

所以，在说服他人的过程中，尤其是那些桀骜不驯的人，我们应该尽量忽略自己，而多长对方气势，以此让对方从心理上感到一种满足，使他愿意听取你的建议。当你表现出大智若愚，使对方陶醉在自我感觉良好的气氛中，你就已经受益匪浅了，差不多已经完成了说服工作中最重要的环节。

# 第二章

# 运用言语“催眠”对方的场面应用心理学

## 把握对方的心理后再说话

### 实用精要

求人办事时，通过对方无意中显示出来的态度、姿态，了解他的心理，有时能捕捉到比语言表露得更真实、更微妙的内心想法。

### 深度透析

懂得心理学的人常常通过人体的各种表现，揣摸对方的心理，达到为自己办事的目的。那么怎样才能很好地做到把握对方的心理后再说话这一点呢?

首先，先设法了解对方的想法。

有一位人力资源专家曾经这么说:“假如对方很爱说话，那么我就有希望成功地说服他。因为对方已讲了七成话，而我们只要说三成话就够了！”

很多时候，人们为了要说服对方，滔滔不绝地摆事实、讲道理，把话说完了七成，只留下三成让对方“反驳”。这样如何能顺利圆满地说服对方？所以，你要学着尽量将原来说话的立场改变成听话的角色，去了解对方的想法、意见，以及其想法的来源或凭据，这才是最重要的。

其次，站在对方的立场上考虑问题。

当你感觉到对方仍对他原来的想法保持不舍的态度，此时最好的办法就是先接受他的想法，或者先站在对方的立场发言。

这样做主要是因为每一个人都有很强的自尊心，当他的想法遭到别人无情的否决时，尽管有时自己也意识到了你是正确的，但极可能为了维护尊严或咽不下这口气，而变得更倔强，更加坚持己见，拒绝反对者的新建议。若是你说服别人落到这个地步，成功的希望就不大了。

曾经有一位推销员挨家挨户推销洗衣机，当他到一户人家里，恰好这户人家的太太正在用洗衣机洗衣服，就忙说："哎呀！你这台洗衣机太旧了，用旧洗衣机洗衣服是很费时间的。太太，该换新的啦！"

结果，还没等这位推销员说完话，这位太太马上产生反感，驳斥道："你在说什么啊！这台洗衣机很耐用的，我都用了六年了，到现在还没有发生过一次故障，新的也不见得好到哪儿去，我才不换新的呢！"这位推销员只好无奈地走了。

过了几天，另一名推销员又来拜访那位太太。简单地沟通后，他初步了解了太太的心理，便说："这是一台令人怀念的洗衣机，因为很耐用，所以对太太有很大的帮助呀。"

这位推销员先站在太太的立场上说出她心里想说的话，使得这位太太非常高兴，于是她说："是啊！这倒是真的。我家这台洗衣机确实已经用了很久，是有点旧了，我正在考虑要换一台新的洗衣机呢。"

于是推销员马上拿出洗衣机的宣传小册子，提供给她做参考。没过几天，那位太太就订购了一台新的洗衣机。

第二位推销员与第一位推销员的差别之处，就在于他是在揣摸对方的心理后说话，因此很容易就达到了自己的目的。

有时你在求别人办事时，对方会有一些感到不安或忧虑的问题，对此，你要事先想好解决之道，一旦对方提出问题时，可以马上说明。如果你的准备不够充分，讲话时模棱两可，就会令人感到不安。所以，在行动前，你应事先想一个引起对方可能考虑的问题，此外，还应准备充分的资料，给对方提供方便，这是相当重要的。

善于观察与利用对方微妙心理，是帮助自己提出意见并说服别人的重要策略。如果你能洞悉他们的心理，并加以疏导，你的成功率就会大大地提高。

# 场面上，要说场面话

## 实用精要

“场面话”是人性丛林里的现象之一，而说“场面话”也是一种生存智慧。这不是罪恶，也不是欺骗，而是一种“必要”。“撇开道德的标准，谎言就是一种智慧”，所以，有时，说一些无碍于原则与是非标准的场面话，也是一个人在纷纭复杂的社交场所立足的本能。

## 深度透析

人一踏入社会，应酬的机会自然就多了，这些应酬包括做客、赴宴、会议及其他聚会等。不管你对某一次应酬满不满意，“场面话”一定要讲。

什么是“场面话”？简言之，就是让别人高兴的话。既然说是“场面话”，可想而知就是在某个“场面”才讲的话，这种话不一定代表内心的真实想法，也不一定合乎真实，但讲出来之后，就算别人明知你“言不由衷”，也会感到高兴。聪明人懂得：“场面之言”是日常交际中常见的现象之一，而说场面话也是一种应酬的技巧和生存的智慧。

### 学会几种场面话

当面称赞他人的话：如称赞他人的孩子聪明可爱，称赞他人的衣服大方漂亮，称赞他人教子有方等。这种场面话所说的有的是实情，有的则与事实存在相当的差距，有时正好相反，这种话说起来只要不太离谱，听的人十有八九都会感到高兴，而且旁人越多他越高兴。当面答应他人的话：如“我会全力帮忙的”“这事包在我身上”“有什么问题尽管来找我”等。说这种话有时是不说不行，因为对方运用人情压力，当面拒绝，场面会很难堪，而且当场会得罪人；对方缠着不肯走，那更是麻烦，所以用场面话先打发一下，能帮忙就帮忙，帮不上忙或不愿意帮忙再找理由，总之，有缓兵之计的作用。

### 如何说场面话

去别人家做客，要谢谢主人的邀请，并称赞菜肴的精美、丰盛可口，并看实际情况，称赞主人的室内布置，小孩的乖巧聪明……

赴宴时，要称赞主人选择的餐厅和菜色，当然感谢主人的邀请这一点绝不能免。

参加酒会，要称赞酒会的成功，以及你如何有“宾至如归”的感觉。

参加会议，如有机会发言，要称赞会议准备得周详……

参加婚礼，除了菜色之外，一定要记得称赞新郎新娘的“郎才女貌”……

说“场面话”的“场面”当然不只以上几种，不过一般离不了这些场面。至于“场面话”的说法，也没有一定的标准，要看当时的情况决定。不过切忌讲得太多，点到为止最好，太多了就显得虚伪而且令人肉麻。

总而言之，“场面话”就是感谢加称赞，如果你能学会讲“场面话”，对你的人际关系必有很大的帮助，你也会成为受欢迎的人。

但从另一个角度来讲，如果别人在某些特定的场合、特定的际遇下对你说了一些场面话，作为听众的你千万不可把这些场面之言当真。

对于称赞或恭维的“场面话”，你尤其要保持你的冷静和客观，千万别因别人两句话就乐昏了头，因为那会影响你的自我评价。冷静下来，反而可看出对方的用心如何。

在社交场合，我们要学会说点场面话，给别人一点甜头，但万不可被别人的场面话所迷惑，轻信别人的一时之言有时不只是一种善良，更是一种愚钝。

## 察言观色，把话说得恰到好处

### 实用精要

会说话的人都会倾听。学会倾听，不仅是对他人的尊重，还可以更好地注意到他人的言谈神色，判断出他人的心理活动，说话的时候就可以有的放矢。正所谓知己知彼，战无不胜。

### 深度透析

公元前202年，刘邦消灭了项羽，平定了天下，大行奖赏。在这个时候群臣彼此争功，吵了一年都无法确定。刘邦认为萧何功劳最大，就封萧何为先锞侯，封地也最多。但是群臣心中不服，议论纷纷。在封赏勉强确定之后，对席位的高低先后又起了争议，大家都说平阳侯曹参身受创伤七十余处，而且攻城略地，功劳最大，应当排他第一。刘邦因为在封赏的时候已经委屈了一些功臣，多封了许多给萧何，所以在席位上难以再坚持，但心中还是想将萧何排在首位。

这时候关内侯鄂君已经揣摩出刘邦的意图，就挺身上前说道："群臣的决议都错了！曹参虽然有攻城略地的功劳，但这只是一时之功。皇上与楚霸王对抗五年，常常丢掉部队四处逃跑。而萧何却源源不断地从关中派兵员填补战线上的漏洞。楚汉在荥阳对抗了好几年，军中缺粮，都靠萧何转运粮食补给关中，粮饷才不至于匮乏。再说皇上有好几次逃到山东，都是靠萧何保全关中，才能接济皇上，这才是万世之功。如今即使少了一百个曹参，对汉朝有什么影响？我们汉朝也不必靠他来保全！为什么你们认为一时之功高过万世之功呢？我主张萧何第一，曹参其次。"刘邦听了，当然说好。于是下令萧何排在第一，可以带剑入殿，上朝时也不必急行。

后来刘邦说："我听说推荐贤人，应当给予最高的奖赏。萧何虽然功劳最高，但因听了鄂君的话，才得以更加明确。"刘邦没什么文化，在分封诸侯的时候，将一些从前跟着他出生入死、身经百战的功臣比喻为"功狗"，而将发号施令、筹谋划策的萧何比喻为"功人"，所以萧何的封赏最多。

刘邦虽然表面上不再坚持萧何应排在第一，但鄂君早已揣摩出他的心意。于是顺水推舟，专拣好听的话讲，刘邦自然高兴。鄂君也因此多了一些封地，被改封为安平侯。

对他人的意思细心倾听之后，再投其所好有所作为。这是一种说话的策略，在双方力量悬殊的情况下，不妨运用一下这种策略，以屈求伸。这与两面三刀是不同的，两面三刀是小人的卑劣行径，而投其所好是智者的智慧。再者，两面三刀是阴险诡秘，为人所不齿，而投其所好是为了保全自己而采取的策略。

在应酬交际场合，我们也要机灵些，善于观察，说出的话才更动听，更容易被他人接受。

# 用谐音把话说圆

## 实用精要

谐音，是指利用语言的语音相同或相近的关系，有意识地使用语句的双重意义，言在此而意在彼。谐音的妙用，在于能让人把话说圆而摆脱困境，甚至化险为夷。因为许多字词在特定场合中，用本音是一个意思，而用谐音则成了另一个意思。

## 深度透析

据传，从前有个宰相，他有一个名叫薛登的儿子，生得聪明伶俐。当时有个奸臣金盛，总想陷害薛登的父亲，但苦于无从下手，便在薛登身上打主意。有一天，金盛见薛登正与一群孩童玩耍，于是眉头一皱，诡计顿生，喊道："薛登，你像个老鼠一样胆小，不敢把皇门上的桶砸掉一只。"

薛登不知是计，一口气跑到皇门边上，把立在那里的双桶砸碎了一只。金盛一看，正中下怀，立即飞报皇上。皇上大怒，立刻传薛登父子问罪。

薛登父子跪在堂下，薛登却若无其事地嘻嘻笑着。皇上怒喝道："大胆薛登！为什么砸碎皇门之桶？"

薛登想了想，反问道："皇上，您说是一桶（统）天下好，还是两桶（统）天下好？"

"当然是一统天下好。"皇上说。

薛登高兴得拍起手来："皇上说得对！一统天下好，所以，我便把那只多余的'桶'砸掉了。"

皇上听了转怒为喜，称赞道："好个聪明的孩子！"又对宰相说："爱卿教子有方，请起请起！"

金盛一计未成，贼心不死，又进谗言道："薛登临时胡编，算不得聪明，让我再试他一试。"皇上同意了。

金盛对薛登嘿嘿冷笑道："薛登，你敢把剩下的那只也砸了吗？"

薛登瞪了他一眼，说了声"砸就砸！"便头也不回，奔出门外，把皇门边

剩下的那只木桶也砸了个粉碎。

皇上喝道："顽童！这又如何解释？"

薛登不慌不忙地问皇上："陛下，您说是木桶江山好，还是铁桶江山好？"

"当然是铁桶江山好。"皇上答道。

薛登又拍手笑道："皇上说得对。既然铁桶江山好，还要这木桶江山干什么？皇上快铸一个又坚又硬的铁桶吧！祝吾皇江山坚如铁桶。"

皇上高兴极了，下旨封薛登为"神童"。

谐音是一语双关的表现形式之一。在上面这个例子中，薛登之所以能够化险为夷，就在于他巧妙地运用了谐音把话说圆了。

# 同一种意思换一种表达

## 实用精要

同一事物，从不同的角度观察认识，其结果也不相同。每个人都有自己的思维方式和说话习惯，时间久了，其中必然掺杂不少可能导致不良结果的说话方式和内容。语言惰性形成以后很难改变，而一旦做出改变，换一种不同以往的说话方式，可能新的结果会给人一个意想不到的惊喜。

## 深度透析

某城市有一条著名的"情人街"，每到周末，就有许多青年男女伫立街头，等待与情侣相会。这条街上有两个擦鞋的小男孩，他们高声叫喊着以招揽顾客。

其中一个说："请坐，我为您擦擦皮鞋吧，又光又亮。"另一个却说："约会前，请先擦一下皮鞋吧。"

结果，前一个男孩摊位前的顾客寥寥无几，而后一个男孩的喊声却收到了意想不到的效果，一个个青年男女都纷纷让他擦鞋。这里面的原因究竟是什么呢？

原来第一个男孩的话，尽管礼貌、热情，并且附带着质量上的保证，但这与青年男女们的心理差距甚远。因为在黄昏时刻，显然没有多少必要破费钱财去把鞋擦得“又光又亮”。人们从这里听出的印象是“为擦鞋而擦鞋”的意思。而第二个男孩的话就与青年男女们的心理非常吻合。“月上柳梢头，人约黄昏后”，谁不愿意在这充满温情的时刻以干干净净、大大方方的形象出现在自己心爱的人面前？一句“约会前，请先擦一下皮鞋”真是说到了青年男女的心坎上。这位聪明的男孩，正是传送着“为约会而擦鞋”的温情爱意。

“为约会而擦鞋”一下子抓住了顾客的心，因而大获成功。从以上分析中应该受到启发：研究心理，察言观色，得到准确的无形信息后才能找到最恰当的说话切入点。说话的角度不同，得到的结果也会不同，所以说，在应酬中动口之前一定要先想一想从哪个角度说才能达到理想的效果。

## 人人厌烦“鬼话连篇”

### 实用精要

大智若愚，有学问的人一般不乱讲话。只有那些胸无点墨又爱慕虚荣的人才喜欢信口开河，大发言论。有一句值得大家牢记的名言：“宁可把嘴巴闭起来，使人怀疑你浅薄，也不要一开口就让人证实你的浅薄。”

### 深度透析

在研究说话艺术时，首先要学会“少说话”。你也许会反驳：“既然人人都要学少说话，那么，说话艺术就不必细加研究了。”其实不然，少说话固然是美德，但人们生活在现实社会中，只能“少说”而不能完全不说。既要说话，又要说的又少又好，这才是口才的艺术。说得越多，显得越平庸，说出蠢话或危险话的概率就越大。

马西尔斯是古罗马时代一名战功赫赫的英雄，他以战神科里奥拉努斯的美名而著称于世。公元前 454 年，马西尔斯打算角逐最高层的执政官以拓展自己的名望，进入政界。

竞逐这个职位的候选人必须在选举初期发表演说，马西尔斯便以自己十多年来为罗马战争留下来的无数伤疤作为开场白。那些伤疤证明了他的勇敢和爱国情操，人们深为感动，几乎每个人都认为他会当选。

投票日来临的前夕，马西尔斯在所有元老和贵族的陪同下，走进了会议厅。当马西尔斯发言时，内容绝大部分是说给那些陪他前来的富人听的。他不但傲慢地宣称自己注定会当选，而且大肆吹嘘自己的战功，甚至还无理地指责对手，还说了一些讨好贵族的无聊笑话。他的第二次演说迅速传遍了罗马，人们纷纷改变了投票意向。马西尔斯落选之后，心怀不甘地重返战场，他发誓要报复那些投票反对他的平民。

几个星期之后，元老院针对一批运抵罗马的物品是否免费发放给百姓这个议题投票，马西尔斯参加了讨论，他认为发放粮食会给城市带来不利影响，这一议题因而未决。接着他又谴责民主，倡议取消平民代表，将统治权交还给贵族。

马西尔斯的言论激怒了平民，人们成群结队赶到元老院前，要求马西尔斯出来对质，却遭到了他的拒绝。于是全城爆发了暴动，元老院迫于压力，终于投票赞成发放物品，但是，老百姓仍然强烈要求只有马西尔斯公开道歉，才允许他重返战场。

于是，马西尔斯出现在群众面前。一开始，他的发言缓慢而柔和，然而没过多久，他变得越来越粗鲁，甚至口出恶言，侮辱百姓。他说得越多，百姓就越愤怒，他们的大声抗议中断了他的发言。护民官们一致同意判处他死刑，命令治安长官立即拘捕他，送到塔匹亚岩的顶端丢下去。后来，在贵族的干预下，他被判决终生放逐。人们得知这一消息后，纷纷走上街头欢呼庆祝。

如果马西尔斯不那么多言，也就不会冒犯老百姓，如果在落选后他仍能注意保护自我强大的光环，依然还有机会被推举为执政官。可惜他无法控制自己的言论，最终自食其果。

说话时，既要有实事求是的态度，又要给人谦虚的印象，坦白地承认你对某些事情的无知，这绝不是耻辱。相反，别人会认为你的谈话不虚伪，没有自我吹嘘，这样就能赢得好口碑。用夸张的言辞，装腔作势，说得越多，人们对你的失望也就越大。滥用夸张的言辞是不明智的，在很多时候，说得越多损失就越大。信口开河的人一般都是那些品位不高或知识欠缺的人。当人们发现你言过其实时，常常会觉得他们受到了愚弄，这会严重影响你与人之间的沟通。

人人都有炫耀的心理，在社交中如何表达才能不遭人厌烦呢？这是一种艺术。当你想要提及自己的优点和辉煌事迹时，应该点到为止，不宜太过，才能使对方认同而不会心生厌恶。懂得说话的人必定会先称赞对方，借由赞美对方，顺便提到自己的长处，这样才不至于让对方觉得你在自吹自擂。自我的渲染和夸张不可能赢得别人的真正赞许。

# 第三章

# 有效沟通的问话心理学

## 销售提问的诀窍

### 实用精要

问什么，怎么问，会不会问，都是大有学问的。当你张口发问时，应根据你提问的目的及所问事物的性质，选用巧妙的提问方式。

### 深度透析

销售提问需要注意以下几点。

#### 用词准确贴切

提问时，用词贴切，抠准字眼，方能取得最佳的交际效果。

某售货员与前来的顾客打招呼，开始这样提问："同志，您要什么？"不礼貌的顾客则回答："我要的东西多啦，你给吗？"售货员如鲠在喉。后改问："同志，您想买什么？"顾客则笑答："不买还不能看看吗？"售货员啼笑皆非。后又改问："同志，您想看点什么？"终于获得了顾客的理解。

比较以上三个问句，由于选用了不同的动词谓语也就产生了不同的交际效果：第一句中的"要"表义含混且兼有乞讨味；第二句中的"买"将售货员与顾客置于买卖关系之中，并会有迫人购物之嫌；第三句的"看"则表达了对顾客的尊重并暗示了顾客有自由选择商品的权利，即使不买，也不觉得尴尬。三个不同的动词导致出现三种不同的局面，由此可见用词贴切的重要性。

#### 选择恰当句式

问句按句式的结构划分，可分为是非问、特指问、选择问、正反问、猜度问等不同类型。在提问时，应根据不同的内容需要，恰当地加以选择。

有家咖啡店卖的可可里面可以加鸡蛋。售货员原来这样问顾客："要加鸡蛋吗？"后在一位人际关系专家的建议下将是非问改为选择问："要加一个鸡蛋，还是两个鸡蛋？"从此，销售额大增。

又如，你到一家餐馆去就餐，点菜时你问："鱼新鲜吗？"通常情况下，店主出于营利的需要，即使鱼不新鲜，他也会作肯定的回答，所以你等于是白问了。而如果换一种句式，将是非问改成特指问："今天有什么好菜吗？"老板为了给本店树招牌、扬声誉，他必然会将该店独具特色的拿手好菜介绍给你。显然，特指问句帮你达到了目的。

**巧换提问语序**

提问时，根据情况来巧妙地改变、调整词语的顺序，可以收到满意的效果。

有两名烟瘾很重的教士，其中一名问他的上司："我在祈祷时可以抽烟吗？"这个请求遭到了上司的斥责。另一名教士也向上司提出了同样的请求，只是变换了一个词语的顺序："我在抽烟的时候，可以祈祷吗？"上司莞尔一笑，竟然应允了他的请求。第二个教士的机智表现在他将原问句的状语与谓语的中心词调换了位置，用以表现自己时时处处都在为上帝祈祷的忠诚，因而取得了成功。

## 一边软语磨耳，一边硬招袭心

### 实用精要

在谈判中，一味地用和气、温柔的语调讲话，一个劲地谦虚、客气、退让，有时并不能让对方信赖、尊敬及让步，相反，如果一开始就以较强硬的态度出现，从面部表情到言谈举止，都表现高傲、不可战胜、一步也不退让，留给对方的也将是极不友好的印象。这样会使对方对你的谈判诚意持有异议，从而导致失去对你的信赖和尊敬。只有二者相结合，才能收到理想的效果。

## 深度透析

1923年，苏联国内食品短缺，苏联驻挪威全权贸易代表柯伦泰奉命与挪威商人洽谈购买鲱鱼事宜。

当时，挪威商人非常了解苏联的情况，想借此机会大捞一把，他们提出了一个高得惊人的价格。柯伦泰竭力进行讨价还价，但双方的差距还是很大，谈判一时陷入了僵局。柯伦泰心急如焚，怎样才能打破僵局，以较低的价格成交呢？低三下四是没有用的，而态度强硬更会使谈判破裂。她冥思苦想终于想出了一个办法。

当她再一次与挪威商人谈判时，柯伦泰十分痛快地说："目前我们国家非常需要这些食品，好吧，就按你们提出的价格成交。如果我们政府不批准这个价格的话，我就用自己的薪金来补偿，你们觉得怎么样？"

挪威商人听了她的话，一时竟呆住了。

柯伦泰又说："不过，我的薪金有限，这笔差额要分期支付，可能要一辈子，怎么样，同意的话咱们就签约吧？"

柯伦泰的这句话虽然让挪威商人很感动，但也让他们感到了其中某种强硬的意味。最后，经过一番深思熟虑，他们最终还是同意降低鲱鱼的价格，按柯伦泰的条件签订了协议。

本来是紧张的商业谈判，最后却因为一方的示弱发生了意想不到的改变。这种示弱在商业谈判中叫做"软硬兼施"。当谈话陷入僵局，要想让谈判继续下去，一方就要做出让步。让步不是无谓的退缩，而是在谋划周全后，为了争取最大利益而做出的举动。

柯伦泰在双方分歧较大的时候提出，用自己的钱买挪威人手中的货物，还言辞恳切的询问对方的意见如何。这些话麻痹了对方的神经，以为她真的会按自己说的去做，没想到这只是柯伦泰的一种策略。

无论生活中还是谈判桌上，当我们遇到类似于故事中的局面时，不妨试用一下软硬兼施的谈判方式，很可能会取得意想不到的好结果。

# 动机性问题引蛇出洞

## 实用精要

面试的时候，招聘方选择的是适合于公司空缺职位的人选，这样的人不仅要业务优秀，为人踏实诚恳，更关键的，他的择业动机要和招聘方相契合。求职者的动机多种多样，有图利的，有图公司名的，有希望获得出国发展机会的，还有希望能解决户口的，面对这些复杂的动机，面试官如果把握不好，就很难看清求职者的真正意图，自己也会被蒙蔽。

## 深度透析

王森是一家公司的面试官，经他面试的人不少于千人。这天，又有一个面试者来到他面前。

求职者：您好，我是来应聘工作的。

王森点头微笑：你好，你为什么来应聘我们公司呢？

求职者：因为贵公司是行业里的领军者，实力雄厚，是每个人都想试一试的舞台。

王森：来我们公司就是为了这个？

求职者：对，就是为了这个，我现在还在学习阶段，不图其他。

王森：嗯，这不是你的第一份工作吧？

求职者：不是，这是第二份了。

王森：说说上份工作的情况，为什么辞职？

求职者：那是个小公司，我在那里工作一年多，最后还是个普通职员，关键是那个公司的待遇非常不好。

听了这个回答，王森微微一笑：你刚才不是说现在是学习阶段，不图其他的吗？

求职者：呃……呃……贵公司的实力是有目共睹的，我来这儿的目的就是学习和提升的。

王森：说一下你选择工作的标准是什么？

求职者：这个嘛，其实我要求也不多了。首先要有一个能施展自己才华的舞台，当我给公司带来收益的时候，也期待能得到相应的回报。

王森：我明白了，你离开上个公司就是因为它没给你应得的回报是吧？

求职者：算是吧，不过对贵公司我不会那样的，在这里我还是以学习为主的。

王森：好了，面试先到这里吧，有消息会通知你的。

最后，王森并没有录用那个人。他觉得对方太看重自己的个人利益。

王森是个经验丰富的面试官，他知道只有有目的的问，有动机的问，才能问出求职者的真实想法，判断他是不是适合进入公司任职。

按照惯例，王森先问了对方来公司面试和辞去上份工作的原因。他想看透求职者找工作的动机是什么，是为了待遇、舞台还是发展空间。如果求职者前后给出的理由一致，王森就要看看本公司是不是能接受拥有这样想法的人，如果不一致，说明对方在撒谎，是不可信的，不能录取。

案例中的求职者属于后者，他声称应聘王森的公司是为了给自己一个舞台，是为了学习，除此之外并没有其他希图。但当他提到自己辞掉上份工作的原因时却说是对方待遇不好。前后矛盾，可见，求职者在故意隐瞒自己的真实动机。

故意掩藏动机的人，在应聘中比比皆是。遇到这样的求职者，面试官就可直接问其工作动机是什么，并让其具体说明。否则，对方就会一直绕下去，时间也会这样白白浪费。

## 请求式问话：温和开头好办事

### 实用精要

老板总是老板，希望什么事情都由自己决定。作为下属，向老板提要求的时候，应该用商量的口吻去寻求他的意见，这里面的问话技巧就更有学问。

### 深度透析

小侯是一家化工公司的财务人员，整天坐在办公室与数字打交道，这与他所学的专业不合。小侯觉得挺没意思，也不是他的兴趣所在，想换个环境，发挥自己的特长。于是在一个上午，他瞄准老板一人在办公室没事干，敲门走了进去。

老板见他进来，知道他肯定是有事情，示意他坐下后，问道："小侯，有什么事吗？"

"经理，我有个小小的要求，不知您是否会答应？"他微笑着看着经理。

"什么要求？说说看！"

"我……我想换个环境，想到外面跑跑，可以吗？"

"可你对业务不熟，你想跑什么呢？"经理面有难色。

"业务不熟我可以慢慢熟悉。如果经理能给我这个机会的话，我会好好珍惜，一定不会让您失望。"

听小侯这么一说，经理面色缓和了许多，问道："你具体想去哪个部门呢？"

"您认为我去公关部合不合适？"经理皱了一下眉，"你原来做财务工作，现在去跑公关……""经理，是这样的，我有些朋友在媒体工作，我通过他们的关系，可以为公司的宣传出一份力，这样，对公司不是更好吗？"

经理想了想说："那你先试试吧，小侯，我可是要见你的成绩啊。"

"谢谢经理给我这次机会，我一定好好干！"

于是，小侯成功地调到了公关部，而且工作成绩还相当不错。

小侯是个聪明人，当他想调动部门的时候，没有蛮横的向老板提出自己的要求，而是用慢条斯理的语言，用请求和商量的口吻对其说出自己的诉求。

这样的问话让对方备受尊敬，也能让对方感受到他的谦和和恭敬，更重要的是，这样的话让对方觉得：他是在和我商量一件事，而不是命令或要求什么。有了这种心理，上司就更能够接受下属提出的建议。

当经理对小侯调换部门的想法提出质疑的时候，他说出自己有个朋友在媒体工作的事情，对公司工作有利。知道这样的情况，老板的内心就起了变化：最开始被询问能否调动工作的时候是一副不情愿的态度，也不信任对方能够干好。当听说对方的朋友在媒体，对公司日后的宣传有利无弊后，就爽快地答应

了对方的请求。

试想一下，如果小侯没有说出有朋友在媒体工作这一有利条件，纵使问的再迫切，老板可能也不会答应他的要求。可见，向老板询问相关情况的时候，要知道对方需要什么，适时的提供出来，才能打动他。当然，这一过程中的态度非常重要。

# 第八篇

# 社交场也是大舞台

## ——玩转应酬心理学

# 第一章

# 满足他人自尊的礼仪心理学

## 塑造好第一印象

### 实用精要

人无完人，所有的优点和美德不可能都集中在一个人身上，但你若具有其中某一方面，再扬长避短，将其发扬光大，也同样可以获得最佳效果。

### 深度透析

日常生活中，我们都有过这样的体验，初次与人见面时，对方的相貌、举止、言语、风度等各个方面会迅速地映在你的脑海中，形成最初感觉，即第一印象。第一印象主要源于人的直觉观察。

卡耐基认为，在社交活动中，第一印象很重要。它是在没有任何成见的基础上，完全凭着你的“自我表现”来判断的，因而第一印象直观、鲜明、强烈而又牢固。如果你的相貌俊美，举止端庄大方，言语机智，谈吐风趣幽默，风度翩翩，谦虚而不自卑，自信而不固执，倔强而不狂妄，你就会给人留下美好而难忘的印象。

第一印象的好坏，决定着社交活动能否继续下去。第一印象好，对方就愿意和你进一步来往，通过一段时间的相识与了解，对方觉得你的确不错，你们的关系就会顺畅发展。如果对方是你的客户，你在事业上就多了一个合作伙伴；如果对方是你的同事，你在工作中就多了一个支持者；如果对方是你的邻居，你在生活中就多了一个朋友。第一印象不好，纵然你有多么美好的动机，多么宏伟的蓝图构想，也只能化成泡影了。

第一印象直接影响着对一个人的评价。一个人的言谈举止，是构成人们

对他直接评价的主要因素。许多人在初次交往时，就很快被对方所接受，或奉为事业的楷模，或尊为学业上的恩师，或敬为思想上的领袖，或求为人生的伴侣。第一印象的烙印是非常深刻的，很长时间都不容易被改变。在许多回忆录中，我们常常可以读到这样一段话："他还是老样子，像我第一次见到他的时候……"多少年以后，岁月沧桑，一个人怎么会没有变化呢？但在作者眼里，对方还是他初次见到的模样。事实上不是对方依然如故，而是作者脑中的第一印象太深刻了，没有随着时间的流逝而改变。

与人交往将第一印象塑造好了，日后才容易春风得意。

# 展现自信的风采，给对方一颗定心丸

## 实用精要

在他人面前展现出你自信的风采，是给对方一颗定心丸，让对方觉得你有能力、有实力。

## 深度透析

不知道你是否注意到：无论是去应聘，还是平时与他人交往，自信的人总是比唯唯诺诺的人更受欢迎。这是为什么呢？

很简单，自信是人生重要的心理状态和精神支柱，是一个人行为的内在动力，是自我成功的必然法宝；自信能够使弱者变强，强者更健。我们只有相信自己，才能激发进取的勇气，才能最大限度地挖掘自身的潜力，才能在成功的路上健步如飞。

一个下着小雨的中午，车厢里的乘客稀稀拉拉的，在一个站台，上来了一对残疾的父子。中年男子是个盲人，而他不到十岁的儿子也只有一只眼睛能感光。父亲在小男孩的牵引下，一步一步地摸索着走到车厢中央。当车子继续缓缓往前开时，小男孩开口说："各位先生、女士，你们好，我的名字叫麦蒂，下面我唱几首歌给大家听。"

接着，小男孩用电子琴自弹自唱起来，电子琴音质很一般，孩子的歌声却有天然童音的甜美。

正如人们所预料的那样，唱完了几首歌曲之后，男孩走到车厢头，开始“行乞”。但他手里既没有托着盘子，也没有直接把手伸到你前面，只是走到你身边，叫一声“先生”或“小姐”，然后默默地站在那儿。乘客们都知道他的意思，但每一个人都装出不明白的样子，或者装睡着，有的干脆扭头看车窗外面……

当小男孩小手空空走到车厢尾时，一位中年妇女尖声大喊起来：“真不知怎么搞的，纽约的乞丐这么多，连车上都有！”

这一下，几乎所有的目光都集中到这对残疾的父子身上，没想到，小男孩竟表现出与年龄不相称的冷静，他一字一顿地说：“女士，你说错了，我不是乞丐，我是在卖唱。”

车厢里所有淡漠的目光刹那间都生动起来，有人带头鼓起了掌，然后，是掌声一片。

一个没有生存能力的孩子，却在顽强不屈地承受着生命给予他的考验。在有人悲叹自己命运不济的时候，小男孩却用自己的成熟和坚强支撑着自己和一家，用自己的劳动自己的歌声为自己赢得收入。面对别人的嘲笑，他毫无自卑之感，自信坦然地面对。面对这个小男孩，所有的自卑都变成了逃避人生的理由，只要坚持相信自己，掌声一定属于自己。

成功不一定站在智慧的一方，但一定会站在自信的一方。相信自己，就会拥有自己的成就与幸福。如果你真的相信自己，并且深信自己一定能实现梦想，你就一定会成功。因为你相信“我能做到”时，自然就会想出“如何去做”的方法。

一般来说，我们既可以通过语言来表达自信，也可以通过身体姿态等来表现自信。对于前者，你可以在陈述问题时多表现得诚恳些，简单明了，有重点；与人交流时可以多使用“我认为”“我宣布”等词汇；有异议时，多提出建设性的意见而不是责骂或假设“应该如何”；想提出改进意见时不用劝告的语气；以清晰、稳重、坚定的语调表达自己的思想；可以通过主动询问的方式去发现别人的思想或情感，等等。对于后者，在与他人当面交流的时候，多以赞赏的眼光与对方接触；坐、立姿态均坚定挺拔；以开朗的表情辅助别人的评

论；平静地讲解，强调重点词汇、不犹豫，等等。

英国剧作家、诗人莎士比亚说：“自信是走向成功的第一步，缺乏自信即是其失败原因。”自信是一生的事情，是一个人热爱自己并不断完善的过程，相信自己：即便不是最好的，至少也是独一无二的，毕竟“每个人都是自然界最伟大的奇迹”。

那么，请相信你自己，如果你不能做到心灵统一，就不可能发挥出生命的潜在力量，不发挥出潜在力量，就是自己埋没自己。

## 熟记名字，更容易抓住对方的心

### 实用精要

有位著名作家说：“记住人家的名字，而且很轻易地叫出来。等于给别人一个巧妙而有效的赞美。因为我很早就发现，人们把自己的姓名看得惊人的重要。”

### 深度透析

人们在日常应酬中，如果一个并不熟悉的人能叫出自己的姓名，就会产生一种亲切感和知己感；相反，如果见了几次面，对方还是叫不出你的名字，便会产生一种疏远感、陌生感，增加双方的心理隔阂。一位心理学家曾说：“在人们的心目中，唯有自己的姓名是最美好、最动听的东西。”许多事实也已经证实，在公关活动中，广记人名，有助于公关活动的展开，并助其成功。

记住对方的名字，这不仅是起码的一种礼貌，更是交际场上值得推行的一个妙招。对于轻易记住你的名字的人，怎能不顿觉亲切？他来求你办什么事情，怎好不竭尽全力予以优先帮忙呢？

在交际场上，如果第一次见面时你留给一位姑娘一个良好的印象，可是第二次见面时，你却嗯嗯啊啊地叫不出她的名字来，这位姑娘心里会不舒服，认为自己如此不具分量。那么，即使原来想好好谈谈，无论是谈生意，还是谈人情，这一下全变得兴味索然了。

在对方面前，你一张口就高呼出他的名字，会让对方为之一振，对你顿生景仰之意。就是原本不利的情势，也往往会因为你的这一高呼而顿时“化险为夷”。

卡内基也是认识了这一点才成为钢铁大王的。小时候，他曾经抓到一窝小兔子，但是没有东西喂它们。他就想出了一个绝妙的主意。他对周围的孩子们说："你们谁能给兔子弄点吃的来，我就以你们的名字给小兔子命名。"这个方法太灵验了，卡内基一直忘不了。当卡内基为了卧车生意和乔治·普尔门竞争的时候，他又想起了这个故事。

当时，卡内基的中央交通公司正跟普尔门的公司争夺联合太平洋铁路公司的卧车生意。双方互不相让，大杀其价，使得卧车生意毫无利润可言。后来，卡内基和普尔门都到纽约去拜访联合太平洋铁路公司的董事会。有一天晚上，他们在一家饭店碰头了。卡内基说："晚安，普尔门先生，我们别争了，再争下去岂不是出自己的洋相吗？"

"这话怎么讲？"普尔门问。

于是卡内基把自己早已考虑好的决定告诉他——把他们两家公司合并起来。他把合作，而不是竞争的好处说得天花乱坠。普尔门注意地倾听着，但是他没有完全接受。最后他问："这个新公司叫什么呢？"

卡内基毫不犹豫地说："当然叫普尔门皇宫卧车公司。"

普尔门的眼睛一亮，马上说："请到我的房间来，我们讨论一下。"

这次讨论翻开了一页新的工业史。

记住别人的名字。对他人来说，这是所有语言中最甜蜜、最重要的声音。如果你想让人羡慕，请不要忘记这条准则："请记住别人的名字，名字对他来说，是全部词汇中最好的词。"

熟记他人的名字吧，这会给你带来好运，也会给你带来人脉！

## 好印象，总是从"头"开始

### 实用精要

要想在社交中给对方留下好印象，就要用心打理自己的头发，别让你的发型给对方留下"老土"的印象。

## 深度透析

按照一般习惯，注意和打量他人，往往是从头部开始的。而头发生长于头顶，位于人体的“制高点”，所以更容易最先引起人的注意。

### 勤于梳洗

头发是人们脸面之中的脸面，所以应当自觉地做好日常护理。不论有无交际应酬活动，平日都要对自己的头发勤于梳洗，不要临阵磨枪，更不能忽略此点，疏于对头发的“管理”。理发，男士应为半月左右一次，女士可根据个人情况而定，但最长不应长于一个月。洗发，应当三天左右进行一次，若能天天都洗自然更好。至于梳理头发，更应当时时不忘，见机行事。总之，头发一定要洗净、理好、梳整齐。

有影响力的人如有重要的交际应酬，应于事前再进行一次洗发、理发、梳发，不必拘泥于以上时限。不过务必切记，此类活动应在“幕后”操作，不可当众“演出”。

### 发型得体

发型，即头发的整体造型。选择发型，除个人偏好可适当兼顾外，最重要的是要考虑个人的影响力和所处场合。

1. 所处场合。在社会生活里，人们的职业不同、身份不同、工作环境不同，发型自然也应有所不同。总而言之，在工作场合与人接触多的人，发型应当传统、庄重、保守一些；在社交场合频频亮相的人，发型则应当个性、时尚、艺术一些。至于前卫、怪异的发型，大约只有对艺术工作者才是适当的。

2. 个人条件。个人条件包括发质、脸型、身高、胖瘦、年纪、着装、佩饰、性格等，都影响到发型的选择，对此切不可掉以轻心，不闻不问。

在上述个人条件里，脸型对发型的选择影响最大。选择发型时，一定要考虑自己的脸型特点，例如，国字脸的男士最好别理板寸，否则看上去好像一张扑克牌。“Ω”发型，则主要适合鹅蛋脸的女士，头发的下端向外翻翘，可展示此种脸型之美。要是倒三角脸型的女士选择了它，就不太好看了。

### 美化自然

人们在修饰头发时，往往会有意识地运用某些技术手段对其进行美化，这就是所谓美发。美发不仅要美观大方，而且要自自然然，不宜雕琢痕迹过重，或是不合时宜。

在通常情况下，美发的方法有四种形式，它们分别是：

烫发，即运用物理手段或化学手段，将头发做成适当形状的方法。决定烫发之前，先要看一下本人发质、年龄、职业是否合适。

发色不理想，或是头发变白，即可使用染发剂令其变色。对中国人而言，若想将其染成黑色以外的其他色彩，甚至染成多色彩发，则须三思而行。

做发，即运用发油、发露、发乳、发胶、摩丝等美发用品，将头发塑造成一定形状，或对其进行护理。做发的要求与烫发的要求大体相似。

头发有先天缺陷或后天缺陷者，均可选戴假发。选择假发，一是要使用方便，二是要天衣无缝，不可过分俗气。

## 衣装得体是社交中不可忽视的

### 实用精要

衣着本身就是一种无声语言，不但能给对方留下一定的审美观感，而且它还能反映出你个人的气质、性格、内心世界。

### 深度透析

美国商人希尔在创业之初，就意识到了服饰对人际交往与办事的作用。他清楚地认识到，商业社会中，一般人是根据一个人的衣着来判断对方的实力的，因此，他首先去拜访裁缝。靠着往日的信用，希尔定做了三套昂贵的西服，共花了275美元，而当时他的口袋里仅有不到1美元的零钱。然后他又买了一整套最好的衬衫、衣领、领带、吊带及内衣裤，而这时他的债务已经达到了675美元。

每天早上，他都会身穿一套全新的衣服，在同一个时间里，同一个街道同某位富裕的出版商“邂逅”，希尔每天都和他打招呼，并偶尔聊上一两分钟。

这种例行性会面大约进行了一星期之后，出版商开始主动与希尔搭话，并说：“你看起来混得相当不错。”

希尔很轻松地告诉出版商："我正在筹备一份新杂志，打算在近期内出版，杂志的名称为《希尔的黄金定律》。"

出版商说："我是从事杂志印刷及发行的。也许，我可以帮你的忙。"

这正是希尔所等候的那一刻，而当他购买这些新衣服时，他心中已想到了这一刻。

后来，这位出版商邀请希尔到他的俱乐部，和他共进午餐，在咖啡尚未送上桌前，已"说服了希尔"答应和他签合约，由他负责印刷及发行希尔的杂志。希尔甚至"答应"允许他提供资金并不收取任何利息。

发行《希尔的黄金定律》这本杂志所需要的资金在3万美元以上，而其中的每一分钱都是从漂亮衣服所创造的"幌子"上筹集来的。

希尔的成功很有力地证明了衣装对一个人办事所起的巨大作用，如果当初他根本不注重衣装，那么那位出版商肯定连看都不愿看他，更不会帮他出版杂志了。

世上早有"人靠衣服马靠鞍"之说，一个人若有一套好衣服配着，就仿佛把自己的身价都提高了一个档次，而且在心理上和气氛上增强了自己办事的信心。

有办事经验的人都知道，能否给人留下好的印象，对于事情最后能否办成有着十分重要的作用，而一个人的着装是给对方留下好印象的基本要素之一。试想，一个衣冠不整的人和一个装束典雅、整洁利落的人在其他条件差不多的情况下去办一件同样分量的事，结果前者很可能受到冷落，而后者更容易得到善待。特别是到一个陌生的地方办事，给对方留下一个美好的第一印象显得尤为重要。

人皆有眼，人皆有貌，衣貌出众者，谁不另眼相看呢？着装艺术不仅给人以好感，同时还直接反映出一个人的修养、气质与情操，它往往能在对方尚未认识你或你的才华之前，透露出你是何种人物。因此，在这方面稍下一点功夫，办起事来就会事半功倍。

# 第二章

# 快速透视对方内心的鉴人心理学

## 语速是内心变化的指示器

### 实用精要

语速可以很微妙地反映出一个人说话时的心理状况，留意对方的语速变化，你就能发现他的内心变化。

### 深度透析

人是高级动物，人与其他动物相区别的主要特征就是人有自己的语言。语言系统是一套音义结合的复杂系统。虽然它不是人们内心表现的唯一途径，但人在说话时，既是在进行一种思想的交流，又是心理、感情和态度的一种流露。其中，语速的快慢、缓急直接体现出说话人的心理状态。

一个人说话的语速可以反映出他的心理健康程度。一个心理健康、感情丰富的人在不同的环境下会表现出不同的语速。譬如说，面对一篇富有战斗力的激情散文时，他会加快语速，借以抒发一种战斗的激情；而面对一篇优美抒情的散文时，他又会用一种悠扬、舒缓的语气来表达心里的那种美感。

在平时的生活、工作中，每个人也都有自己特定的说话方式、语言速度。这些是每个人长期以来形成的性格特征，是客观固有的，而且长期存在。

在现实工作中，我们可以更微妙地领略语速中透露出的各种人丰富的心理变化。我们可以根据一个人说话时的语速快慢，判断出他当时的心理状态。如果一个平时伶牙俐齿、口若悬河的人，面对某个人时却突然变得吞吞吐吐、反应迟钝，这时候一定是他有些事情瞒着对方，或者做错了什么事情，心虚、底气不足。有些时候，也有一些特例，如一位男士暗恋着一个女孩，他在别人面前能够谈笑自如、幽默风趣，保持着平常的语速，一旦面对那个他喜欢的女生，马上会变得不知所措，不知道要说什么，说起话来也仿佛嘴里有什么东西，含含糊糊，一点都不连贯流畅。

我们经常看到这样的情况，一位平常说话慢慢悠悠、不忙不急的人，面对一些人对他说出不利的话的时候，如果他用快于平常的语速大声地进行反驳，那么很可能这些话都是对他的无端诽谤；如果他支支吾吾、吞吞吐吐，半天说不出话来，那么很可能这些指责就是事实，他自己心虚、底气不足。当一个平时说话语速很快的人，或者说话语速一般的人，突然放慢了语速，就是在强调什么东西，想吸引他人的注意。

辩论赛的时候，每个辩手都保持着尽可能快的语速，尽可能快速且流畅地表达自己的观点。如果能够在语速上胜对手一筹，不仅可以杀杀对方的锐气，也是增加信心的砝码。当有些人在面对别人伶俐的口舌、独到的见解、逼人的语势时，或沉默不语，或支吾其词，一副笨嘴拙舌、口讷语迟的样子，很可能是这个人产生了卑怯心理，对自己没有信心，又或者被对方说中了要害，一时难以反驳。出现此类窘境，不仅有碍自身能力的发挥，也增长了对方的气焰。

## 泄露心机，从“头”开始

### 实用精要

想了解他人，可以从“头”开始。

### 深度透析

头是一个人的重要组成部分，情急之下顾“头”不顾“尾”的本能反应也很好地印证了这一点。所以在社交中，可以多注意对方的“头”，获得各方面信息。

一般人们认为，点头表示积极肯定的意思，摇头表示消极否定的意思。不过，在不同的情况和背景下，它们所包含的意思，仍有所变化。

**点头**

点头的动作指的是将头垂直于地面的角度上下点一次或几次。它表示的意思有“我在表示赞赏”“我同意”等。同时，点头还可以表达尊敬、顺从的意思。例如，在日本，人们见面就是以点头和鞠躬作为打招呼的方式。例如，当下级见到上级，或者晚辈见到长辈时，会弯下腰鞠躬，以表示自己的谦卑和对对方的尊敬，而上级或者长辈则以微微点头回敬。

同样是点头，点头的频率不同，意思也有所差异。例如，在聆听对方讲话的时候，人们缓慢地点头表示对内容感兴趣，或者认为言论很有道理；而频繁急速地点头，则可能是人们感到不耐烦了，想让你认为他已经完全接受了你的观点，可以结束话题了。

**摇头**

头水平地从一边转到另一边就是最常见的摇头方式，它是最常见的否定姿势。与点头一样，摇头的含义也是广泛而一致的，除了少数几种文化下有差异外。

摇头的姿势，可以追溯到人们的婴幼儿时代，当母亲给孩子哺乳的时候，如果孩子吃饱了，就会躲开母亲的乳房，即使母亲将身体向前倾斜，他们也不会再感兴趣，而是左右轻轻摆头。这时，也就是表示，孩子在拒绝哺乳了。所以，摇头的动作，似乎是人们在出生时就具备了。随着人们的逐渐成长，它也演变成了拒绝和不赞同的符号。此外，有时人们会用它表示无奈。例如，当某位病人因抢救无效而去世时，做手术的医生会一边摇头一边走出手术室，面对等待的家属表明“已经无能为力了”。虽然医生没有说什么，但是家属能立刻明白其中的含义。

摇头只有在一些特殊的文化里才表示肯定的含义。例如保加利亚人和印度人就这样使用。为了避免闹出笑话，这些在国际交往中的不同文化，我们应当相应地加以注意。

## 小心表情出卖你

### 实用精要

表情能够清晰、直接地表达人们的内心想法。仔细观察一个人的表情，我们就可以获悉他的心理活动。

## 深度透析

狄德罗曾说:“一个人，他心灵的每一个活动都表现在脸上，刻画得非常清晰和明显。”这句话揭示了人类表情的重要性。因为现实中，语言的表达远不及人们的表情丰富和深刻。

作家托尔斯泰曾经描写过85种不同的眼神和97种不同的笑容。可以说，人类的面部是最富表现力的部位，它能表达复杂的多种信息，如愉快、冷漠、惊奇、诱惑、恐惧、愤怒、悲伤、厌恶、轻蔑、迷惑不解、刚毅果断等。而面部表情也能传播比其他媒介更准确的情感信息。根据专家评估，人的表情非常丰富，大约有25万种。所以，表情能全方位地表现人们的心情不足为奇。面对如此丰富的表情，该如何辨别?

**表情变化的时间**

观察表情变化时间的长短是一种辨别情绪的方法。每个表情都有起始时间（表情开始时所花的时间）、持续时间和消逝时间（表情消失时所花的时间）。通常，表情的起始时间和消逝时间难以找到固定的标准，例如，一个惊讶的表情如果是真的，那么它完成的时间可能不到1秒钟。所以，判断一个表情持续的时间更容易一些。因为通常的自然表情，并不会那么短暂，有的甚至能持续4—5秒钟。不过，停顿的时间过长，表情就可能是假的。还有，超过了10秒钟的表情（除了那些感情极其强烈的情绪感受），就不一定是真实表现了，因为人类脸上的面部神经非常发达，即使是非常激动的情绪，也难以维持很久。于是，要判断一个人的情绪真假，从细微的表情中就能发现痕迹，只是需要人们不断地进行细微的观察。

**变化的面部颜色**

通常，人的面部颜色会随着内心的转变而变化，这样，表情就有不同的意义了。因为面部的肤色变化是由自主神经系统造成的，是难以控制和掩饰的。在生活中，面部颜色变化常见是变红或者变白。

# 手势是内心无言的表白

## 实用精要

人们的种种心理通过千姿百态的手势体现出来，有时手势甚至比言语更能传达说话者的心思。

## 深度透析

人类从原始社会就开始用手制造和使用工具，成为世界的主宰者。而在新事物、新思想不断发展的过程中，人们为了沟通、交流，更好地表达自己的意思，学会了利用手来做辅助。因为很多人发现仅仅依靠嘴来进行交流显得力不从心，所以社会交往中，手势已经成为重要的一部分。同时，这些手势除了表面的含义外，还隐含了更多的意思。

就像生活中所经常展现的那样，在交谈时，人们双手总是置于身前，并且伴有一定的手部动作（很少有人呆直地站着）。它们对言语起着说明和补充的作用，甚至可以发挥独立有效的作用。因此，在身体语言中，手势发挥着十分重要的作用。几乎任何日常活动都离不开手势，行为学家曾形象地比喻说："手势是人的第二张唇舌。"

人类主要的手势有这样几种：

**正面对他人，竖起大拇指**

大家都曾使用过这样的手势，它很重要的一个含义就是表示对他人的称赞，表示"好""很棒""第一""厉害"的意思。在生活中，当我们在真诚地赞赏他人时，还应当配合其他非语言的信号，例如，面带微笑，能更好地传达自己的意思。

此外，在那些曾经是英属殖民地的国家，例如，美国、南非等地，竖起大拇指还有要搭便车的含义。经常可以看到有旅行者向道路上的车辆做出这样的手势。不过，在希腊等国家，竖起大拇指的含义则带有侮辱的性质，相当于"你吃饱了撑的"。

**食指弯曲与拇指接触呈圆形，其余三指张开**

这个手势是从美国开始频繁被使用的，表示“OK”、很好的意思。它是我们经常使用的手势。但在不同国家，这个手势有着不同的含义。例如，在日本，这个手势表示金钱的意思，如果在同日本人交易的过程中，向他做了这个手势，则会被误解为你在向他索要贿赂。

**伸出食指与中指，其他手指蜷曲**

这个手势在手心向外的时候，被我们熟知的是，表示“胜利”的意思。而在受到英国文化渲染的地区，它也常常用于表示“举起双手或者抬起头”。但这个手势变成手心向内的时候，就是一种侮辱性的表达，近似于“去你的”。不过，欧洲的某些地方，手心向内的手势，没有其他含义，仅仅表示数字 2。

**翘起食指和小指，其他三个手指握在一起**

这个手势在美国有两种说法，一说指长角美式足球队，因为小布什很喜欢得克萨斯州的长角美式足球队，而常使用这个姿势表示喜爱和支持。另一说指的是摇滚音乐迷的手势，指“继续摇滚”的意思，而得克萨斯大学运动队的啦啦队习惯用这一手势为队员加油，以表示“出色、极好”。有时，在美国，若要赞某人很棒时，也可以使用这个手势。

**紧握手指，呈拳头状**

紧握的拳头，在人们面前是一种力量的体现。这一衍生于搏斗的手势，可以用于进攻与防守。如果在生活中运用这种手势，则是在向他人展示“我是有力量的”“我不怕你，要不要尝尝我拳头的滋味”，是一种示威和挑衅的动作。

当将其恰当地运用于演讲或说话时，则说明这个人很自信，很有感召力，是值得人们信赖和依靠的对象。

**其他手势**

除了上面这些以外，还有很多手势，例如，亲吻手指指尖，即飞吻，表示对对方的爱慕；竖起小指表示轻蔑；伸出一个手指指向别人有命令和轻蔑的意思，用双手勾勒女子身形的手势则表示女人的身材如何；数拨手指表示要特殊强调，或者增加说服力、表明态度等。

# 捕捉站姿，分析他的心理信号

## 实用精要

即使是站立这种简单的动作，也能成为观察一个人的重要肢体语言。

## 深度透析

姿势一般反映的是个人对自己和他人的看法，站姿也是如此。如果仔细揣摩你就会发现，每种站姿对精神和心态都有集中的体现。曾有位美国心理学家拍摄了大量影像资料，经过反复研究分析，证明通过观察人们不同的简单站立动作，能捕捉到丰富的信息符号。

**标准立正的站姿**

这类站姿是较为正式的姿势，两脚并拢，自然站立，不表达任何去留的倾向，但多展现服从的情绪。例如，学校的学生们在跟老师说话时，公司的下级跟上级汇报工作时，常采用这个姿势。经常使用此类站姿的人，性格一般比较温和，不容易对他人说“不”。在工作中，他们踏实但缺乏开拓和创新精神。每当开会时，他们还会利用同样的姿势表示“不置可否”。他们容易满足，且不争强好胜，只是在感情上有些急躁。

**弯腰驼背的站姿**

站立时弯腰驼背的样子，说明这个人承受着很大的压力，他们缺乏自信，有自我防卫、封闭、消极的性格倾向，或者说他想逃避某种境况或者整个生活，不想承担某种风险和责任。这也就暗示着他的心理正处于弱势，具有不安或者自我抑制的特点。

**双腿交叉型站姿**

这类站姿是指人们在站立时，双腿交叉，有的人会同时交叉双臂。这是大多数人在身处陌生的环境时下意识的一种反应。所以，发出动作者有些拘谨。另外，较熟悉的朋友谈话时，若有人以这种姿势站立，也暴露了他的拘束心理，或说是一种缺乏自信心的表现。所以，经常使用这种动作的人，表明了他拘谨、保守、缺乏自信，不喜欢展现自己的性格特征。

**自信型站姿**

这类站姿是指站立时，挺胸、抬头、两腿分开直立，像一棵松树般挺拔。一般具有这样站姿的人都自信且有魄力，做事雷厉风行，并且往往很有正义感、责任感。通常男性多有这样的站姿，非常受女性喜爱。

**思考型站姿**

这类站姿是指双脚自然站立，双手插在裤兜里，时不时取出来又插进去，就像是在思考着什么。具有这类站姿的人一般比较小心谨慎，思前想后。在做决定时容易犹豫不决，不知如何是好。工作中，他们一般缺乏主动性和灵活性，不会有效率地进行工作。但在感情上，他们非常忠贞。他们喜欢幻想，常常会构思未来，也因此不愿面对现实和承受逆境，是一个心理脆弱的“理想主义者”。

**攻击型站姿**

这类站姿指的是将双手交叉抱于胸前，两脚平行站立。经常做出这样站姿的人，通常性格叛逆，具有较强的挑战意识和攻击意识。无论是在工作还是生活中，他们都喜欢打破传统的束缚。他们比别人更敢于表现自己，通常创造能力能发挥得更充分。

**靠墙式站姿**

靠墙式站姿指的是站立时有靠墙习惯的人，他们多半是失意者，对外界缺乏安全感，容易依赖外力来保护自己。他们个性随和、坦诚，容易与人相处，因此也很容易受到别人的影响。

# 观察坐姿，窥探他的心理

## 实用精要

坐姿也是人类身体与外界沟通的一种途径，它反映出一个人的心理动向。

## 深度透析

身体语言学家指出，人的身体是一个奇妙的信号发射台，每一个动作都将构成丰富多彩的身体语言，就连简单的坐姿也是很重要的肢体语言。通过有意识或无意识的变化，向外界发送思想、情感信息，从而解释人的心态、个性，以及一些观念。通过坐姿，你可以了解他人。

**端正的坐姿**

习惯将两腿和两脚跟紧紧并拢。把手放在膝盖上、坐姿端正的人，通常性格同姿势一样，谦逊温顺，为人正派，性格内向。他们对自己的感情非常敏感，隐晦极深，就算与喜欢的人相对，也不会说出太甜蜜的言语。他们秉性纯挚，善于为他人着想，所以很有人缘。

**古板的坐姿**

入座时，将两腿和两脚跟靠拢在一起，双手交叉放在大腿两侧。由于双手交叉是相对封闭自己的手势，所以这类坐姿的人为人刻板，很难接受他人的意见。他们缺乏耐心，容易厌烦，凡事都想做得尽善尽美，但往往没有能力完成。他们爱夸夸其谈，缺少实干的精神。

对于爱情和婚姻，他们的观点都较为传统，会根据自己构想的“模型”来选择伴侣，并会在恋爱后很快步入婚姻的殿堂，他们遵循的理念是中国传统的“早结婚，早生子，早享福”。

**腼腆的坐姿**

在坐着的时候，两膝盖并在一起，小腿随着脚跟分开呈“八”字形，两手相对，夹在膝盖中间。这类坐姿的人非常害羞，不擅长社会交际，他们感情细腻，却不会表达感情。

工作中，他们是保守的员工，习惯运用陈旧的经验做依据，没有创新和突破的能力，容易因循守旧。在生活之中，他们对朋友十分友善，有求必应，感情真诚，每当朋友需要，立刻就会出现。他们对待爱情的态度则较为压抑，常受到传统思想的束缚，被家庭和社会的压力所累。

**坚毅型的坐姿**

入座时，将大腿分开，两脚脚跟并拢，两手习惯于放在肚脐部位。这类坐姿的人有勇气、有魄力、有行动力，一旦决定了某件事情，就会立即采取行动。这一点在爱情上也同样明显，他们若对某人产生好感，就会积极主动地说明自己的意向。不过，由于他们独占欲极强，不自觉地就会干涉恋人的生活。

这类坐姿的人属于不断追求新生事物、挑战自己的人，他们适合担当领导，具有权威性，并能用自己身上的气势威慑他人。

**怡然自得的坐姿**

怡然自得的坐姿是指半躺而坐，双手抱于脑后，一副悠闲的样子。经常这样坐的人个性随和，喜欢与他人攀谈，与任何人都能打成一片。同时，他们善于控制自己的情绪，容易获得大家的信赖。他们适应能力强，对生活充满希望。他们干任何职业都十分投入，且能取得一定的成功。

不过，他们理财观念薄弱，花钱时，大手大脚，仅以直觉、心情来决定消费。

这类坐姿的人的爱情通常比较美满，能找到带给自己快乐的伴侣。他们口才极佳，但并不是在任何场合都会与人争论的人，是否要亮出自己的观点，完全取决于他们当时面对的对象。

**放任无拘的坐姿**

放任无拘的坐姿是指坐着的时候，两腿分开，距离较宽，两手随意放置。经常这样坐着的人，喜欢追求刺激，喜欢标新立异，因此偶尔会成为引导都市消费潮流的“先驱”。他们喜欢与他人接触，人缘不错，并且从不在意他人对自己的评论，这一点是有些人很难做到的。所以，他们很适合做社会活动家或从事类似的职业。

# 第三章

# 周到得体、主客双赢的宴请心理学

## 宴请看场合，吃饭分档次

### 实用精要

在可能的情况下，要争取选择最合适的用餐地点，让与宴者吃出档次、吃出身份。

### 深度透析

现代人讲究“吃文化”，所以宴请不仅仅是为了“吃东西”，更注重吃的环境。要是用餐地点档次过低、环境不佳，即便菜肴再有特色，也会令宴请效果大打折扣。

宴请贵宾，可以到具有古朴装修以及精致菜品的高档饭店，那里的环境、服务还有口碑应该都会让其感受到你对他的重视；宴请川西情节颇浓的客人，具有巴蜀风情的旗舰店更能让人过目难忘；宴请喜欢欧式装修的客人，精致的西餐厅是个不错的选择；宴请喜欢清静、对菜品也十分讲究的客人，典雅的农家食府就可以了；想让客人在平和中感受一分大气，满庭芬芳的酒楼他应该会受欢迎；想给客人呈上一次视觉盛宴，花园式的餐厅是个好去处；如果客人对传统文化感兴趣，“御膳房”既能让人感受宫廷的大气，又能享受到各种御膳；要是客人非常注重商务宴请的私密性，高级酒店很适合；如果客人比较小资，喜欢时尚，那么尽可以邀请他到时下流行的餐厅或饭店就餐。

商务宴请中菜品也是十分重要的。宴请喜欢葡萄酒或是对葡萄酒有讲究的客人，可以选择领地庄园；宴请喜好海鲜的客人，选择红高粱这样的海鲜酒

楼是最适合不过的了；要是客人想吃到最具专业精神的生蚝，不妨到最好的海鲜馆。

除此之外，宴请客人还有一些其他注意事项。

官方正式、隆重的宴会一般应安排在政府的宴会场所或客人下榻的酒店内举行。

举行小型正式宴会，宴会厅外应另设休息厅，供宴会前宾主简短交谈用，待主宾到达后一起进宴会厅入席。

选择一处彼此都喜欢的地点就餐，让聚会中的每个人都有宾至如归的感觉。

请熟悉的人去不熟悉的饭店，请不熟悉的人去熟悉的饭店。对熟人（包括家人朋友），可以去以前没去过的饭店尝尝鲜、探探路，熟人在一起就不必拘束，可畅心问价、临时调换地点等。而请不熟悉的和重要的客人则要求对饭店的菜点、服务质量等了然于胸，所以应该去一个熟悉的、信誉好的饭店，这样才能更好地为请客的目的服务。

# 点菜得有点“硬功夫”

## 实用精要

在宴会中，点菜相当重要，菜点得好不好，直接关系到宴会的后续发展。

## 深度透析

点菜是宴请活动最关键的一环。如果菜品安排太少，就有怠慢客人之嫌；反之，安排得过多，又会造成浪费。如果所安排的菜品，色泽一致，口味一样，盛器相同，会得到平淡无奇的评语。尽是荤菜，有肥腻之嫌；尽是素菜，有清淡之嫌。

为了让大家成为点菜的高手，下面向大家介绍几种点菜的“硬功夫”，相信对大家会有所帮助。

### 明确宴请的目的

宴请的目的多种多样，有正规待客的，有好友相聚的，有两情相悦的，有闲极无聊的，有论功行赏的，有笼络感情的，林林总总，不一而足。总之，不同的目的决定了不同的菜品和菜质，所以点菜首先要明确宴请的目的。

**看人下菜**

点菜要看人来点。俗话说，知己知彼，方可百战不殆，所以掌握同席之人的口味乃点菜之先。选菜不应以主人的爱好为准，而要考虑宾客的喜好与禁忌。作为宴请的人你要记住：你是请别人，你自己的口味是次要的，对方喜欢就好。

**注重特色**

特色菜又叫招牌菜，一般是餐厅用来吸引客人的拿手菜，味道不错，价钱也不会太贵。每到一个不熟悉的餐馆，不妨先问问有什么特色菜，这样就可对该餐馆的整体素质心中有数，点菜有底。

**巧妙搭配**

点菜时要注意巧妙搭配菜色。以中国菜为例，并不要求每个菜都出色精彩，但讲究一桌菜的五味俱全，且要搭配合理，咸淡互补，鲜辣不克，让每种味、每道菜都发挥到极致。菜肴应强调荤素、浓淡、干湿等多种烹调方法搭配，菜品原料尽量不重复。

点菜时也要注重高、中、低不同档次菜肴的搭配。根据经验来看，10 个人聚餐，高档的菜肴只要 2—3 个就可以了，而且其中最好有一个是其他饭店不常做的菜。在低档菜中选取该饭店的一些特色菜，这样能给与宴者留下深刻印象，主人也不失体面，从而达到宾主尽欢的目的。

**尊重埋单的人**

如果是别人做东，要记得为对方留点余地，多为对方着想，不要点太贵的菜，不能因为是别人付钱，就尽情地点，这是很不礼貌的行为，还会造成铺张浪费。改天若是换成自己做东，别人一定也会存有报复你的心态，那就得不偿失了。另外，当对方问你要点什么的时候，必须先将自己的决定告诉对方，而不是服务员，否则对方会觉得不被尊重，场面也会很尴尬。

# 音乐是宴会的情调师

## 实用精要

伴餐音乐，有时就是宴席的灵魂。

## 深度透析

音乐伴餐古已有之。中外历史上，帝王将相、达官贵人盛宴飨客时，无不弹奏丝竹管弦以助雅兴。

现在医学、心理学的实践也证明，音乐对人的情绪影响极大。适宜的音乐能提高消化系统自主神经的兴奋点，起到增强食欲、帮助消化的作用。通俗地讲，音乐是一种与人的语言及其他声音貌似相同而实质不同的特殊信息，是一种按一定频率振动的声波。当音乐通过人的听觉器官和神经传入人体内之后，人体各个系统的运动，如声带振动、胃肠蠕动、心脏跳动、肌肉收缩等会与之发生共振，并使体内各种活动协调一致；同时，音乐作为一种振动的能量传入人体后，能激发人体本身的能量，使其从静态变成动态，提高神经细胞的兴奋性，促进人体一些有益于健康的物质（如激素、酶和乙酰胆碱等）分泌，从而刺激食欲。另外，在宴会上，音乐还能转移宾客的注意力，对周围噪声有减弱作用，从而使宾客可以安心品尝美食。

据研究，伴餐音乐一般以我国民族轻音乐和西方古典音乐为佳。古典音乐可以选用欧洲十八九世纪的器乐曲，如巴赫的钢琴曲、亨德尔的提琴曲、海顿的交响曲、莫扎特的钢琴协奏曲、肖邦的小夜曲等。我国民间轻音乐一般选用江南丝竹乐曲、合奏曲等。这类音乐极为抒情、平和、优雅，富有亲切、委婉的情调，音量变化适宜，且节奏合乎人的心率。大家知道，当音乐的节拍超过80拍每分钟（即人的心率正常范围）时，人会感到心跳加快、心情紧张，这也是伴餐音乐不能采用迪斯科、爵士乐等节奏强烈的乐曲的原因。

伴餐音乐除了考虑到节奏外，还要注意宴会的主题、宾客的审美能力和欣赏习惯等。朋友相聚，主题曲调应该明快、热情；文人聚会的曲调应以优雅、平和为主；在招待外宾的宴会上，更应根据他们的爱好和民族习惯，选择合适的乐曲，这样才能使宾客心情舒畅，增加食欲，增进友谊。

海涅说过，话语停止的地方，就是音乐开始的地方。音乐是人类最抒情的语言，而这种语言，不仅能达到放松的目的，有时候，别出心裁的音乐，还能赋予一场宴会特别的寓意，如同一个情调师，带给宾主特殊的安慰和感受。一曲音乐的意义已经超越音乐的价值，而是一种手段，以实现沟通交流、互致敬意的目的。

# 做宴会女王，岂可漏洞百出

## 实用精要

女性参加宴会时，一定要注意自己的仪态细节，万不可毛毛躁躁，失礼于人。

## 深度透析

明星胡小姐是社交界公认的宴会女王。一次参加宴会，胡小姐一进入宴会现场立刻吸引了所有人的目光，只见她身穿一袭名家设计的黑色晚礼服，价值百万的首饰更是为她增色不少，可是红地毯刚走了一半，胡小姐便双手提起晚礼服，踩着那双又细又高的皮鞋快速奔进了会场，并且一下子抱住会场内的一位小姐。原来两人是旧相识，不过胡小姐的“闪亮”登场还是吓了那位小姐一跳，更是让在场的众人大跌眼镜。接着，两人聊了起来，只见胡小姐的一条腿不停地抖动，而且手还不时地拨弄自己的头发，偶尔还会翻开包包拿出自己的小镜子，照来照去，想来是不希望自己的妆容有任何闪失吧。旁边那位小姐对她说：“小胡，你稍微注意点，这么多人在呢，还是去化妆间弄吧。”“没事，大家都很忙，不会注意到我的，你帮我挡挡啊，我补点腮红。”胡小姐说着以迅雷不及掩耳之势拿出粉饼快速地补起妆来。周围所有人都不约而同地露出鄙夷的眼神，场面十分尴尬。

也许胡小姐的性格就是大大咧咧的，然而她在宴会现场的表现绝对不能用大大咧咧一词掩盖。她的漏洞百出，体现出她缺乏基本的素养，更谈不上品位

和修养。她的粗俗习惯绝对不会给现场的人以感官上的愉悦。

具体来说，女士参与宴请，主要注意以下几个方面：

首先，要选择适合宴会的着装，力求干净整洁。席间，无论现场如何闷热，作为女性的你都不能当众解开纽扣或脱下外衣。

其次，要保持自己发型的高雅端庄，如果头发有些凌乱，应该立即去化妆间整理，而不可当众整理。

再次，不可当众化妆或补妆，处理妆容上的小细节也应该到化妆间去处理。

总之，渴望成为宴会女王的女人们一定记住，在宴会前除了要细心装扮自己以外，还要注意自己在宴会现场的表现，不可有丝毫的大意，否则仪态尽失，不仅成不了“女王”，还会成别人的笑柄。

# 怎样饮好宴会开头两杯酒

## 实用精要

开头两杯酒，是营造宴会愉快氛围的重要步骤。

## 深度透析

中国是礼仪之邦，就是饮酒也有不少礼仪规范。了解并熟练掌握这些规则和习俗，不仅能使你在酒桌上顺风顺水、挥洒自如，更能显出你良好的修养和出色的交际能力。

### 第一杯酒应该礼貌有加

好的开端是成功的一半。有一个良好的开端，事情的成功就有了基础。因此，第一杯酒十分重要。宴会上的第一杯酒好比一场表演的开场，能否吸引住观众，对后面的影响很大。第一杯酒往往能为整场宴会定下基调，开头顺畅，下面接着也就顺畅了；开头不顺畅，后面的气氛就不大容易调动。

在正式场合，一般由主人举杯，在家宴上一般由晚辈向长辈敬酒，亲友间的欢宴由年长者先行举杯，或由召集者先行举杯。

第一杯酒，一定要饱含祝福，为的是后面的“杯莫停”。这一杯是后面的基础，即使不想拼酒，也要努力为后面的欢愉场面打下基础。因此，第一杯酒，要区别不同情况，以礼待之。

如果是在庄重的外事场合，第一杯酒不但要礼貌有加，而且必须注意来客的身份及风俗习惯，祝酒既要体现应有的热情，又要不卑不亢，绝不能强人所难，自己喝多少就一定要对方陪饮多少，这样不但不能达到热情接待的目的，而且还会造成负面效应。要饮酒有度，热情适度，把握尺度，展现风度。

如果是商务宴请，第一杯酒就关系到后来宴会发展的风格。那么，这杯酒既要自己不醉，还要让客人尽兴。要有大家风范，不论会谈气氛怎样不愉快，都要尽地主之谊，为宴会后的谈判打下基础。因此，祝酒时既要热情有度，又不能与来宾拼酒，以免造成来宾的反感，影响之后的正式会谈。只有以礼敬酒，以情祝酒，以智行酒，方能达到自己的目的。

如果是家宴、喜宴、庆典宴，第一杯酒虽然不必考虑宴会上的商战斗智，但同样必须体现宴会的主题、主人的盛情以及对来宾光临的企盼与欢迎。如果是友人小酌，则大可不必拘泥于形式，越是实在、贴切，越能使人感到亲切，也越能让别人开怀畅饮。

千言万语融于酒，倾觞恭贺，千杯百盏尽看开头。假如第一杯酒能够充满感情、礼仪得体，那么后面的敬酒自然会顺畅得多。

**第二杯酒应该盛满热情**

一般的宴会，主人敬酒后由主宾举杯，作为礼仪性的回敬，然后宴会便进入敬酒阶段。由于第一杯酒已经把宴会的主题、宴会的目的、宴会对主宾的良好祝福等表达出来，这时再次互相举杯就要注重以情祝酒，杯盛热情，将热切感人的话语融入杯中献给来宾。

如果是商战场合，更要融入深情。合作会以谈情为先，酒品如人品，情通事就通。如果能通过自己的深情触动双方的情感，那么，一些争论和分歧也会得到缓和和化解。

如果是朋友小酌，或家宴便宴，也需要借酒抒情。通过热情洋溢的敬辞，用酒使大家融情，使大家抒怀。

美酒在心底交汇，啜饮生活的芳菲，溶进心田绽开友谊的花朵，加上美好的祝酒词，不仅能烘托气氛、温暖人心，而且还能使人深受鼓舞和启发。当所

有宴会参加者纷纷举杯，开怀畅饮，宴会也就达到了高潮。

## 敬酒时不妨引经据典营造气氛

### 实用精要

敬酒可以引经据典巧找话题，即景生情营造气氛，使得宾主双方都能感受到宴会的美好气氛，达到宾主尽欢的目的。

### 深度透析

无论是商务宴会，还是友人小酌，或者是政治性的宴会，喝过开头两杯酒后一段时间，整个宴会就会进入一个相对舒缓的氛围，人们的情绪慢慢变得平和下来，所以作为主人的你有责任尽地主之谊，继续敬酒，以便将宴会气氛推向高潮。但是，祝酒尽欢时不要和客人强行拼酒，逼迫客人豪饮。

祝酒时，“引经据典”并不是一定要引用经典文艺作品。这里的“引经据典”是双方为了增进友谊而聊一些双方感兴趣的经历或趣闻逸事。这无论是在政治家的宴会还是商务酒会，或是友人聚会，都是必不可缺的。

商务酒会在敬酒时也可以轻松有趣，这样才能有助于彼此间的生意往来。

在一次商务酒会上，正式祝酒之后，主客双方谈起了酒和诗词。主人一方说道：“人们都说李清照的《如梦令》，‘浓睡不消残酒’‘应是绿肥红瘦’写得传神。现在有人为饮酒填了个新《如梦令》，‘昨夜饮酒过度，头晕不知归路，迷乱中错步，误入树林深处，呕吐，呕吐，惊起夜鸟无数。’（宾主大笑不已）我们还可以把《如梦令》改为‘今日饮酒适度，友情金杯交互。携手发财相助，合作中致富，协调奋进同路，倾注，倾注，融进感情无数。’让我们为了双方合作‘融进感情无数’，‘合作中致富’，干杯！”

商务宴请建立在利益的基础上劝酒尚且如此轻松，那么，友人相聚、家人小酌等场合下劝酒就更加放松了，也可以采用“引经据典”式祝词，使酒的作用得到充分发挥，不仅活跃现场的气氛，还能加深彼此间的感情。

在一次老朋友聚会上，几番祝酒之后，众人为了安慰一位客人，聊起了诸如“人生难免有失误，有时错误也能让我们美丽”的话题。其中一位客人借题发挥说：“活着是美丽的，生活是美丽的，必要时，犯错误也不失为一种美丽……第一只猿猴‘错误’地下地直立行走，所以今天的人们才不用趴着敲电脑；尼克松总统错误地偏离美国的既定政策，于是，叩开了中美关系的大门。从古至今，因为意外错误推动社会前进的例子很多，但这不是一般的每日不断重复的愚蠢的错误，而是充满着理性光辉的错误，这类错误的发生，就是又一次创新的契机。所以我们每一个人不能追求不犯错误，那样就像一辈子不离开地面一样，虽然能躲开溺水的危险，但也无法得到另一类生活的风采和快乐，也无法享受七彩人生。所以，我认为犯错误在必要时也是一种美丽。让我们为曾拥有过的错误经历所带来的丰富生活历程，干杯！”

上述案例中的众人采用理性的思维，加上充盈着通俗情理的祝词，不仅使宾主纷纷举杯，达到了敬酒的目的，而且还给足了失意者面子，使其走出失败的阴霾，重新建立起信心，走向成功的彼岸。

第九篇

# 情更深，意更浓

## ——情感经营心理学

# 第一章

# 让友情更加牢固的相悦心理学

## 用小错误点缀自己

### 实用精要

学会适当的用小错误点缀自己，往往能让你更具有吸引力，更能在人脉圈中左右逢源。

### 深度透析

美国心理学家阿伦森通过实验发现，与十全十美的人相比，能力出众但有一些小错的人更有吸引力，是人们更喜欢交往的对象。这种现象就是“犯错误效应”。

阿伦森让被试者看四个候选人的演讲录像，这四个人包括：一个近乎完人的人；一个犯过错误的完人；一个平庸的人；一个犯过错误的平庸人。看完录像后，让被试者评价哪一种人最具有吸引力。

结果表明，犯过错误、能力超众的人被认为最有吸引力。

这个著名的实验很好地证明了生活中常见的一些现象：有一些看起来各方面都比较完美的人，往往不太讨人喜欢；而讨人喜欢的，却是那些虽然有优点，但也有一些明显缺点的人。

为什么会这样呢？这是因为，一般人与完美无缺的人交往时，难免因为自己不如对方而有点自卑。如果发现精明人也和自己一样有缺点，就会减轻自己的自卑，感到安全，也就更愿意与之交往。所以，不太完美的人更容易让人觉得可亲、可爱。

从另一个角度来看，世界上不可能存在真正完美、没有缺点的人。如果一个人总是表现得很完美，倒很容易让人怀疑其中有造假的成分。或者说，故意把自己表现得很完美，这本身恐怕就是一个不好的缺点。

而那些追求完美的人，一定活得比一般人更累，而且与他们生活在一起或合作的人，也容易因为被他们要求，而活得比较累。

如果让人们选择是活得累而完美，还是活得轻松而有缺陷，恐怕大多数人都会选择后者。

实际上，缺点和优点也要辩证地看。人是一个有机的整体，往往是因为他有这个优点，才导致他有另一个缺点。比如一个慷慨大方的人，可能也有大大咧咧、容易粗心的毛病；一个爱干净、处处完美的人，也容易显得小气和斤斤计较。很多时候，就看你选择什么，放弃什么。

# 关键时刻拉他一把

## 实用精要

别漠视那些落魄的朋友，伸出你的手，关键时刻拉他一把，你将会像磁铁一样吸住他一辈子。

## 深度透析

有成功，就有失败；有得意者，就有落魄者。或许你昨天还是成功的典范，是一个意气风发、春风得意的人，到了今天，你就可能由于某种原因而一贫如洗，变成一个普普通通的人，甚至是还不如普通人的落魄者……

在当今社会，这种现象并不罕见。落魄者的情况各不相同，有的是政治原因，有的是思想品德所致，还有的是工作失误的结果。不管是主观原因还是客观原因，对于落魄者来说，从天上掉到地下，其痛苦心情可以想象。在这种际遇、地位剧烈变化的情况下，不少人自惭形秽，觉得没脸见人，也有的则更加自尊、敏感，对他人的态度异常关注。

人不可能一帆风顺，挫折、背时是难免的。当他落难的时候，虽然是他自己倒霉，但也是对周围人们，特别是对朋友的考验。远离的可能从此成为路人，但同情、帮助其渡过难关者，将以雪中送炭般的恩惠将其直接吸引，同时，他也将感激你一辈子。所谓莫逆之交、患难朋友，往往就是在困难时候形成的。这时形成的交情也往往最有价值，最让人珍视。

有一位领导因被小人诬陷而入狱，没有人敢接近他。他的心情很苦闷，一度丧失了生活信心，动了自杀的念头。这时他的一个部下不怕受连累，主动来见他，给他送东西，并开导了他，甚至狠狠地批评他的轻生思想，鼓励他，指出他的前途是光明的。这位领导终于坚持了下来，后来洗刷冤屈出狱了，十分感谢他的这个部下，把他当成知己。这个部下得了重病，他把自己的全部积蓄拿出来给他看病，后来又把他接到自己家里疗养，可见感情之深。

“我不知道他那时候那么痛苦，即使知道了，我也帮不上忙啊！”许多人遗憾地说。这种人与其说他不知道朋友的痛苦，不如说他根本无意知道。

人们总是可以敏感地觉察到自己的苦处，却对别人的痛处缺乏了解。他们不了解别人的需要，更不会花工夫去了解；有的甚至知道了也佯装不知，大概是没有切身之苦、切肤之痛吧。

虽然很少有人能做到“人饥己饥，人溺己溺”的境界，但我们至少可以随时体察一下别人的需要，时刻关心朋友，帮助他们脱离困境。当朋友身患重病时，你应该多去探望，多谈谈朋友关心的或感兴趣的话题；当朋友遭到挫折而沮丧时，你应该给予鼓励：“这次失败了没关系，下次再来。”当朋友愁眉苦脸、郁郁寡欢时，你应该亲切地询问他们。这些适时的安慰会像阳光一样温暖受伤者的心田，带给他们希望。

## “远亲不如近邻”

### 实用精要

因为离得近，接触的机会多，选择朋友就比较容易。一个人和我们住得越近，我们就越容易了解他，与他也就越能成为朋友。

### 深度透析

请你想一想：在你成长的过程中，谁是你最亲近的朋友。多数情况下，他

们可能是和你邻近的孩子们。

相同的现象也常发生在大学生宿舍里。有研究者统计发现，许多大学生总是和最近宿舍里的人最友好，和那些被安排住得最远的人最不友好。更使人吃惊的是，类似的情况也发生在更为亲密的关系中，比如婚姻。例如，对 20 世纪 30 年代一个城市的结婚申请的研究显示，有 1/3 的夫妻由双方住所相隔不超过 5 个街区的人组成，而且随着地理距离的增大，证书的数量下降。这些结果还不包括有 12%的人在婚前就有相同的地址。

上面的这些都说明，空间距离在决定友谊方面有着极大的影响。社会心理学家斯坎特、费斯汀格和巴克对住在综合楼房里的已婚大学生的友谊做了仔细、详尽的研究。他们发现了空间的特定结构和友谊发展的关联性。

例如，他们发现友谊和相互间公寓的邻近性有密切联系。住在一门之隔的家庭比住在两门之隔的更可能成为朋友；那些住在两门之隔的家庭比住在三门之隔的更可能成为朋友；以此类推。而且，住得离邮箱和楼梯近的人比住得离这类特色结构远一些的人在整幢楼中有更多的朋友。

也许你会感到疑惑，这个邻近性和吸引相关的事实是否是因为相互喜欢所以选择彼此住近一些。然而，研究发现，邻近性对喜欢有同样的影响。例如，对被根据姓氏字母顺序安排教室座位和房间的受训警察的研究发现：两个受训者的姓氏在字母表上的顺序越接近，他们就越有可能成为朋友。

显然，邻近性为友谊发展提供了机会，尽管它并不确保一定会发展友谊。

为什么邻近性能产生喜欢？首先，邻近的人低头不见抬头见，为了拥有一份美好的心情，人们不得不与邻近的人搞好关系。其次，由于邻近，由于熟悉，即使是简单的人际互动也会提高我们对他人的好感。再次，根据交换理论，人们在互动过程中，总是希望以较小的代价换取最大的报酬，而邻近性则满足了这一要求。

西方心理学家最简单的解释认为“离得近的人比离得远的人更有用”。

但是邻近性是否就一定具有人际吸引力呢？事情并不那么简单。我们知道，自己所喜欢的人往往是邻近的人，而自己所厌恶的人也往往是邻近的人。所以邻近是吸引的必要条件，但不是唯一的条件，只有当邻近的人具备了相互满足需要这一条件，或者说，人们对邻近者怀有好感时，邻近性才会产生吸引力。比如，同在一个单位工作的人，有的关系非常融洽，彼此默契配合，工作效率较高；而有的关系则相当紧张，甚至到了有你无我的程度。这些都是在邻近关系中时常发生的现象。但是，事情也是相对的，离开了具体的情境，离开了满足需要这一人际关系的基础，忽视了其他因素的作用，就会把邻近性孤立起来而犯绝对化的错误。

知道了以上内容，如果你想有目的地接近某些人，引起对方注意，不妨考虑一下先成为他的近邻。

## 幽默，让对方更加向你靠近

### 实用精要

在人际交往中，幽默是心灵与心灵之间快乐的天使，拥有幽默就拥有爱和友谊。

### 深度透析

幽默使生活充满了情趣，哪里有幽默，哪里就有活跃的氛围。

一个秃头者，当别人称他“理发不花钱，洗头不费水”时，他当场变了脸，使原本比较轻松的环境变得紧张起来。一位演讲的教授，也是一个秃头，他在自我介绍时说：“一位朋友称我聪明透顶，我含笑地回答，‘你小看我了，我早就聪明绝顶了。’”然后他指了指自己的头说：“我今天演讲的题目是‘外表美是心灵美的反映’。”教授就这样开始了自己的演讲，整个会场充满了活跃的气氛。

同样是秃头，同样容易受到别人的揶揄和嘲谑，为什么不同的人得到的却是不同的认可？其间的缘故就是有没有幽默感。幽默不仅反映一个人随和的个性，还显示了一个人的聪明、智慧以及随机应变的能力。但需要注意的是，幽默既不是毫无意义的插科打诨，也不是没有分寸的卖关子、耍嘴皮。幽默要在入情入理之中，引人发笑，给人启迪。

生活中应用幽默，可缓解矛盾，调节情绪，促使心理处于相对平衡状态。

著名的喜剧大师卓别林曾说："通过幽默，我们在貌似正常的现象中看不出不正常的现象，在貌似重要的事物中看不出不重要的事物。"

幽默并非天生就有，而是需要自己用心培养。那么，怎样培养幽默感呢？

**要领会幽默的真正含义**

幽默不是油腔滑调，也非嘲笑或讽刺。正如有位名人所言：浮躁难以幽默，装腔作势难以幽默，钻牛角尖难以幽默，捉襟见肘难以幽默，迟钝笨拙难以幽默，只有从容、平等待人、超脱、游刃有余、聪明透彻，才能幽默。

**扩大知识面**

幽默是一种智慧的表现，它必须建立在丰富的知识基础上。一个人只有具有审时度势的能力、广博的知识，才能做到谈资丰富，妙言成趣，从而做出恰当的比喻。因此，要培养幽默感，必须广泛涉猎，充实自我，不断从浩如烟海的书籍中收集幽默的浪花，从名人趣事的精华中撷取幽默的宝石。

**陶冶情操**

幽默是一种宽容精神的体现，要使自己学会幽默，就要学会宽容大度，克服斤斤计较，同时还要乐观。乐观与幽默是亲密的朋友，生活中如果多一点趣味和轻松，多一点笑容和游戏，多一点乐观与幽默，那么就没有克服不了的困难，也不会出现整天愁眉苦脸、忧心忡忡的痛苦者。

**培养敏锐的洞察力**

提高观察事物的能力，培养机智、敏捷的能力，是提高幽默的一个重要方面。只有迅速地捕捉事物的本质，以诙谐的语言做出恰当的比喻，才能使人们产生轻松的感觉。

当然，在幽默的同时还应注意，重大的原则总是不能马虎，不同问题要不同对待，在处理问题时要极具灵活性，做到幽默而不俗套，使幽默为人们的精神生活提供真正的养料。

# 表达你的好感

## 实用精要

如果你愿意表达自己的好感的话，人与人的沟通有时候并没有想象中的那样难。

## 深度透析

认同别人，就是认同自己。表达你对别人的好感，就会赢得别人对你的好感。

在朋友圈中，李波是一个极有魅力的人，大家总会不知不觉地受他的影响。他走到哪儿，就会给哪儿带来生气与活力。当你讲话时，他会全神贯注地倾听，让你感觉自他听你说话的那一刻起，你就比以前更加重要了。

人们都喜欢接近他，愿意与他在一起工作、学习和聊天。

一个阳光灿烂的秋日，小明和李波坐在办公室里闲谈。忽然看见陈平向他们走来。

“讨厌的人过来了，我可不想碰到他。”小明说着，想出去避开一下。

“为什么？”李波问。

小明解释说：“到这个单位以来一直感觉和他关系不太好，我不喜欢他提出的一些问题，他也不满意我所做的事情。”

李波看着陈平，“看上去他没有那样讨人厌烦啊，至少不像你说的那样，或许你想错了，”他说，“或许是你逃避他。你这样做，只因为你害怕。而他可能也觉得你不喜欢他，因此他对你也就不那么友善了。人们都喜欢那些喜欢自己的人，如果你对他表示好感，他就会以同样的方式对待你，去跟他说说话吧。”

于是，小明试着迎上前去，热情地问候陈平刚过去的周末怎么样，是否过得愉快。陈平听到小明的问候，表现出十分惊奇的样子。而此刻李波正看着他们，咧着嘴在笑。

人都喜欢听一些表扬的话，让自己高兴的话，当然，这种表扬和高兴不是那种有目的的拍马之类的话语，不是那种有意美化别人的献媚，而是实实在在地赞美，表达你的真诚。

表达你的好感，是人际交往的润滑油，推动着人际关系向美好的方向发展。这种表达不用投资，不需本钱，只要你发自内心的一个微笑，一个欣赏的眼神，一句轻轻的赞许，就行了。

又有人说：生活是一面镜子。你对人生表达好感，人生回报给你的也必是一片好感。

善待他人同时也是在善待自己。正像站在镜子前一样，你怒他也怒，你笑他也笑，一切取决于你的态度。朋友，不妨试试看，用感激去装扮你的人生，点缀你的生活吧。从今天开始，多些感激，勇敢向他人表达你的好感吧！

# 第二章

# 轻松赢得对方青睐的爱恋心理学

## 花点心思，给爱情下套

### 实用精要

在爱情里，太“老实”也不行，使点小招数可能会为自己赢得真爱。

### 深度透析

爱情需要一点心计，特别是我们已经心动可是对方的感情依旧不够明朗的时候，更要花一些心思，给爱情下个套，让对方爱上自己。

乔勇是一个很出色的律师，他热衷于打离婚的官司，尤其是涉及巨额财产的案子。作为一流的律师，他总能想尽办法帮助自己的客户在官司中获得最大的利益。

三年前，他被一个富翁雇佣。富翁正在为怎样保护自己的财产而大伤脑筋。富翁有一个漂亮的妻子，叫胡佳。她很精明，经常跟富翁们打交道，并且通过婚姻关系来获取他们的财产。

经过几次接触，乔勇觉得自己对胡佳产生了好感，可是为了客户的利益，他压制住了自己的感情，尽心尽力地工作，终于找出了破绽。他用自己非常纯熟的专业技巧帮助富翁打赢了官司，并在法庭上羞辱了胡佳。没有得到一分钱的胡佳并没有想象中那么愤怒，只是冲着乔勇微微一笑，转身离开了。

就在那一瞬间，乔勇觉得自己错怪了她，也许她并不是一个为了钱什么事情都做得出来的女人。尽管这样的想法扰得他心神不宁，但是他很快就将这个女人的事情忘记了。

不久以后，胡佳居然又找了一个富翁，在结婚之前，她来找乔勇做财产公证。与上一次婚姻不同的是，胡佳似乎对钱财看淡了，她对乔勇说，自己给别人的印象一直是一个为了钱生活的女人，没有人肯接受这样的女人，所以才会选择走以前的路。可是，仔细想想，金钱又算什么呢？如果能够找到一个真正爱自己，也能让自己爱上的人，她这辈子也就没有什么遗憾了。说者无心，听者有意。看着眼前经历颇多的女人，乔勇沦陷了。他爱上了她，所以他劝她结束这场游戏，并向她表明了爱意。

经过一段时间的相处，胡佳接受了乔勇，两个人终于走到了一起。可是，就在两个人的婚礼上，乔勇发现：牵着胡佳的手走进礼堂的司仪，居然是乔勇的客户——那个跟胡佳争财产的富翁。

原来，这不过是胡佳导演的一场追爱戏剧。胡佳是乔勇的大学校友，早就爱上了乔勇，可是他整天忙于学业，毕业之后又忙于事业，对身边的女孩不闻不问。为了吸引他的注意，胡佳才想到请自己的叔父配合演了上面的一场戏。

乔勇知道了真相以后没有生气，反而给了她一个大大的拥抱。

胡佳巧用心思，给心上人下了一个爱情圈套，最后赢得了自己的幸福。对于爱情，很多人不赞同耍心计，觉得两个人在一起是靠缘分的，如果自己爱上了对方可是对方没爱上自己，那就是彼此无缘。其实“缘”是天注定，“分”却是自己修来的。在两个人相爱以前，思想上不能形成统一，等于是每个人都在独立为了爱情而奋斗。

在刚交往时，我们以为自己表达了热情，表现出了对对方的关切，对方应该就会感受到了自己的爱意，其实这不过是我们的感觉而已，并不一定是对方给予的互动。如果我们想弄清楚对方的想法，是需要一定的技巧的，因为如果在对方没有产生爱意之前直接表达，那么这样的行为无疑是一种冒险。可是，花了一点心思，给爱情设个套，让对方注意到了自己的存在，并且也爱上自己，那么你就能像故事中的胡佳一样可以赢得爱情的拥抱了。

# 耍点心计，约会也能事半功倍

## 实用精要

第一次的约会，就大致决定了你在他心目中的位置。

## 深度透析

现实生活中，不论男女，不管与谁见面，都应该提前做好准备，让自己可以从从容容地应对约会，应对对方那颗探索的心。

张青喜欢上了她的一位客户。有一回见面本来约好10点，但是那个男人临时有事推迟了一个小时，他们谈完已经到了午饭时间。男人说："不好意思让你久等了，不如我请你吃饭赔罪吧。"张青压抑着咚咚乱跳的心，假装为难地考虑了一下说："对不起我发个短信，本来和朋友约好一起吃饭的。"然后对着手机乱按了一气。

就这样，他们开始了非工作式的交往。张青当然要回请他。第二次一起吃完饭，他们之间随意了许多。三天后，张青买了条领带送给他，谢谢他对她工作的支持。再三天后，张青以自己生日为名请他出来吃饭。一个星期主动约了人家三次，这已经不是一个寻常的数字。如果他有意，该明白张青的心，如果无意，那么再努力也没有用。于是张青开始收手。

果然不出所料，一周后，男人终于约了她。见面的第一句话是："你好像突然失踪了，我很不习惯。"瞧，她成功了！

张青利用约会，不动声色地耍了一点小心计，这才激起了对方的兴趣，为自己赢得了交往下去的机会。

那么，初次约会，究竟需要注意哪些细节呢？

**装扮随意而得体**

适合自己的才是最好的，为自己准备的约会装扮要展现自身的优势，整体上要整洁大方，风格最好选择休闲装，较为随意又不过于散漫，以避免在服饰的细节上给对方留下糟糕而可笑的坏印象。女人可以略施淡妆，突出自己的清

新秀丽，而不要浓妆艳抹，极尽妖娆。男人则大可不必。

**千万不可迟到**

遵守时间是一种美德，初次约会就迟到，对方只会认为你是一个不负责任的人，没准在他心中，你已经出局了。如果你不幸迟到，必须诚恳地向对方道歉，而不要满嘴借口。

**礼貌问候对方**

异性之间，初次见面的时候，点头加微笑的问候是比较适合的。

**增添聊天的互动性**

聊天时，切不可大聊特聊，喋喋不休。适当地选择一些轻松的话题，进入聊天氛围，比如讲个小笑话之类的；也要专注倾听对方的讲话，适当给予赞同的微笑，这才是有互动的聊天。

**不要探听对方的隐私**

初次见面，切忌探听对方的隐私。把自己变成一个敬业的狗仔，拿着显微镜，从对方有几个兄弟姐妹到月薪多少、存款几位数、是否有房有车等多方面进行地毯式盘查，这只会让对方产生逃之夭夭的想法。

# 小鸟依人，成全“大男人”

## 实用精要

一个真正聪明的女人是知道怎样让自己适当的笨一点的。

## 深度透析

很多时候，太强势的女人会让男人望而生畏，在迟子建的小说《逝川》中，就有这样一个例子。

年轻时的胡会能骑善射，围剿龟鱼最有经验。别看他个头不高，相貌平平，却是阿甲姑娘心中的偶像。那时的吉喜不但能捕鱼、能吃生鱼，还会刺绣、裁剪、酿酒。胡会那时常常到吉喜这儿来讨烟吃，吉喜的木屋也是胡会帮忙张罗盖起来的。那时的吉喜有个天真的想法，认定百里挑一的她会成为胡会的妻子，然而胡会却娶了毫无姿色和持家能力的彩珠。胡会结婚那天吉喜正在逝川旁刳生鱼，她看见迎亲的队伍过来了，看见了胡会胸前戴着的愚蠢的红花，吉喜便将木盆中满漾着鱼鳞的腥水兜头朝他浇去，并且发出快意的笑声。胡会歉意地冲吉喜笑笑，满身腥气地去接新娘。吉喜站在逝川旁拈起一条花纹点点的狗鱼，大口大口地咀嚼着，眼泪簌簌地落了下来。

胡会曾在某一年捕泪鱼的时候告诉吉喜他没有娶她的原因。胡会说："你太能了，你什么都会，你能挑起门户过日子，男人在你的屋檐下会慢慢丧失生活能力的，你能过了头。"

吉喜恨恨地说："我有能力难道也是罪过吗？"

吉喜想，一个渔妇如果不会捕鱼、制干菜、晒鱼干、酿酒、织网，而只是会生孩子，那又有什么可爱呢？吉喜的这种想法酿造了她一生的悲剧。在阿甲，男人们都欣赏她，都喜欢喝她酿的酒，她烹的茶，她制的烟叶，喜欢看她吃生鱼时生机勃勃的表情，喜欢她那一口与众不同的白牙，但没有一个男人娶她。逝川日日夜夜地流，吉喜一天天地苍老，两岸的树林却愈发蓊郁了。

男人天生有英雄情结，不管多么懦弱的男人，都希望在女人面前充满力量，以满足自己天生的保护欲。男人为什么喜欢那种小鸟依人的女人呢？因为小鸟依人的女人藏起了她的力量，掩盖了她的才识。这种女人精明就精明在她会示弱，让男人觉得自己是高大的、不可或缺的。所以，女人不要总以女强人的身份出现，适当在男人面前示示弱，或许就不至于吓跑你的王子。

爱情中，男人喜欢被女人需要，觉得那是一件很幸福的事情，他们总是乐于为心爱的女人做任何事情。女人聪明一点当然好，但是不要在男人面前太聪明、太能干，要给他表现自己的机会，他不但不会嫌麻烦，反而会更爱你。

## 体贴入微，让恋爱迅速升温

### 实用精要

女孩总是钟情于对她们很体贴的男人，如果你能在一些微妙的小事上做有心人，就有很大可能赢得女孩的芳心。

## 深度透析

女性大多喜欢男性从细微之处给予关照，聪明的男人要善于把握异性的这一心理趋向，这样才容易击中女孩心中柔软的触角，让恋爱迅速升温。反之，如果缺乏细腻，在恋爱生活中常会忽视一些细小方面的体贴，爱就会在这些小小的地方失去。

一般来说，从以下几个方面表现出你的体贴，最能讨女孩欢心。

**玫瑰花千万不能少**

自古以来，玫瑰花是爱情的象征，给自己心爱的人送上一束玫瑰花，会讨得对方的欢心。这是因为：一方面，送花代表着一种赞美，告诉女孩她像花一样漂亮；另一方面，现在送花是种流行，男人送花才会觉得能够表达爱意，而女孩也能通过花来理解对方的心意。因此，想让女朋友开心，不妨送一束玫瑰花给她，向她表达你的浓浓爱意。

**关注她身上细微的变化**

几乎所有的女性都对男友表示过不满。其中最常见的是当她梳着一个新发型，或新买了一件漂亮衣服，兴致勃勃地等待男友赞美的时候，她的男友却视而不见。“喂，你到底发现没有，我是不是哪里跟以前不大一样了？”即使她这样问，他也还像是没有察觉到的样子：“哦，是吗？”再不然就是：“你的意思是说，你的发型变了，是吗？”或者是：“哦，好像你的衣服有点变化，对不对？”这样的回答，往往会使她大为扫兴，甚至使双方都不愉快。其实只要你有意无意地问一声，她就会感到满意，而不会因为你无动于衷而独自生闷气。

**每天都要主动和她联系**

任何感情都需要靠生活中的点点滴滴来积累，爱情尤其是这样。如果你将爱情搁置一段时间，爱情就会变质。生活中偶尔对她说一些甜言蜜语是有必要的，让她每天都知道你在爱着她、关心着她，她会觉得每天生活在幸福之中，感情也会越来越强烈。如果你们不是每天见面，就可以发个短信或者打个电话，总之，不能让爱情搁浅。需要注意的是，打电话一定要让她先挂。因为，如果是你先挂断，她听到挂电话后电话里“嘟嘟”的声音，心里会产生莫名的失落感和距离感。因此，在每次通过电话之后，应该等女孩先挂电话，这样女孩就不会产生失落感，也就会对你更加恋恋不舍。

**经常送些小礼物**

除了鲜花之外，还要经常送女孩一些贴心的小礼物，一般来说，这些小礼物最好是她们平时需要的。这就要看男人是不是细心，能不能从生活的点滴中看到女友需要什么。礼物会让女孩高兴，真心的话语更会让女孩感动。送礼物的同时不妨附带一张小纸条，上面写上你关心的话语，此刻，女孩收到的不仅仅是一份礼物，更是一份心意。

**多制造一些“二人世界”的机会**

恋爱不是一个人的事情，也不是三个人的事情，而是两个人的事情，两个人单独相处最能增进彼此的感情。当然，你可以采取不同的方法来制造“二人世界”，如陪她逛街、旅行、看电影等。有很多女人似乎是天生的逛街狂，恨不得一天 24 小时都在街上，而男人最讨厌的就是逛街，因为消耗的体力和精力太大。但是为了讨女朋友开心，当她向你提出一起逛街的要求时，一定要爽快地答应，并表现出一副乐于前往的样子，让她觉得你是个什么都愿意为她做的人。对于恋爱中的男女来说，去电影院似乎有些老套，但电影院里的气氛确实适合情侣。因此，周末的时候一定要带女友多看几场电影。

**抽时间去旅行**

和女友交往一段时间后，一定要带她出去旅行一次，因为你要在你们的生活中制造一些浪漫的回忆。这样，女孩就会经常想起你们一起经历的种种，然后回味你对她的好。并且，偶尔的旅行也会使人变得轻松很多，于是你们的爱情也会更加轻松浪漫。

## 若即若离，激发他的“狩猎”欲

### 实用精要

对于男人来说，得不到的，才是最好的。

### 深度透析

女人要想追到心仪的优质男人，让他乖乖走进你的爱情阵地，不妨对他要

点小诡计，若即若离，男人反而会加快步伐围着你、追求你。

对男人，一味地付出并不见得是件好事，欲擒故纵才是爱情高手所为。如果女人在面对自己心爱的优质男时，能有意保持若即若离的关系，这个男人注定是你的“囊中之物”。

亨利八世是一个相当暴戾的男人，一生娶了六位妻子，厌倦一个杀一个。直到某一天，他在郊外狩猎的时候，遇到了一个女孩，她披着金色长发，太阳光洒在她飘飘的绿袖上，美丽动人。只一个偶然照面，他们眼里，就烙下了对方的影。但她知道，他一旦得到她，他就厌倦她如别人，她也难逃一死，唯一的办法是逃离。她躲了他一生，而他却爱了她一生。他命令宫廷里的所有人都穿上绿衣裳，缓解他的相思。他寂寞地低吟着：“唉，我的爱，你心何忍？将我无情地抛去！而我一直在深爱你，在你身边我心欢喜。绿袖子就是我的欢乐，绿袖子就是我的欣喜，绿袖子就是我金子的心，我的绿袖女孩没人能比？”终其一生，他不曾得到她，一瞬的相遇，从此成了永恒。

聪明女人深谙的就是“花要半开，酒要半醉”的东方式唯美，而不是像无知女孩那样一味地展现“接天莲叶无穷碧，映日荷花别样红”的绚烂和艳丽。有的东西，没有余地了就像是一眼见底的白开水，没有了可以期待的韵味，男人也就失去了探险的兴致。

如果一个男人发现了自己喜欢的东西，他就会去追求，而追求本身会让他的欲望更加强烈。如果他不能马上得手，就会更加急不可待。欲望完全攫取了他的心，也使他对自己所追求的东西产生更丰富的联想。那些过于乖巧的女孩，很容易被男人追到手，但这无异于给追求的过程泼了一盆冷水。这就如同玩扑克牌，假如刚一开局他便大获全胜，就意味着他整个晚上的使命已经结束。反之，如果他的赢局来得非常慢，一开始总是胜少负多，就是烈马也难以把他拉走，因为他总觉得自己很快就会赢，他离胜利只有一步之遥了。雄性争强好胜的心驱使着他，让他留下来继续战斗。

当然，被男人追求的女人也不必过于矜持，应该渐渐接受他，让他做一个真正的男人，给予他追逐的快感。

# 几分神秘，永葆爱情新鲜

## 实用精要

两情相悦的男女，会希望了解彼此的一切，但要小心，对方一旦了解了你的全部，对你的兴趣也可能随之急速冷却。

## 深度透析

聪明的女人不会轻易给男人们所想要的，但也不会让男人误以为她们是古板女人。她们时常露出一些撩人的小性感勾引男人，却并不完全满足他。她们对待男人，永远都留着一手。留下的那一部分，就是男人永远感到神秘，永远想着要攻克的堡垒。很多女人将自己毫无保留地奉献给了对方，自以为无比高尚，但男人们通常并不领情，甚至因此对她们失去了兴趣。有些保留，才会有几分期待，有几分神秘感，才会有下一次的惊喜。

当一个女人在男人的眼里失却了神秘感，也就失却了新鲜感。喜欢新事物，喜欢新鲜的东西，而对旧事物、习以为常的事情不感兴趣，这是人之常情。

从前有个寺院，由于住持老和尚潜心参修佛法，寺院的香火十分冷清，眼看就要到无法维持和尚们斋饭的地步。

有一天，适逢镇上赶大集。老和尚从自己的佛珠上摘下一颗，让小和尚下山拿到集市上去卖，并且用卖得的钱买米回来，做全寺僧人一个月的斋饭。小和尚十分为难。老和尚说："后院柴房有个木匣，你用它装着佛珠去卖吧。这镇上的大集从来都是开三天，你到了集市，找个位置只管坐着打坐，只要把匣子打开让人们看到里面的珠子就可以了，有人问你价钱也不要回答，有人出的价再高你也不要理他。到了第三天，第一个出价的人，不管他出多少，你都要卖给他。我保你能够买足够的米回来。"小和尚将信将疑地下了山。

集市上的商家无不卖力吆喝自己的货物，唯有小和尚很特别。有人问小和尚珠子价钱，小和尚并不回答，只是打坐。有人问一个铜板卖不卖，小和尚依

旧打坐。渐渐地，人们出的价钱越来越高，小和尚还是打坐。很快，集市上就开始流传：一个高僧在卖一颗神奇的珠子。

到了到第三天，一大早，有个富商试探地问：“小和尚，一万个银圆卖不卖？”小和尚按他师傅说的，痛快地答应了。然后他从集市上买了足够的米，并带着剩下的足够他们吃好久的银圆回到了寺里。而得到珠子的富商，虽然花费了不菲的金钱，可因为得到了别人无法得到的宝贝，同样感到十分满足。

老和尚紧紧抓住了人们在经济活动里的心理，巧妙地达到了自己的目的。这个办法在爱情里同样有效：留下几分神秘，让自己变得珍贵。聪明女人要懂得爱情的保鲜之道，要知道，你不再神秘，便没有了新鲜感，他也就没有想探寻你的愿望了。懂得为自己保留一点儿神秘感，让男人永远觉得你是一本百读不厌的书，将自己的心灵不断地放逐，将自己的外表不停地迁徙，永远保持着神秘感。这才是保持魅力的最好手段，也才能保持爱情的新鲜感。

# 第三章

# 以异性魅力俘虏对方的性别心理学

## 利用异性效应，吸引对方眼球

### 实用精要

对于一个很有异性人缘的人来说，不经意间便可散发出一种让异性无法离开自己的力量。

### 深度透析

心理学上有一个定律叫做“异性定律”，说的是人和人之间“同性相斥，异性相吸”的现象以及这种现象对社会交往产生的微妙影响。

杨燕是某公司公关部经理，她人脉很广，出师必胜，为公司做了很大贡献。公司的原料奇缺，材料科的同志四处奔走，连连碰壁，而杨燕一出马，问题便迎刃而解。公司资金周转不灵，急需贷款，急得总经理像热锅上的蚂蚁，而杨燕周旋于银行之间，没多久，就获得贷款上百万元。杨燕因此得到了领导的格外器重。

杨燕成功有两方面的原因。首先，她具有清醒的头脑、敏捷的口才、丰富的知识和阅历，接物待人也比较灵活。其次，她的成功其实也和她端庄的容貌、娴雅的仪表有很大的关系。

根据异性定律，在一男一女的社交场合中，男性常常想表现得举止潇洒、气度不凡、才华横溢、谈吐幽雅、妙语连珠，这样很容易唤起女性的好感。当然，男性在这种社交场合中，想取悦对方从而得点好处常常不是本意，而是一种潜在的心理意识。所以，当男人与女人单独交往时，沉默寡言的男性会表现得谈吐自如、滔滔不绝；胆小懦弱的男性会变得勇猛异常；粗俗野蛮的男性会变得儒雅温存。这种异性之间在交往中表现出的超出正常的热情，是可以促进事情成功的效应，是异性效应中的正效应。反之，如果一位男人在择偶中屡受挫折，他可能对女性有种憎恨的心，甚至还会产生负效应。

无论你能否感受到，在人与人交往中，这种“异性效应”都存在。异性交往中，这种效应表现得更为明显。为什么会有“一见钟情”？为什么会有“同床异梦”？就是彼此之间吸引力的问题。

这种异性效应，在青年男女身上表现得更为强烈。这是因为青年人随着身心发育的成熟，正处于对异性的亲近、爱慕和追求期，常常会不由自主地将注意力移到异性身上。他们在情感上渴望与异性交流，以发现自我、完善自我和理解别人，从而体验到深深的情感依恋，渴望得到异性的肯定以增强自信心。

# 倾听，男人了解女人的必修课

## 实用精要

想走进女人的内心世界，必须学会的是倾听。

## 深度透析

很多男人懂得“言多必失”的道理，因而能够适时保持沉默，但是，大多数男人却又不懂得倾听，从而丧失了深入了解女人的机会。倾听是如此重要，我们不妨做一下换位思考，如果一个女人能听懂你的每一句话，而且她能告诉你，你所说的真正意思，那么你一定把她当做知音。对女人也是如此。

在与女人谈话过程中，你若耐心倾听对方说话，等于告诉她，“你说的东西很有价值”，或“你值得我结交”，等于表示你对对方有兴趣。同时，这也使对方感到她的自尊得到了满足。由此，说者对听者的感情也更进一步了，说者会觉得“他能理解我”，“他真的成了我的知己”。于是，二人心灵的距离缩短了，只要时机成熟，两个人就可以成为好朋友。

由此可见，适时的倾听对了解女人十分有益。让她先吐为快，既表示了对其尊重，又能借机了解其为人。此外，你低调的言行又会使对方感到你的和善、谦逊。有人认为，言行低调可能会被人轻视或忽略，得不到关注。事实上，低调一些，你会赢得更多的好感、机遇，以及朋友。这样看来，与其自顾自地滔滔不绝，倒不如将说话的机会让给对方。

不过，成功的“听”者并不是被动的。纪伯伦曾经说过：“如果你想了解一个人，不要去听他说出的话，而要去听他没有说出的话。”一般来说，女人不会轻易把自己真实的意见、想法表达出来，但她的感情或意见，总会在她的语言里体现得清清楚楚。

如果你想真正地了解一个女人，就不要刨根问底，试图让对方表白自己。要做一个聪明的听者，首先要提高自己的倾听能力。

那么，怎样提高倾听的能力？

**保持耳朵的畅通**

在与女性交谈时，尽量谈对方感兴趣的事，并用鼓励性的话语或手势让对方说下去，并不时地在不紧要处说一两句表示赞同的话，对方会认为你在尊重她。

**全心全意地聆听**

轻敲手指或频频用脚打拍子，这些动作是会伤害女人的自尊心的。眼睛要看着对方的脸，但不要长时间地盯住对方的眼睛，因为这样会使对方产生厌恶的情绪。只要你全神贯注，轻轻松松地坐着，不用对方放大音量也可以一字不差地听进耳朵里。

**协助对方把话说下去**

这一点很重要，因为女人说了很多话以后，却得不到你的反应，尽管你在认真地听，她也会认为你心不在焉。在对方话语的不紧要处，不妨用一些很短的评语以表示你在认真地倾听，“真的吗？”“太好了！”“告诉我是怎么回事？”“后来呢？”这些话语会使女人兴趣倍增。

**把说话的机会奉还给女人**

有些男人有一种错觉，以为在与女人交谈时，越表现自己越能得到对方的青睐。事实上，你说个没完，反而剥夺了她们说话的权利，让她们兴味索然。所以，在你滔滔不绝讲话的时候，注意也要把说话的机会奉还给对方。

**不要乱插嘴**

在女人讲话的时候，如果你自作聪明，用不相干的话把她们的话头打断，会引起她们极强烈的反感，她们会认为你太大男子主义，对她们不够尊重。

**要学会听出言外之意**

通常除说话以外，女人的一个眼色，一个表情，一个动作都能在特定的语境中表达明确的意思。并且，就是同一句话也可以听出其弦外之音、言外之意。

**用心听，要听全面**

欣赏对方的为人，这一点很重要。仔细倾听能帮助你做到这一点，认真听，并且要听全面的而不是支离破碎的话语，否则你可能会妄加评说，影响沟通。

总之，倾听是表示关怀的行为，是一种无私的举动，它可以让我们离开孤独，进入亲密的人际关系，并建立友谊。一个男人，在与女人交谈中要善于倾听，这样才能及时给对方反馈，使其有一种心照不宣之感，把你当成知己。

# 从男人的场面话里听门道

## 实用精要

冷静下来，才可辨别对方的场面话里究竟是怎样的用心。

## 深度透析

有些男人最喜欢说场面话，如果你不能从他们的场面话里听出其真实的意图，就可能经常会曲解他们的意思，使自己处于被动的地位。比如，一个小气的男同事，经常抛出社交辞令客套邀约："哎呀，哪天我请大家吃饭吧！"如果你真对这顿饭抱有大希望，最终必然会让你气得发晕，如果你不断提醒他，他不是跟你打哈哈，就是以冷眼相对。事实上，男人这种与本意相反的场面话，往往是因为内心的不安与恐惧，为求自我安慰，于是一而再、再而三，因循成习。

不过，话说回来，有时候场面话也是一种生存智慧，不仅男人需要说，女人也应该会说。这不是罪恶，也不是欺骗，而是一种必要。但前提是，只有你听懂了他们的场面话，才能充分利用，最终皆大欢喜，否则便常常会被场面话伤害。

张丽毕业后在外地某中学教书，她一直想找机会调回本市。一天，她的一个好朋友告诉她，市一中正好缺一个语文老师，看她能不能托个人调回来。张丽东打听西打听，还真打听到有一个远房亲戚在市教育局上班，虽然不是什么一把手，但还是能“说上话”的，于是她拿了点东西便去拜访这位从未谋过面的亲戚了。

亲戚看上去还挺斯文的，不愧是文化部门的，对张丽也很热情，当面拍胸脯说：“没问题！”张丽一听这话，便高高兴兴地回去等消息，谁知几个月过去，一点消息也没有。打电话去，不是不在就是正在开会。后来那个朋友告诉她，那个位置早已被别人捷足先登了。张丽一听这话，非常生气地说：“自己没本事你早说啊，我还可以想别的办法，这不是害我嘛！”事实上，那位亲戚只不过说了一句场面话，而张丽则信以为真了。

男人的场面话有的是实情，有的则与事实有相当的差距。听起来虽然不实在，但只要不太离谱，听的人十之八九都会感到高兴。诸如“我全力帮忙”“有什么问题尽管来找我”等，男人经常把这些话挂在嘴边，因为他们会觉得，当面拒绝别人自己会很没面子，所以先用场面话打发，能帮忙就帮忙，帮不上或不愿意帮忙就再找理由。

因此，对于男人拍胸脯答应的场面话，你只能持保留态度，以免希望越大，失望也越大。你只能姑且信之，因为人情的变化无法预测，你测不出他的真心，只好先做最坏的打算。要知道男人说的是不是场面话也不难，事后求证几次，如果对方言辞闪烁，虚与委蛇，或避而不见，避谈主题，那么对方说的就真的是场面话了！

# 揣摩男人心思，把话说进他的心窝

## 实用精要

了解了男人的心理，你就会很容易抓住他们的要害，让他们完全听命于你。

## 深度透析

实际上，男人是一种很容易听女人话的动物，尤其是陌生的男人，由于他们对你也同样陌生，出于礼貌一般不会直接拒绝你。但是，如果你不能把话说进他们的心窝，很快便会遭到拒绝了。

想要把话说到男人心窝里，就需要一些小技巧了。你可以通过他们在无意中显示出来的态度了解其心理，从而进行有针对的谈话。例如，对方抱着胳膊，表示在思考问题；抱着头，表明一筹莫展；低头走路、步履沉重，说明他心灰气馁；昂首挺胸，高声交谈，是自信的流露；抖动双腿常常是内心不安、苦思对策的举动；若是轻微颤动，就可能是心情悠闲的表现，等等。

当然，对男人的了解还不能停留在静观默察上，还应主动侦察，采用一定的侦察对策，去激发对方的情绪，才能够迅速准确地把握对方的思想脉络和动态，从而顺其思路进行引导，这样的会谈才更易于成功。

面对陌生的男人，谈话需要考虑以下几个方面。

**年龄差异**

对年轻人应采用煽动的语言；对中年人应讲明利害，供他们斟酌；对老年人应以商量的口吻，尽量表示尊重的态度。

**地域差异**

生活在不同地域的人，所采用的劝说方式也应有所差别。如对北方人，可采用粗犷的态度；对南方人，则应细腻一些。

**职业差异**

运用与对方所掌握的专业知识关联较紧密的语言与之交谈，对方对你的信任感就会大大增强。

**性格差异**

若对方性格豪爽，便可单刀直入；若对方性格迟缓，则要“慢工出细活”；若对方生性多疑，切忌处处表白，应不动声色，使其疑惑自消，等等。

**兴趣爱好差异**

凡是有兴趣爱好的人，当你谈起有关他的爱好这方面的事情来，对方都会兴致盎然。同时，对你无形中也会产生好感，为你找人办事儿打下良好的基础。

第十篇

# 办公室的相处之道

——职场心理学

# 第一章

# 让你的岗位无可挑剔的补位心理学

## 替你的老板打圆场

### 实用精要

上司的尊严不容侵犯、面子不容亵渎。当上司理亏时要给他留下台阶，当众纠正上司是万万不能的。消极地给上司保面子不如积极地给上司争面子。

### 深度透析

慈禧爱看京戏，常赏赐艺人一点小东西。一次，她看完著名演员杨小楼的戏后，把他召到眼前，指着满桌子的糕点说：“这一些赐给你，带回去吧！”

杨小楼叩头谢恩，他不想要糕点，便壮着胆子说：“叩谢老佛爷，这些尊贵之物，奴才不敢领，请……另外恩赐点……”

“要什么？”慈禧心情很好，并未发怒。

杨小楼又叩头说：“老佛爷洪福齐天，不知可否赐个字给奴才。”

慈禧听了，一时高兴，便让太监捧来笔墨纸砚。举笔一挥，就写了一个“福”字。

站在一旁的小王爷，看了慈禧写的字，悄悄地说：“福字是‘示’字旁，不是‘衣’字旁的呢！”杨小楼一看，这字写错了，若拿回去必遭人议论，岂非有欺君之罪，不拿回去也不好，慈禧一怒就会要自己的命。要也不是，不要也不是，他一时急得直冒冷汗。

气氛一下子紧张起来，慈禧太后也觉得挺不好意思，既不想让杨小楼拿去错字，又不好再要过来。

旁边的李莲英脑子一动，笑呵呵地说：“老佛爷之福，比世上任何人都要多出一‘点’呀！”杨小楼一听，脑筋转过弯来，连忙叩首道：“老佛爷福多，这万人之上之福，奴才怎么敢领呢！”慈禧正为下不了台而发愁，听这么一说，急忙顺水推舟，笑着说：“好吧，隔天再赐你吧。”就这样，李莲英为二人解脱了窘境。

中国人酷爱面子，视尊严为珍宝。有“人活一张脸，树活一张皮”的说法，尤其做老板的更爱面子。作为老板，他要树立起威信，若不慎做了错误的决定或说错了什么话，如果下属直接指出或揭露他的错误，无疑是向他的权威挑战，会让他很没有面子，会损害他的尊严，刺伤他的自尊心。

金无足赤，人无完人，老板也有错的时候。这时候，你要装作不知道，事后尽力去弥补就是了。

老板有错时，不要当众纠正。如果错误不明显、不关大局，其他人也没发觉，不妨“装聋作哑”，等事后再予以弥补。

切忌不要在公众场合或同事的面前跟老板顶嘴，那反而会弄巧成拙。因为有些老板极重“面子”，即使明知自己错了，也拉不下脸当众承认，如果你一味地穷追猛打，在大家面前让他出丑的话，吃亏的只会是自己。

# 恭维赞美，适时适度

## 实用精要

为人处世，没有必要追求“水至清”的效果。如果你觉得拍马屁很肉麻，那你至少也应该常去赞美别人。

## 深度透析

赞美别人，仿佛用一支火把照亮别人的生活，也照亮自己的心田。赞美，能让听者心里暖洋洋的，对你好感大增。越是身居高位的人，越需要别人的称誉和赞美。

赞美老板，需要一定的技巧。老板是职位比你高一层的人士，所以你不能像对待同事朋友那样随意赞美；如果赞美得牵强附会则有奉承恭维之嫌，他未必照单全收，还有可能生出反感。赞美老板时，要考虑成熟再予以赞美。

周末员工聚餐，经理在路上指着一个路人的皮包说："这个包蛮别致的，不知在哪儿买的。"

说者无心，听者有意，半个月后，南希就把一个同样款式的皮包送到了经理的办公室："经理，我上周去参加客户的发布会，人家给了个商场的消费卡，到商场一看，正好有这个款式的皮包，我就帮您选了一个，你看喜不喜欢？"

经理站起身说："不行不行，你留着自己用吧。"南希连忙说："难得您看中一件东西，说真的，您的眼光就是和别人不一样。再说没您的照顾，我哪有机会参加那个发布会啊！"

于是经理又拿出一张请柬说："下周五在国宾饭店有个酒会，我也不喜欢凑热闹，你替我去吧。"南希接过请柬，假装埋怨地说："看您说的，好像您真老了似的，上次参加发布会好几个女客户还问我，您怎么那么年轻啊！"说得经理面露喜色。

南希的成功之处在于她抓住了经理爱美、怕老的心理，非常自然地加以赞美，让慨叹年华已逝的经理得到了心理的愉悦，南希的皮包也没有白送。同为赞美，知道美在哪里，有针对性地赞美比空洞的赞美有价值得多。在人际交往中，要想赢得上司的好感，就必须时刻留意对方的兴趣、爱好，明白上司的意图，理解上司的心思，这样才能"对症下药"，赞到实处。

当然，如果你实在认为你的上司不值得赞美，就不必去赞美。虚伪的赞美会使自己陷入无法摆脱的困境，而对方也会觉得你是在嘲讽而不是赞美他。

## 挑战权威，也能赢得上司喜欢

### 实用精要

在面对上司时，我们需要做的是在尊重对方的前提下，进行有效的质疑，这种质疑有利于我们理解上司的命令，明白他的真实意图，更准确和有效地予以执行，这样你的上司才会更加赏识你。

## 深度透析

大发明家爱迪生发明电灯时，输电网的建设因直流电的局限而延缓了进展速度，与此同时，乔治·威斯汀豪组织了一个科研班子，专门研制新的变压器和交流输电系统。爱迪生认为应用交流电是极其危险的，他极力反对这件事情。为了阻止威斯汀豪的创新，爱迪生花费数千美元组织了新闻、杂志和广告画，向外界宣传交流电如何可怕，使用它将会给人类带来多么大的危险。在维斯特莱金研究所，爱迪生召见新闻记者，当众用1000伏交流电做电死猫的表演；他还为此发表一篇题为《电击危险》的权威性文章，表达了自己反对研究和应用交流电的观点。

面对爱迪生这位权威，威斯汀豪丝毫没有气馁，对围攻交流电的宣传也不甘示弱，他竭尽全力为交流电的推广奔走、努力，并且针锋相对的在杂志上发表了《回驳爱迪生》的文章，对爱迪生的观点进行了质疑。但是，正当威斯汀豪为交流电推广奔走时，令他做梦也想不到的事情发生了，纽约州法庭下令用交流电椅代替死刑绞架，这给威斯汀豪带来致命的一击。可是，对爱迪生来说，这真是上天赐给他的最好机会，他借着电椅大做文章，再次把恐怖气氛煽动起来。而受到意外打击的威斯汀豪，虽然在大名鼎鼎的爱迪生这个权威面前处于劣势，但他并不气馁，始终坚信交流电的应用将给世界带来新的光明。

不久，美国在芝加哥准备举办纪念哥伦布发现美洲大陆400周年的国际博览会。会上的精彩展品之一就是点燃25万只电灯。为此，很多企业争相投标，以获取这名利双收的“光彩工程”。爱迪生的通用电气公司以每盏灯出价13.98美元投标，并满怀希望能拿下这笔生意。威斯汀豪闻讯赶来，以每盏灯5.25美元的极低标价与通用电气公司竞争，这大大出乎所有人的意料，主办博览会的负责人吃惊地问他：

“你投下如此低价，能获利吗？”

“获利对我并不重要，重要的是让人看到交流电的实力。”威斯汀豪坦然地回答。对威斯汀豪的抱负，人们将信将疑。国际博览会隆重开幕了，人们发现数万盏电灯在夜幕下光彩夺目，非常壮观。人们也争先传颂，是威斯汀豪用交流电照亮了世界。望着无比灿烂的灯光，爱迪生这才低头沉思，并对自己的失误深感遗憾，同时也对后来居上的创新者表示敬佩。

假如威斯汀豪迷信权威，对爱迪生的多次攻击束手无策，交流电绝不会迅速在社会上崛起，也不可能有威斯汀豪电气公司的辉煌。人贵有自己的独立见解。当今社会，毫无主见的人是没有立足之地的。无论是在生活当中还是在工作当中，都要有自己的见解。作为下属，如果不赞同上司的意见和见解，要勇于说“不”。一般而言，只要你认为自己的意见是完全正确的，你的不同意见是为了公司考虑，是为了上司好，就要努力说出来。如果事实证明你的提议是完全正确的，上司就会对你欣赏不已。有的下属在工作中因为怕得罪上司，对上司的一言一行唯唯诺诺；当上司的意见或者见解不正确的时候，他即便知道，也不提出来。这样的下属或许会赢得上司一时的喜欢，但是绝对不会是长久的。

上司之所以不喜欢那些没有主见的下属，是因为上司任用下属的目的是为了让他们做事；不但要他们为自己工作，还要工作好。要想好好工作，不能只凭借工作热情，还要知道怎么样才能把工作做好，要有自己的主见。

一个人如果无论做什么事情都要依赖别人，没有自己的主见，是不行的。当自己有了什么见解或者想法的时候，不要将它们埋在脑海里，要敢于主动地说出来。即使你的意见或者见解和你的上司相反也不要害怕。如果你因为害怕上司，不将自己的想法表达出来，时间一长，上司就会以为你是不会思考、没有主见的人。通常情况下，那些没有主见或者不将自己的主见表露出来的下属是得不到上司青睐的。

## 简化工作，提升工作效率

### 实用精要

作为一名员工，在工作中必须想尽办法化繁为简，将牵绊工作效率的障碍甩掉。而简化问题，从细节入手，避免冗繁正是我们简化工作的重要途径。

## 深度透析

现代社会，人们似乎总有忙不完的事情，当忙完后才发现大多数时间是做无效的工作。事实上，随着工作步调愈加复杂与紧凑，很多时候我们都将原本的简单问题复杂化了，给自己徒增麻烦。在这种情况下，保持简单是最好的应对原则。

简单思维，有一个较为有名的法则——奥卡姆剃刀。他的提出者奥卡姆·威廉有一句著名的格言，“如无必要，勿增实体”。不要把事情看得那么难，那样只会使人处于自我束缚中。许多问题解决起来，既不需要太复杂的过程，也不必要有太多的顾虑，绝妙常常是存在于简单之中的。

根据奥卡姆剃刀这一原则，对任何事物准确的解释通常是那种最简单的，而不是那种最复杂的，这就像音响没有声音，我们总是会先看看是不是电源没有接好，而不会马上就将音响拆开检查是不是哪个线路坏了。

从方法论角度出发，奥卡姆剃刀就是舍弃一切复杂的表象，直指问题的本质。可惜，当今有不少人往往自以为掌握了许多知识，喜欢将一件事情往复杂处想。当我们的思路变得复杂时，应该时刻提醒自己：该拿起奥卡姆剃刀了。因为，只有简单，才可以产生绝妙的主意。

有一家著名的日用品企业，换了一条全新的包装流水线之后连连收到用户投诉，抱怨买来的香皂盒子里是空的，没有香皂。这立刻引起了这家企业的注意，并立即着手解决这个问题。一开始企业准备在装配线一头用人工检查，但因为效率低而且不保险被否定了。这可难住了管理者，怎么办？不久，一个由自动化、机械、机电一体化等专业的博士组成的专业小组来解决这个问题，没多久他们在装配线的头上开发了全自动的 X 光透射检查线，透射检查所有的装配线尽头等待装箱的香皂盒，如果有空的就用机械臂取走。

此时，同样的问题发生在另一家小企业。老板吩咐流水线上的小工务必想出对策解决问题。小工申请买了一台强力工业用电扇，放在装配线的头上去吹肥皂盒，被吹走的便是没放肥皂的空盒。

同样的问题，一个花了大力气、大本钱研究了 X 透视装备，一个却用简单的电风扇吹走空的肥皂盒。或许有人认为，小工想到的用风扇吹走空肥皂盒的方法太简单，太没有技术含量，但它达到了目的，解决了问题。这样的方法更简单易行，更省时、省力、省钱，这样的方法就是好方法！

**简化问题**

美国威斯门豪斯电器公司董事长唐纳德·C. 伯纳姆在《时间管理》一书中提出，在做每一件事情时，应该问自己三个“能不能”：能不能取消它？能不能把它与别的事情合并起来做？能不能用更简便的方法来取代它？在这三个原则指导下，我们就不会迷惑于复杂纷繁的现象，办事效率会大大提高。

**从细节开始**

简化工作要从我们工作中的一些细节入手，比如有效的利用办公用具，就能实现工作效率的大大提升。

1. 有效利用名片简化人际管理。你可以这样开始：接到一张新名片后，马上在名片记下“小抄”充当备忘录，内容包括：会面的日期与地点、在何种场合下碰面、会谈的主题与要点、由何人介绍认识，以及双方约定的后续接触事项。

2. 合理利用记事本。在记事本里，分以下四项：常用电话号码、待办杂务、待写文件、待办事项。事情办好之后，就可以用笔把它划掉。如果不想弄得太复杂，记事本还可用颜色增进效率。如用红笔显示紧急事务，黑笔代表一般的事。依需要选择不同颜色，标出事情的优先顺序和重要程度，可避免事到临头一团糟。

3. 做好环境管理。办公桌管得有条不紊，就避免了混乱，时间就不会在找这找那中流失。加拿大知名企业家保罗·威克多说：“一个办公桌上堆满很多种文件的人。如果能把桌子清理一下。留下手边急于处理的一些，就会发现工作起来更容易，也更实在。我称之为家务料理，这是提高效率的第一步。”

**避免冗繁**

冗繁是效率管理的大敌。国内有许多公司为了提高员工的工作效率，专门花重金请来专业的咨询公司，编写出一些文采飞扬、图文并茂、理论和案例也十分丰富的规定性和执行性文件，但最后这些文件往往被束之高阁，并没有达到管理者预期的目的。

世界500强企业之一的宝洁公司，其制度就具有人员精简、结构简单的特点。宝洁公司推行简单高效的卓越工作方法。曾任该公司总裁的哈里在谈到宝洁的“一页备忘录”时说：“从意见中选出事实的一页报告，正是宝洁公司做决策的基础。”他通常会在退回一个冗长的备忘录时加上一条命令：“把它简化成我所需要的东西！”如果该备忘录过于复杂，他会加上一句：“我不理解复杂的问题，我只理解简单明了的。”

化繁为简是提高工作效率的有效措施。马上行动，追求简单，事情就会变得越来越容易。反之，任何事都会对你产生威胁，让你感到棘手、头疼。化繁为简，会使工作变得可行，使你信心大增。

# 第一次就把事情做对

## 实用精要

“第一次就把事情做对”是一种最简单、最高效的工作方法。

## 深度透析

许多员工做事只求差不多，尽管从表现上看来，他们也很努力、很敬业，但结果却总是无法令人满意。

“第一次就把事情做对”是著名管理学家克劳士比“零缺陷”理论的精髓之一。第一次就做对是最便宜的经营之道！第一次就把事情做对的概念是提升中国企业管理水平的灵丹妙药，同时也是每个人应当信守的职业理念。

当我们被要求“第一次就把事情做对”时，许多人会反驳：“我很忙。”因为很忙，就可以马马虎虎地做事吗？其实，返工的浪费最冤枉。第一次没做好，再重新做时既不快，花费也不少。

有位广告经理由于完成任务的时间比较紧，在审核广告公司回传的样稿时不仔细，在发布的广告中弄错了一个电话号码——服务部的电话号码被他们打错了一个数字。就是这么一个小小的错误，给公司带来了一系列的麻烦和损失。后来因为一连串偶然的因素使他发现了这个错误，他不得不耽误其他的工作并靠加班来弥补。同时，上司和其他部门的数位同仁陪他一起忙了好几天。幸好错误发现得早，否则造成的损失必将进一步扩大。

由此可见，第一次没把事情做对，忙着改错，改错中又很容易忙出新的错误，恶性循环的死结就会越缠越紧。这些错误往往不仅让自己忙，还会放大到让很多人跟着你忙，造成巨大的人力和物资损失。

因此，企业中每个人的目标都应是“第一次就把事情完全做对”，至于如何才能做到在第一次就把事情做对，克劳士比先生也给了我们正确的答案。这就是首先要知道什么是“对”，如何做才能达到“对”这个标准。

克劳士比很赞赏这样一个故事：

一次工程施工中，师傅们正在紧张地工作着。这时一位师傅手头需要一把扳手。

他叫身边的小徒弟：“去，拿一把扳手。”小徒弟飞奔而去。他等啊等，过了许久，小徒弟才气喘吁吁地跑回来，拿回一把巨大的扳手说：“扳手拿来了，真是不好找！”

可师傅发现这并不是他需要的扳手。他生气地说：“谁让你拿这么大的扳手呀？”小徒弟没有说话，但是显得很委屈。这时师傅才发现，自己叫徒弟拿扳手的时候，并没有告诉徒弟自己需要多大的扳手，也没有告诉徒弟到哪里去找这样的扳手。自己以为徒弟应该知道这些，可实际上徒弟并不知道。师傅明白了：发生问题的根源在自己，因为他并没有明确告诉徒弟做这项事情的具体要求和途径。

第二次，师傅明确地告诉徒弟，到某间库房的某个位置，拿一个多大尺码的扳手。这回，没过多久，小徒弟就拿着他想要的扳手回来了。

克劳士比讲这个故事的目的在于告诉人们，要想把事情做对，就要让别人知道什么是对的，如何去做才是对的。在给出做某事的标准之前，我们没有理由让别人按照自己头脑中所谓的“对”的标准去做。

# 给自己找个对手，让自己成为“无敌手”

## 实用精要

有时候，职场上一个优秀的对手才是自己最大的财富。

## 深度透析

我们每个人都听说过或玩过一种叫“陀螺”的玩具，它是一种只有在外力抽打的情况下，才会旋转的玩具，而且外力越强大，它旋转得越快。身在职场，我们要学习陀螺的精神，在压力面前让自己永葆旺盛的斗志和持久的耐力。

人在职场，不可能没有竞争压力，许多人视竞争对手为心腹大患，视异己为眼中钉、肉中刺，恨不得除之而后快。其实，能有一个强劲的对手，反而是一种福分、一种造化，因为一个强劲的对手会让你时刻都有危机感，会激发你更加旺盛的精神和斗志。

加拿大有一位享有盛名的长跑教练，由于在很短的时间内培养出好几名长跑冠军，所以很多人都向他探询训练秘密。谁也没有想到，他成功的秘密仅在于一个神奇的陪练，这个陪练不是一个人，而是几只凶猛的狼。

因为这位教练给队员训练的是长跑，所以他一直要求队员从家里出发时一定不要借助任何交通工具，必须自己一路跑来，作为每天训练的第一课。有一个队员每天都是最后一个到，而他的家并不是最远的，教练甚至想告诉他改行去干别的，不要在这里浪费时间了。

但是突然有一天，这个队员竟然比其他人早到了 20 分钟，教练惊奇地发现，这个队员这天的速度几乎可以打破世界纪录。

原来，经过离家不远的一段 5 公里的野地时，他遇到了一只野狼。那野狼在后面拼命地追他，他在前面拼命地跑，最后，那只野狼竟被他给甩下了。

教练明白了，这个队员超常发挥是因为一只野狼，他有了一个可怕的敌人，这个敌人使他把自己所有的潜能都发挥了出来。

从此，这个教练聘请了一个驯兽师，并找来几只狼，每当训练的时候，便把狼放开，没过多长时间，队员的成绩都有了大幅度的提高。

敌人的力量会让一个人发挥出巨大的潜能，创造出惊人的成绩，尤其是当敌人强大到足以威胁你的生命时。敌人就在你的身后，只要你一刻不努力，生命就会有万分的惊险和危难。

现实生活中，大多数人都是懒惰的，都会尽可能地逃避工作。他们大部分没有雄心壮志和负责的精神，宁可期望别人来领导和指挥。就算有一部分人有着宏大的目标，也缺乏执行的勇气。

他们对组织的要求与目标漠不关心，只关心个人；他们缺乏理性，不能自律，容易受他人影响；他们工作的目的在于满足基本的生理需要与安全需要。只有少数人勤奋，有抱负，富有献身精神，他们能自我激励、自我约束。

人们之所以天生懒惰或者变得越来越懒惰，一方面是所处环境给他们带来安逸的感觉；另一方面，人的懒惰也有着一种自我强化机制。由于每个人都追求安逸舒适的生活，贪图享受在所难免。

此时，如果引入外来竞争者，打破安逸的生活，人们立刻就会警觉起来，懒惰的天性也会随着环境的改变而受到节制。

所以，善待你所面对的压力吧！千万别把它当成你前进的“绊脚石”，而应该把它当做你的一剂强心针，一台推进器，一个加力挡，一条警策鞭。欢迎生活、工作中的一切压力吧！因为它们的存在，才让你成为一只旋转越来越快的陀螺。

## 巧提建议，让领导发现你的价值

### 实用精要

巧妙地向领导提出建议，把自己的“意见”转化为“建议”，更能获得老板的尊重和重视。

## 深度透析

上帝都会犯错，何况是人呢？好就好在人犯错了还有改正的机会。上司犯的错影响力肯定要比一般员工大，为了公司和部门的利益，下属应该指出上司的错误之处。但给上司提意见一定要讲究技巧。

生活中，很多人都因为害怕得罪领导不敢给领导提意见。其实，给领导提出必要的意见，也是让领导重视你的一种方法。当然在提意见时，你一定要注意提意见的方式，并且保证自己提的意见有一定的质量，只有这样，你才能让领导看到你的主见，让领导觉察到你也在为公司思考。

对上司发出的正确而合理的指令，当然要认真及时地执行，但上司也是人，有时可能会发出不恰当的甚至完全错误的指令。作为下属，我们该怎么做呢？

很多人或许会说："当然是按照上司的指令去做了，决策是领导做的，我的任务就是坚决执行。"还有一些人或许会说："给领导提意见，我可不敢，得罪了上司怎么办？"

显然，第一种人误解了"执行"的含义。执行的目的在于达到效果，如果南辕北辙了，执行就没有意义了；第二种人，害怕得罪领导，首先这是人之常情，可是作为公司的一分子，我们就应该为公司的命运负责，不能因为个人得失，明知道领导的决策错了，却还要去执行。

面对不恰当的指令到底该怎么做？我们可灵活地采取以下对策：

**暗示法**

接到不恰当的指令时，你觉得不能执行或无法执行，可先给上司以某种暗示，让其悟到自己的指令不甚恰当。有些指令不恰当，不是因为上司素质差、水平低，而是没考虑周全，或是只看到了事物的表象，没看到事物的本质。你稍加暗示，他可能就会马上意识到。

**提醒法**

有些不恰当的指令，可能是上司不熟悉、不了解某一方面的情况，有的可能是上司一时遗忘了。你明白地提醒他，上司认识到了，一般都会收回或修正指令。当然，提醒不是埋怨，也不是直通通、硬邦邦地批评。提醒要讲究策略，语气上尽可能委婉些。

**推辞法**

对上司不恰当的指令，有的可以考虑推辞。推辞要有理由，有的可从职责范围提出，譬如说：“总觉得这件事不是我的职责，要不，同事关系就不大好处理了。”有的可从个人的特殊情况提出。但不管从哪一方面，理由一定要真实和充分。你推辞了，有的上司还可能会这样问：“那你觉得这件事应该由谁来做？”你不能随便点名，也不要随口说“除了我，其他谁都可以”之类的话，比较巧妙的回答是：“这事谁来做，我了解得不全面，还是您来定夺好。”推辞不是耍滑头，而是委婉地拒绝。

**拖延法**

有些不恰当的指令，是上司心血来潮时突然想出来的，倘你唯命是从，马上付诸行动，那就铸成了事实上的过错。对这种上司心血来潮而向你发出的指令，如果你在暗示或提醒之后都没有效果，推辞也没多少理由时，那么，最好的对策就是拖延。虽然默认或口头上答应，实际上迟迟不动。若闲着不动，上司会产生疑心的，因此，你必须以忙别的事作为拖延的理由应付上司的追问。拖延法是消极的，但对有些非原则性问题的不恰当指令，只能如此。

该不该批评上司？当然！聪明的员工应该懂得，如何在自保的前提下巧妙地把意见表达出来。你应该这样想，上司也许恰恰非常渴望下属的反馈信息。

**把他当成辩论对手**

要让胸怀韬略的上司接受你的观点是件困难的事情。因此，要把他当成一等的辩论对手迎战。事前的准备工作马虎不得，不仅要搜集详尽的事实，而且要预想上司可能会提出哪些观点来反驳。这样，你才不会被他的几句话挡回来。

另外，找几个同事给你当“托”很重要，请他们表达出与你一致的意见。

**不要人身攻击**

很可能你的上司人品恶劣：心胸狭隘、刚愎自用，但是供你拿上台面与之交涉的只有他的工作失误。否则，你的批评就变成了公私不分的人身攻击。

**最后的决定权仍在上司手里**

明白地向上司表示，你不是想强迫他改变己见，只不过需要一个向他表明观点的机会，最终裁决权仍然在他手里。无论他怎样决定，作为下属，你都将给予全力配合。

# 第二章

# 充分发挥人际吸引力的办公室心理学

## 别做办公室里的“孤独者”

### 实用精要

公司是一台大机器，员工就好比零件，只有各个零件凝聚成一股力量，这台机器才可能正常启动。

### 深度透析

梁昱进入H公司工作，由于他在学校时就是班上的优等生，所以在进入公司后，常常恃才傲物，个性强硬，从不认输服软。当时和他一起进入公司工作的还有安东。安东和梁昱一样也非常优秀，然而到了公司上班之后，他看到身边的人都很踏实地工作，而上司又是个好嫉妒的人，于是他就收敛锋芒，勤奋工作，连喜欢抽烟的毛病也因办公室无人抽烟而戒掉了。他还主动热情地和同事打交道，于是很快就赢得了同事和上司的喜欢。

在年终评选优秀员工的奖励大会上，由于安东的优秀工作业绩和同事的支持，他受到了表彰，而梁昱也非常努力地工作，甚至工作成绩比安东还好，可是由于同事背地里常说他的坏话，上司不喜欢他，在评选大会上一票也没得到，有好成绩也没受到表彰。梁昱认为自己不受重视，感觉英雄无用武之地，因此辞职而去。

其实生活中不难发现，有的员工因为不能很好地与同事相处而无法在公司立足。所以作为一名在职人员，尤其要加强个体和整体的协调统一。因为员工作为个体，一方面有自己的个性，另一方面，就是如何很好地融入集体，而这

种协调和统一很大程度上建立于人的协调和统一。所以，无论自己处于什么职位，首先需要与同事多沟通，因为你个人的视野和经验毕竟有限，要避免给人留下“独断专行”的印象。况且，随着社会分工的越来越细，这种沟通协调也是必须的，千万不能做公司里的孤独者。

就算一间办公室里只有你和部门经理两个人，而你就坐在经理的身边。这个办公室对你来说，也不只是那小小的一间，而是除了这“一亩三分地”以外的很多地方。一个年轻人，整天在领导身边固然可以更好地锻炼自己、表现自己，但是如果不和其他员工接触，工作一定很难做好。所以，你要经常到其他办公室走走，和同事们聊聊天，这是与人交往的需要，你要避免总被同事们说成是“领导身边的人”。

和同事做朋友，其实大家都在一条船上，把自己融进去，而不是跳出来，这是新世纪“团队协作”的要义。它对封闭自我的人们提出了新的挑战——增强人际交往的能力，跳出自我的小圈子，融入到集体中去，这是不容回避的现实。让自己成为团队中的一员，大家共同拼搏，才能谈得上胜利。同事友情如此有价值，如果你还在做流浪的孤儿，是不是太愚蠢了？

为避免成为公司里的孤独者，以下几点供你参考：

**主动与同事交流沟通**

人在职场，难免会遇到同事的误解。有的是他人造成的，有的则是自己不经意间造成的，对此决不能采取消极的态度听之任之，更不要以对抗的方式去面对，而是要通过沟通来解决。通过沟通，不仅有助于消除同事对你的误会，更会加深同事对你的认识。当然，与同事在人际关系上的沟通，并不意味着只有当同事出现误解时才去进行，必须贯穿于工作的始终。职场中的每一个人都必须突破沟通障碍，致力于建立正常的人际沟通。人际沟通问题解决好了，成功的机会也就会自然而然地多起来。

**不要拒绝同事进入你的生活**

只把同事当成工作伙伴是不对的。在你生活圈的朋友里面有自己的同事吗？如果没有，就要检讨一下自己对同事的交往态度了。其实和同事进行生活中的交往有很多好处，比如一起出去郊游、一起打车上下班、一起逛街买衣服、一起租房等。这样可以加深彼此的了解，促进愉快合作，在经济上也可以互利互惠，在生活上可以互相照顾，工作上取得的成绩可以共同分享，有了难处也能够互相帮助。

**寻找共同兴趣**

只有有共同的爱好、兴趣才能让人走到一起。小红所在单位大部分同事都是男性，中午吃饭时的短暂休息时间，同事们往往会聚集在一起谈天说地，可惜小红总感觉到插不上嘴，起初的一段日子只能在旁边听。男同事们喜欢谈论的话题无非集中在体育、股票上面，但他们即使不懂时装的流行趋势，也不妨碍他们与女同事的交流。不过要想和这些男同事搞好同事关系，首先得强迫自己去接受他们的一些感情和爱好。于是小红开始“有意识”地关注体育方面的消息和新闻，遇到合适机会甚至还和男同事们一起去看球赛。“现在有了共同话题后，和男同事相处容易多了；每次和他们闲聊的过程中，也会将自己在工作中的一些感受和他们进行交流，我们之间的工作友谊也增进了不少。”小红如是说。

**低调处理内部矛盾**

在长时间的工作过程中，与同事产生一些小矛盾是很正常的；不过在处理这些矛盾的时候，要注意方法，尽量不要让你们之间的矛盾公开激化。办公场所也是公共场所，尽管同事之间会因工作而产生一些小摩擦，不过千万要理性处理摩擦事件。不要表现出盛气凌人的样子，非要和同事做个了断、分个胜负。退一步讲，就算你有理，要是你得理不饶人的话，同事也会对你敬而远之的，觉得你是个不给同事余地、不给他人面子的人，以后也会在心中时刻提防你，这样你可能会失去一大批同事的支持，成为孤独的人。

**向你的同事求助**

轻易不求人，这是对的。因为求人总会给别人带来麻烦。但任何事物都是辩证的，有时求助别人反而能表明你对别人的信赖。你不愿求人家，人家也就不好意思求你；你怕人家麻烦，人家就以为你也很怕麻烦。良好的人际关系是以互相帮助为前提的。因此，求助他人在一般情况下是可以的。当然，要讲究分寸，尽量不要让人家为难。

# 避免僵局和争论是谈话的艺术

## 实用精要

完全没有必要浪费太多的精力去干那种没有结果也毫无意义的事。少了面红耳赤的争论，会使双方互相尊重，从而增进情谊，有利于思想交流和意见的转换。

## 深度透析

认为自己的意见绝对正确，而把别人的意见看作是愚蠢幼稚、荒诞无稽的，那你就伤人了，而且伤得很厉害。因此，不应该在小节处争论不休，即使你不同意对方的意见，你最好仍要表示对方意见中你所赞同的看法，以便缓和一下谈话气氛，使对方觉得你并不是抹杀别人的一切。无论你的意见和看法与对方的意见和看法距离多么遥远，冲突得多么厉害，绝对不要表现出一种无可商量的态度。如果你是一个善于谈话的人，你一定要小心地使谈话不陷入僵局，使谈话能维持下去。

在说话时，为了让别人有考虑的余地，你要尽量缓和，最好能够避免使用"绝对是这样"的说法。你可以说："有些时候是这样的，有些时候是那样的。"甚至你可以说："大多数人都是这样的，其效果比别人的那样要好。"更重要的是，你不要用一种教训人的声调来说话，也不要用一种非常肯定的声调来讲话，以避免和别人争论，使别人不高兴，让人难以接受。

避免争论，大致可以从以下几方面做起。

**欢迎不同的意见**

当你与别人的意见始终不能统一的时候，这时就要求舍弃其中之一。人的脑力是有限的，有些方面不可能完全想到，因而别人的意见是从另外一个人的角度提出的，总有些可取之处，或者比自己的更好。这时你就应该冷静地思考，或两者互补，或择其善者。如果采取的是别人的意见，就应该衷心感谢对方，因为有可能此意见使你避开了一个重大的错误，甚至奠定了你一生成功的基础。

**不要相信直觉**

每个人都不愿意听到与自己不同的声音。每当别人提出与你不同的意见，你的第一个反应是要自卫，为自己的意见进行辩护并去竭力地找根据，这完全没有必要。这时你要平心静气、公平、谨慎地对待两种观点（包括你自己的），并时刻提防你的直觉（自卫意识）对你做出正确抉择的影响。值得一提的是，有的人脾气不大好，听不得反对意见，一听见就会暴躁起来。这时就应控制自己的脾气，让别人陈述观点，不然，就未免气量太窄了。

**耐心把话听完**

每次对方提出一个不同的观点，不能只听一点就开始发作了，要让别人有说话的机会。一是尊重对方，二是让自己更多地了解对方的观点，好判断此观点是否可取，努力建立了解的桥梁，使双方都完全知道对方的意思，不要弄巧成拙。否则的话，只会增加彼此沟通的障碍和困难，加深双方的误解。

**仔细考虑反对者的意见**

在听完对方的话后，首先想的就是去找你同意的意见，看是否有相同之处。如果对方提出的观点是正确的，则应放弃自己的观点，而考虑采取他们的意见。一味地坚持己见，只会使自己处于尴尬境地。因为照此下去，你只会做错。而到那时，给你提意见的人会对你说："早已跟你说了，还那么固执，知道谁是对的了吧！"这时，自己怎么下台？所以为避免出现这种情况，最好是给对方一点时间，把问题考虑清楚，而不要诉之于争论。建议当天稍后或第二天再交换意见。这使双方都有时间把所有事实都考虑进去，才可能找出最好的方案。这时就应进行一下反思："反对者的意见是完全对的，还是有部分是对的？他们的立场或理由是不是有道理？我的反应到底是有益于解决问题还是仅仅会减轻一些挫折感？我的反应会使反对者远离我还是亲近我？我的反应会不会提高别人对我的评价？我将会胜利还是失败？如果我胜利了，我将要付出什么样的代价？如果我不说话，不同的意见就会消失了吗？这个难题会不会是我的一次机会？"

**真诚对待他人**

如果对方的观点是正确的，就应该积极地采纳，并主动指出自己观点的不足和错误的地方。这样做了，有助于解除反对者的武装，减少他们的防卫，同时也缓和了气氛。要明白，对方既然表达了不同的意见，表明他对这件事情与你一样的关心。因而不要把他们当做防卫的对象，不能因为提出了不同的意见就把他们当做“敌人”；反而应该感谢他们的关心和帮助。这样，本来也许是反对你的人也会变成你的朋友。

当双方都各执己见、观点无法统一的时候，自己应该会把握自己，把不同的看法先搁下来，等到双方较冷静的状态时再辨明真伪。也许，等到你们平静的时候，说不定会相顾大笑呢。

# 双赢双利，一山能容二虎

## 实用精要

单赢不是赢，只有双赢双利才是真正的赢。一个人进入职场伊始，就应当力求这样的结果。

## 深度透析

和同事做朋友，已经成了新办公室同事关系的一种趋势。现代社会，竞争虽是无处不在，但同事之间十之八九是为了一个共同目标，更何况现在讲的是双赢。

魏丽在竞争记者部主任一职时败给了竞争对手杨乐，心里很不是滋味。她担心自己以后没有好日子过，就想调离记者部去做专职编辑，可是又不甘心放下记者这一行，正在犹豫不决时，忽然得到一项重要任务：负责一个重大选题的采访，并被任命为首席记者。

这就是记者部主任杨乐对待同事兼竞争对手的策略：“如果我不任命她为首席记者，不委以重任，部门里就会形成以她和我为中心的两个帮派。有了这样一个对峙的小团体，工作还怎么展开？我的目标就是让我这个部门做得更出色，取得更大的成绩，而不是打击我的对手。只有让我这个部门的人同心协力，我才能做得更好，才能有更大的发展。所以我尽量对魏丽委以重任，给她一些重大且富有挑战性的采访任务，让她有受到器重的感觉。何况她还是整个部里最有实力的记者，工作能力很强，又有威望，处理得好，会成为我最得力的助手。”

果然，魏丽很快就对杨乐心服口服，忠心辅助杨乐，办公室里的向心力也大大增强。

办公室同事间是既合作又竞争的关系，其中，利益是合作最坚实的基础。有句话叫“无利不起早”，合作是因为有利可图，利益共享，双赢双利，大家才能和平共处，一起向前。

在职场中，与他人合作或者带领一个团队，若不给对方或下属机会，对方得不到利益，会有几个人愿意与你合作呢？人要想使合作长久，就要学会与对方利益共享。把同事当作阻挡前途的障碍，自己也难以在办公室立足。对于在办公室里跟自己有竞争关系的人，不妨与之合作，如此一来，往往可以化解彼此之间的隔阂。

## “和而不同”，君子不强人意

### 实用精要

“和”即为尊重和接纳，“不同”则为原则和坚持，职场之中，缺一不可。

### 深度透析

《论语·子路》：“君子和而不同，小人同而不和。”“和”，和谐，调和，指不同性质的各种因素的和谐统一。“同”，相同，同类，同一。君子可以与他周围的人保持和谐融洽的关系，但他对待任何事情都必须经过自己的独立思考，从不愿人云亦云，盲目附和；小人则没有自己独立的见解，只求与别人一致，不讲求原则，与别人却不能保持融洽的关系。

唐朝的武则天对于反对她掌权的人进行无情镇压，但她又十分重视任用贤

才，经常派人到各地去物色人才，只要发现谁有才能，就不计较其门第出身、资格深浅，破格提拔，大胆任用。所以，在她的手下，涌现出一批有才能的大臣。其中最著名的是宰相狄仁杰。

狄仁杰当豫州刺史的时候，办事公平，执法严明，受到当地百姓的称赞。武则天听说他有才能，把他调到京城当宰相。一天，武则天召见他，告诉他说："听说你在豫州的时候，名声很好，但是也有人在我面前揭你的短。你想知道他们是谁吗？"

狄仁杰说："别人说我不好，如果确是我的过错，我应该改正；如果陛下弄清楚不是我的过错，这是我的幸运。至于谁在背后说我的不是，我并不想知道。"武则天听了，觉得狄仁杰器量大，因而更加赏识他。在狄仁杰当宰相之前，有个将军娄师德，曾经在武则天面前竭力推荐过他，但是狄仁杰并不知道这件事，他认为娄师德不过是普通武将，有些瞧不起他。

有一次，武则天故意问狄仁杰说："你看娄师德这人怎么样？"狄仁杰说："娄师德作为将军，小心谨慎守卫边境，还不错。至于有什么才能，我就不知道了。"武则天说："你看娄师德是不是能发现人才？"狄仁杰说："我跟他一起工作过，没听说过他能发现人才。"武则天微笑着说："我能发现你，就是娄师德推荐的啊！"狄仁杰听了，十分感动，觉得娄师德为人厚道，自己不如他。

像娄师德这样的人才算得上真的"和而不同"，他与狄仁杰性格不同，但是并未因此而对他有所看法，而是在承认对立差异的基础上，把整体利益放在第一位。

"和而不同"是职场人际关系的理想状态。职场中，人们往往因为"关系"而混淆是非。如朋友之间，出现了意见分歧，即使这种事关乎道义，很多人也选择"打哈哈"糊弄过去，只要自己的利益不受损害，他们不会抹开面子去为是非争论。这其实是一种对人对己都不负责的态度，如果因此导致别人或集体利益受损，则难免有同流合污之嫌。这是正人君子所不取的。对于意见相左的情况，不应当盲目地人云亦云，也不应将自己的意志强加于人。

合作需要人与人之间的平等，需要人与人之间的尊重。如果一味将自己看作是合作的主导者，将对方看作是“被恩赐者”，那么势必会不欢而散。职场中，与同事合作不是支配，而是在双方平等关系下，为了同一个目标在共同努力的态势。“和而不同”，懂得尊重他人，合作才能共赢。

# 第三章

# 俘虏上司内心的晋升心理学

## 服从是一种美德

### 实用精要

下级服从上级，是上下级开展工作、保持正常工作关系的首要条件，是融洽相处的一种默契，也是老板观察和评价下属的一个尺度。

### 深度透析

服从是一种美德，一名称职的员工必须以服从为第一要义，没有服从观念，就不可能把自己的工作做好。每一位员工都必须服从上司的安排，就如同每一个军人都必须服从上级的指挥一样。大到一个国家、军队，小到一个企业、部门，其成败很大程度上就取决于是否完美地贯彻了服从的理念。

古语云“恭敬不如从命”，对领导需要谦恭礼让，但是一味的谦恭礼让不如遵其所命，对上司而言，服从是第一位的。当然，上司的决策也有错误的时候，但是，作为一名下属你也应该遵从执行。你既不能事先加以肯定或指责，也不要事后加以抱怨或轻视他的决定，更不能不去执行他的命令。

“糟了，糟了！”公司采购部的经理理查德放下电话，就叫嚷了起来：“那家便宜的东西，根本不合规格，还是迈克尔的货好。”他狠狠地捶了一下桌子：“可是，我怎么那么糊涂，还发 Email 把迈克尔臭骂一顿，还骂他是骗子，这下麻烦了！”

“是啊！”秘书詹妮小姐转身站起来说，“我那时候不是说吗，要您先冷静冷静，再写信，您不听啊！”

理查德说："都怪我在气头上，以为迈克尔一定骗了我，要不然别人怎么那么便宜。"

理查德来回踱着步子，突然指了指电话说："把迈克尔的电话告诉我，我打过去向他道个歉！"

詹妮一笑，走到理查德桌前说："不用了，经理。告诉您，那封信我根本没发。"

"没发？"理查德惊奇地停下脚步，问道。

"对！"詹妮笑吟吟地说。

理查德坐了下来，如释重负，停了半晌，又突然抬头问："可是，我当时不是叫你立刻发出的吗？"

"是啊，但我猜到您会后悔，所以就压了下来！"詹妮转过身，歪着头笑笑。

"压了三个礼拜？"

"对！您没想到吧？"

"我是没想到。"

理查德低下头去，翻记事本："可是，我叫你发，你怎么能压？那么最近发南美的那几封信，你也压了？"

"那倒没压。"詹妮的脸更亮丽了，"我知道什么该发，什么不该发！"

"是你做主，还是我做主？"没想到理查德居然霍地站起来，沉声问道。

詹妮呆住了，眼眶一下湿了，颤抖着问道："我，我做错了吗？"

"你做错了！"理查德斩钉截铁地说。

詹妮被记了一个小过，但没有公开，除了理查德，公司里没有任何人知道。真是好心没好报！一肚子委屈的詹妮，再也不愿意伺候这位是非不分的上司了。她跑到总经理的办公室诉苦，希望调到总经理的部门。

"不急，不急！"总经理笑笑，"我会处理。"

隔了两天，是做了处理，詹妮一大早就接到一份解雇通知。

在一些公司里，像詹妮这样纪律观念不强、服从意识差的人，只是自作聪明而已。一个团队，如果下属不能无条件地服从上司的命令，那么在达到共同

目标时，就可能产生障碍。

毫无疑问，无条件服从命令的人具有最优秀的执行力。在面对领导的命令时要明确一点，服从是无须任何条件的，只要是必须做的事情，就要坚决地执行。在很多员工的理念中，服从就是“对的就服从，不对的就不服从”。其实服从是无条件的，凡是老板的指令，作为员工第一时间就应该按指令去行动。你不能以你使用的判断标准作为最终标准，而应以上司的判断为判断标准。

# 尊重是相互的

## 实用精要

学会尊重上司，才能得到上司的尊重。

## 深度透析

南齐的僧虔楷书造诣极深，许多官宦人家都以悬挂他的墨宝为荣。一时之间，流传着一种说法：僧虔楷书不输王羲之，乃当今天下第一。当朝皇帝齐太祖萧道成素来爱好书法，对僧虔的盛名一向很不服气，于是下旨传僧虔入宫“比试”。在大臣、随从的簇拥下，君臣二人屏息凝气，饱蘸浓墨，各自挥毫写下一幅楷书。搁笔之际，齐太祖头一扬，双目紧紧盯住僧虔，问道：“你说我们两人，谁第一，谁第二？”

僧虔额头冒出了冷汗，皇帝的书法虽有一定功力，但毕竟称不上炉火纯青。可是这位自负的皇帝又怎会甘心位居人后？昧着良心说谎，承认皇上技高一筹，固然不会得罪人，但这样的事僧虔根本不屑去做。

僧虔沉吟片刻，突然朗声长笑：“臣心中已有分晓。臣的书法，大臣中排名第一；而皇上的书法，绝对是皇帝中的第一！”齐太祖闻听此话，先是一怔，继而很快理解了僧虔的良苦用心，他为皇帝留足了面子，同时又不失自己的气节。齐太祖不由得哈哈大笑，僧虔也松了口气。

僧虔对自己“上司”的态度可谓是不卑不亢，虽然上司在某些方面不如自己，但是官高一级，僧虔就得尊重他，不能丢了上司的面子，否则就会造成反效果，让上司心里不舒服。

尊重你的上司，就能够增进你与上司之间的感情，化解矛盾冲突，美化自己在其心中的形象。出于对齐太祖足够的尊重，僧虔才会在众目睽睽之下保全天子的威风，而不是傲慢地指出皇帝不如自己。如果你觉得上司无能，说明你和他的缘分即将到头。

职场中，总会有人觉得上司不如自己，甚至觉得上司一无是处。这样的人大概有以下两种情况。

第一种自恃过高型。自认为自己是精英，别人统统都是阿斗，刚出校门的青皮小子中不乏这类人。

第二种是满腹怨气型。因为上司未重用自己，觉得上司是有眼不识金镶玉。

在人屋檐下，哪敢不低头？如果你属于第一种情况，那就应该好好自我检讨一番，并在实际工作中加以改正；如你认为已无可能与上司对话，那就不如识趣点，自己提出辞职，但到了新单位一定不可重蹈覆辙。如果属于第二种情况，说明你有一定的政绩和工作资历，你可以充分利用这一点要求上司给你一些时间考虑一下去留问题。这虽是一个缓兵计，但上司一般会答应，因为这事毕竟他理亏，会有一种负疚心理。

事实上，不管以上哪一种，缺乏对上司最起码的尊重，都会使你与上司的关系严重恶化，更会导致同事的轻蔑和不满，这样的人在一个集体中是不会受到欢迎的。

## 越权建议，多多留神

### 实用精要

有时候一些看起来无意的越俎代庖的建议，却会为自己的职业发展造成极大的障碍。

## 深度透析

常言道:“端别人的饭碗，就得受别人的管。”员工自老板那里领取薪水，就得尊重老板的权威性，这都是最正常不过的事情。

郭立分配到了一家贸易公司。他能力很强，也很上进，工作十分努力，但一直干了几年，他还是没有得到提升的机会，当时与他一起进公司的人有的都做了主管，可他还是一个最底线的员工。其实，同事们都知晓其中的原因，只是他老是想不清楚，私底下总抱怨这个公司埋没了自己，公司没什么前途等。

有一次，他的主管正和公司老板一起检查工作，当走到他的办公室时，他觉得机会到了，来个“越极上访”，说不定会有意想不到的收获呢。于是他突然站起来，对自己的主管说:“主管，我想提个意见，我发现咱们部门的管理比较混乱，有时连一些客户的订单都找不到。”当时主管的脸像铁锅底一样黑，但又没说什么，就陪着经理走了。不久，郭立就被辞退了。

郭立之所以被辞退，根本原因便在于他没能看透老板的心思。有些领导自尊心特别强，或者本身不自信，这样的领导不喜欢擅自做主的下属。下级要区分哪些事情是应该请示领导的，哪些是不请示领导就可以自己去做的，否则会为自己造成极大的职业障碍。

公司因为没有安装空调，每当夏季酷热难当时，待在办公室里不一会就会汗流浃背，又闷又热。于是，一位富有正义感的新进职员写了封信给总经理，希望公司能添购冷气设备，但因为不了解老总的脾气如何，便没有署名。

几天过后，总经理就为每个办公室安装空调，同事们对总经理的善解人意十分感谢，该职员在心中更是窃喜自己遇上一个肯听谏言的好老板。几天后，该职员再次匿名上书给总经理，反映公司的洗手间应该检修更换，特别是水管太陈旧，也应该换新的。总经理接到信后，心里暗自想着:“这个家伙到底是谁？三番两次投书，牢骚那么多，要是聚众闹事，那还了得。看来此人不除，终是祸端！”

于是，总经理暗自调查职员的笔迹，想找出写信者，同时也积极整修了洗手间，更换了水管。部属们暗自议论："总经理怎么突然发起善心来了，以前是一毛不拔、严格又吝啬得要命的铁公鸡，而现在怎么这么大手笔，到底发生了什么事？"

总经理听了这些议论，觉得这些善举笼络了人心，匿名者的功劳不少，就淡化了炒他鱿鱼的念头。偏偏就在此时，匿名写信的职员以为老板真的是能广纳意见的好老板，在一次闲聊时道出事情原委。不幸的是，他向同事们夸耀自己的功劳时，恰巧被总经理听见。

于是，总经理召集员工们开了一次会，要求大家对公司和他本人提出意见。该职员不知是计，便侃侃而谈，将平日里同事们的意见如：奖金太少、加班时间太长、老板太过专制等当众提了出来。这位职员本以为老板这次要对他"加官晋爵"，殊不知，老板意在杀鸡儆猴，这位职员获得的当然是一张辞退通知书。

老板有很多种，遇上明智的老板，你的建议被采纳了也就罢了，要是遇上度量小的老板，越权建议，可要多多留神些。把握好和领导之间的距离，掌握好职权之内的事，不越权才能得到领导的青睐。

## 忠于老板，就是为自己争取利益

### 实用精要

忠诚是职场中最有价值的投资。

### 深度透析

作为公司的一名员工，应时刻记住自己的角色是为公司争取利益。当公司与你个人利益发生冲突时，千万不要为个人私利，而将公司的利益置之度外，因为背叛老板等于背叛自己，忠于老板，才是为自己争取利益。

有一个叫罗格的技术开发员，很意外地被要求待岗。之前，他一直都拿着较低的薪水，没有什么积蓄。待岗后，一家人的生活陷入了困境。

在他刚失业的几天里，一连接到三个奇怪电话。

电话里的人自称是他原来上班的那家公司的竞争对手，他希望罗格为他提供一些罗格原公司的机密。作为回报，他可以给罗格一份工作，或者给罗格10万美元。第二次将报酬提高到20万美元，第三次提高到50万美元。

罗格为了自己的原则，为了对公司负责，宁愿四处告贷维持家庭开支，也不愿意接受电话里的要求。

然而，一个星期后，罗格很意外地被通知去上班，老板把代表公司最高荣誉的奖章——忠诚奖章发给了他，同时，老板还给他一份聘书，聘任他为公司技术开发部经理。

原来，那三个电话，都是老板安排人打的，根本不存在什么竞争对手。那不过是干部聘任前的一项考察而已。

在种种诱惑面前，如果你能抵挡住金钱与名利的诱惑，那么，你的前程很可能会光明起来。罗格之所以升职，正因为他选择了忠诚而非背叛。无论何时，忠于公司，忠于老板，别人才能给予我们更多的重视和青睐。

彼得是一家网络公司的技术总监。由于公司改变发展方向，他觉得这家公司不再适合自己，决定换一份工作。以彼得的资历和在IT业的影响，以及原公司的实力，找份工作并不是件困难的事情。有很多家企业早就盯上他了，以前曾试图挖走彼得，都没成功。这一次，彼得自己想离开。很多公司都提出了令人心动的条件，但是在优厚条件的背后总是隐藏着一些东西。彼得知道这是为什么，但是他不能因为优厚的条件就背弃自己一贯的原则。彼得拒绝了很多家公司对他的邀请。

最终，他决定到一家大型的企业去应聘技术总监，这家企业在全美乃至世界都有相当的影响，很多IT业人士都希望能到这家公司工作。对彼得进行面试的是该企业的人力资源部主管和负责技术方面的副总裁。对彼得的专业能力他们并无挑剔，但是他们提到了一个使彼得很失望的问题。

“我们很欢迎你到我们公司来工作，你的能力和资历都非常不错。我听说你以前所在公司正在着手开发一个新的适用于大型企业的财务应用软件，据说你提了很多非常有价值的建议，我们公司也在策划这方面的工作，能否透露一些你原来公司的情况，你知道这对我们很重要，而且这也是我们看中你的一个原因。请原谅我说得这么直白。”副总裁说。

“你们问我的这个问题很令我失望，看来市场竞争的确需要一些非正常的手段。不过，我也要令你们失望了。对不起，我有义务忠诚于我的企业，即使我已经离开，到任何时候我都必须这么做。与获得一份工作相比，信守忠诚对我而言更重要。”彼得说完就走了。

彼得的朋友都替他惋惜，因为能到这家企业工作是很多人的梦想。但彼得并没有因此而觉得可惜，他为自己所做的一切感到坦然。没过几天，彼得收到了来自这家公司的一封信。信上写着：“你被录用了，不仅仅因为你的专业能力，还因为你的忠诚。”

如果你为一个人工作，那就尽心地工作，忠诚于你的老板，就是在为自己争取更大的利益。

# 甘做绿叶，让上司高你一筹

## 实用精要

适当地把自己安置得低一点儿，就等于把别人抬高了许多。让上司发挥他的高明之处，才是下属的最高境界。

## 深度透析

适当的时候让上司高你一筹，胜过你完成艰难的任务。甘做绿叶，让上司高你一筹，一定可以打动上司的心。

在职场，经常会遇到不善舞文弄墨，或者事务繁重的上司，这时身为下属就应该甘做上司的左右手，发挥“枪手”的作用。稿件完成后，先让上司过目，并给上司一个可以发挥的机会。

身为下属的只要不露形迹，默默耕耘，自己扮演幕后功臣，并安于这样的牺牲，就是对上司强而有力的奉承，上司也不会忘记你的付出。

财政大臣富凯为了博得路易十四的欢心，决定策划一场前所未有的宴会。他邀请了拉罗什富科和赛维尼夫人等当时欧洲最显赫的贵族和最伟大的学者。

著名剧作家莫里哀还为这次盛会写了一部剧本，在晚宴时粉墨登场。宴会非常奢华，有许多人从未尝过的东方食物及其他创新食品。庭园和喷泉以及烟火和莫里哀的戏剧表演都让嘉宾们兴奋不已。他们都认为这是自己参加过的最令人赞叹不已的宴会。

然而出人意料的是，第二天一早，国王就逮捕了富凯。三个月后富凯被控窃占国家财富罪并进了监牢，他在单人囚房里度过了人生最后的二十年。路易十四傲慢自负，号称“太阳王”，希望自己永远是众人注目的焦点，他怎能容许财政大臣抢占自己的风头呢？富凯本以为国王观看了他精心安排的表演会感动于他的忠诚与奉献，对他产生好感，从而会重用他。然而事与愿违，每一个新颖壮观的场面，每一位宾客给予的赞赏和微笑，都让路易十四感觉富凯的魅力超过了自己，这无疑是一件很危险的事。

正如著名作家伏尔泰描述的那样：“当夜幕开启，富凯攀上了世界的顶峰；等到夜晚结束，他跌落了谷底。”为什么呢？因为富凯让路易十四感到了威胁，有“太阳王”之称的路易十四怎么会让别人夺去他的光环呢？

一般来说，伟大的人都喜欢有点愚钝的人，任何上司都有获得威信的需要，不希望下属在能力上超过并取代自己。

# 不说比说错更可恶

## 实用精要

在职场中，有效的沟通尤为重要，往往什么都不说比说错话更可怕。

## 深度透析

所谓反馈，原是物理学中的一个概念，是指把放大器的输出电路中的一部分能量送回输入电路中，以增强或者减弱输入讯号的效应。心理学借用这一概念，用来说明学习的人对自己学习结果的了解，而这种对结果的了解又起到了强化作用，促进学习的人更加努力学习，从而达到更好的效果，这一心理现象称为“反馈效应”。

可见，反馈效应是一个双向交流的过程。在这个过程中，人们可以更加清楚自己的缺点，从而不断改进，提高效率。

其实，在职场上，反馈也是很有必要的。实际上，反馈效应用在职场上，更多的是指人与人之间的交流沟通。工作中，领导与员工之间，只有及时沟通，才能让老板明白你的问题所在，也只有及时沟通，才能保证大家及时解决问题，如果你因为害怕说错了就不向上级反馈你的问题，那么不说的后果比说错更为严重。此外，作为一名合格下属，我们不仅要在自己出了问题时向上级及时反馈，当我们发现领导有错时，我们也要敢于反馈，帮领导及时查缺补漏。

有人认为说错话是职场大忌，其实只要不是原则性大错，说错话并一定会引起老板反感。老板最反感的是什么都不说的人。什么都不说，沟通也就成了断流。老板发出的信息不能得到及时、有效的回应。这样的人，必然是最不受老板欢迎的人。

沟通分为语言沟通和非语言沟通，语言沟通又包括口头沟通和书面沟通。如何实现人与人、部门与部门、上与下之间在信息（包括政策、法规、经济、社会、技术等方面）、情感、经验等方面的传递与交流，是人际交往中永恒的主题。

有效的沟通会产生积极的作用。信息沟通方面，只有以真实、快捷为基础，才能有效地实现信息交流。情感沟通方面，只有以真挚、理解为基础，才能实现心与心的碰撞、交流，形成相互理解、相互信任的良好人际关系氛围。经验沟通方面，只有以真诚、无私为基础，通过彼此之间的经验交流、教训总结，才能切实实现彼此取长补短、共同进步。

沟通的基础决定沟通的作用，只要我们始终以真实、真挚、真诚为基础，沟通就一定能发挥积极作用。

李琳是一家公司的人事主管，她非常善于沟通，在公司很有人缘。有段时间她发现销售部整体士气不足，便积极与销售部门主管进行沟通。她第一次跟销售部经理进行面谈时，对方告诉她想要离开这家公司。她当时有些气愤，觉得这位主管非常过分，公司为他投资很多，对他的待遇一向不薄，而且公司高

层对于销售部门一向非常重视，并没有什么对不起他的地方，但现在他就这么一句简单的要走，完全罔顾公司利益。

她抑制住自己心中的不满，发脾气于事无补，最重要的是了解这位经理心里到底是怎么想的。她努力做到平静、和蔼，像朋友一样与他沟通，帮他看清眼前的两个问题：走的目的是什么？留下来又可以创造什么？她和他闲话家常。最初这个销售部经理对她还有所保留，他对女主管说："你只需要跟我谈工作方面的问题，不要干预我的个人和家庭。"但到后来，他自己变得很主动地讲自己的家庭问题。慢慢的，通过沟通，他对自己目前的工作和生活有了一个更深层次的认识，他意识到自己对公司、对家庭、对个人都应当负起责任来，而不是因为一点点不顺心，就把情绪带到工作中，至于"要走"不过是一时冲动，公司的前景非常远大，在这样的公司才能实现个人的充分发展。

他为自己的不理智道歉，向这位女主管表示了最真诚的谢意。然后立即积极主动地投入工作中，带领整个部门努力拼搏，业绩在短短三个月内增长了两倍。这个销售部经理也获得了公司的嘉奖，还升了职。

通过沟通，李琳了解到了真正的问题所在，得到了对方的信任。沟通让双方之间的分歧迎刃而解，让可能发生的争执和矛盾消灭于无形。

由于人类本性是关注个人利益的，所以我们可以想象有效沟通最简单的一个话题就是人们自己。在人际交往中，多和别人谈关于他们的事情，比如他们的家人、他们的工作、他们的消遣以及他们所关心的事情，他们马上就会尊重你。

你对他们发自内心的兴趣是对他们的欣赏。那会提升他们的自尊心，反过来会使他们尊重你。而尊重正是所有有效人际关系技巧的基础。如果你专注于人们的长处，他们就会更强。如果你为他们的长处鼓掌，就会增加他们的信心，这样也可以帮助他们克服自己的弱点。如果你以积极的态度看待人们，你的真诚就会通过你的眼睛、微笑和语调表现出来。你的笑容能照亮所有看到它的人。

一个人的沟通能力是社会能力中最重要的能力。如果一个人不能和其他人达成稳定的相互关爱的关系，那么他就失掉了最基本的生存能力。所以沟通对我们大家来说太重要了。真正的沟通能力是培养和实践出来的，需要每时每刻注意。

好的沟通技巧及说服力，可以让你左右逢源，为你建立良好的人际关系，让你获得更多的资源，增强你的影响力。

# 听出领导的话里话

## 实用精要

在工作中，很多员工即便是接受了完整的指示，却依然把工作做得一塌糊涂。很重要的一个原因就是这些员工在接受任务的时候仅仅是领受而不是领悟。

## 深度透析

所谓领悟意图，就是领导没有直接下达明确的命令，你也能从领导的话里听到领导真正想说的，也就是我们所说的听出领导的话里话。

读懂上司最能考验一个人的“悟性”。经常听到领导说某某人“悟性好，一点就透”，也经常听到领导抱怨某人“不灵通，翻来覆去交代多少遍也不领会意图”。由此可知，善于读懂领导也是让领导重视你的一个重要方面。

俗话说：“锣鼓听声，听话听音。”意思就是很多人说话比较含蓄，我们要抓住别人的真正意图，就要能听出别人的话里话。同样，在工作中，上司的意图有时不会直截了当地表达出来。这时候，我们要将指令执行到位，就要能够领悟领导的意图，听出领导的话里话，做一个“善解人意”的员工。

领受就是领导任务之后，埋头就做，也不问问领导有哪些注意事项，有哪些特殊要求；而领悟就是在接受工作之后，彻底弄明白领导想要一种什么结果。

在工作中，相同的工作，不同的人却能做出不同的结果。有的人一次到位，做得让领导很满意；有的人返工好几次，却依然达不到领导的要求。为什

么？一个很重要的原因就是在接受了任务之后员工一知半解，做起事来只是想当然。

很多员工，在接受指示之后，并没有真正弄清领导的本意，但因为怕领导说自己理解能力差，担心给领导留下不好的印象，不敢向领导问明白，所以只是违心地回答“是”“明白”，而实际上，对领导意图却一知半解、理解不清，对领导在某个阶段、某项工作、某个问题的想法更是不清不楚，结果落实起来与领导的意图“南辕北辙”。为了让自己尽量少走弯路，我们首先要从主动询问中掌握领导的真实意图，千万不要只想着闷头做事。

其次，在接受领导的任务时，千万不要断章取义。领导就是领导，你应该多站在领导的角度想想怎样将工作做得更全面。

再次，我们要提高自己的思维能力。从综合分析中理解领导的意思，不要生搬硬套。要让自己学会“弹钢琴”，做到统筹兼顾。如果你在接到一项任务时实在不知道该如何去开展，并且也不好意思问领导，不妨询问一下其他的同事，或者是老板身边的一些得力人物。通过集思广益来办好领导交代的任务，也是一种不错的方法。

在工作中，很多领导下达指示时，并不是直接说出来，也就是说他们下达的指示并不是完整的指示。这时候，作为下属，我们更应该培养自己的领悟力，让自己从不完整的指示中，听出完整的指示。

有一次，张瑞敏问常务副总裁杨绵绵有没有办法“让淡季不淡”，张瑞敏就这么一句淡淡的闲聊，竟让杨绵绵生生构思出一个新产品和一套全年销售的新方案。为了能够真正做到“淡季不淡”，杨绵绵鼓励所有的科研人员不断努力，经过辛苦攻关，终于设计出一种体积小的夏季洗衣机。并且，海尔科研人员从此树立了“只有淡季的思想，没有淡季的市场”这一市场理念。

在这里，张瑞敏并没有下达完整的工作指示，仅仅是聊天的一句话，杨绵绵却完全领会了领导的意思，并根据领导的意思，创造出了洗衣机的夏季新品种，这中间体现的是上下级观念的匹配性。

当然，作为下属，每个人都想更好地听出领导的意图。毕竟，准确了解上司的意图是你与上司搞好关系的前提条件。那么，我们该怎么更好地抓住领导的意图呢？

首先，要做到了解上司的性格、工作方法和思维方式，以便在工作中更好地配合领导的意图，提高工作效率。

其次，读懂领导，准确领会其意图，这需要你心细，注意观察和体会。你可以通过下面几个方面加以分析，这些方面包括：上司在正式场合中的讲话，强调了哪些问题，程序是怎样；上司在私下谈话里对哪些问题发表过看法，褒贬如何；上司在文件批文中做过哪些删节、改动和批示；上司最近喜欢阅读哪些方面的书籍报刊；对哪些部门的活动比较留意……这些问题有时尚处端倪，没有形成完善的思路和观点，因此，你还有必要延伸或开掘“兴奋点”，使之成为有根有据、符合实情的东西。